"一带一路"区域贸易协定
网络化形成及其贸易效应

"YIDAIYILU"QUYU MAOYI XIEDING
WANGLUOHUA XINGCHENG JIQI MAOYI XIAOYING

王晓卓◎著

中国政法大学出版社

2024·北京

图书在版编目（ＣＩＰ）数据

"一带一路"区域贸易协定网络化形成及其贸易效应 / 王晓卓著. -- 北京 ： 中国政法大学出版社，2024. 8. -- ISBN 978-7-5764-1737-1

Ⅰ. F744

中国国家版本馆 CIP 数据核字第 2024VN9444 号

出 版 者	中国政法大学出版社
地 址	北京市海淀区西土城路 25 号
邮寄地址	北京 100088 信箱 8034 分箱　邮编 100088
网 址	http://www.cuplpress.com (网络实名：中国政法大学出版社)
电 话	010-58908285(总编室) 58908433（编辑部）58908334(邮购部)
承 印	固安华明印业有限公司
开 本	720mm×960mm　1/16
印 张	18.5
字 数	300 千字
版 次	2024 年 8 月第 1 版
印 次	2024 年 8 月第 1 次印刷
定 价	85.00 元

上海政法学院学术著作编审委员会

　　四秩芳华，似锦繁花。幸蒙改革开放的春风，上海政法学院与时代同进步，与法治同发展。如今，这所佘山北麓的高等政法学府正以稳健铿锵的步伐在新时代新征程上砥砺奋进。建校40年来，学校始终坚持"立足政法、服务上海、面向全国、放眼世界"的办学理念，秉承"刻苦求实、开拓创新"的校训精神，走"以需育特、以特促强"的创新发展之路，努力培养德法兼修、全面发展，具有宽厚基础、实践能力、创新思维和全球视野的高素质复合型应用型人才。四十载初心如磐，奋楫笃行，上海政法学院在中国特色社会主义法治建设的征程中书写了浓墨重彩的一笔。

　　上政之四十载，是蓬勃发展之四十载。全体上政人同心同德，上下协力，实现了办学规模、办学层次和办学水平的飞跃。步入新时代，实现新突破，上政始终以敢于争先的勇气奋力向前，学校不仅是全国为数不多获批教育部、司法部法律硕士（涉外律师）培养项目和法律硕士（国际仲裁）培养项目的高校之一；法学学科亦在"2022软科中国最好学科排名"中跻身全国前列（前9%）；监狱学、社区矫正专业更是在"2023软科中国大学专业排名"中获评A+，位居全国第一。

　　上政之四十载，是立德树人之四十载。四十年春风化雨、桃李芬芳。莘莘学子在上政校园勤学苦读，修身博识，尽显青春风采。走出上政校门，他们用出色的表现展示上政形象，和千千万万普通劳动者一起，绘就了社会主义现代化国家建设新征程上的绚丽风景。须臾之间，日积月累，学校的办学成效赢得了上政学子的认同。根据2023软科中国大学生满意度调查结果，在本科生关注前20的项目上，上政9次上榜，位居全国同类高校首位。

　　上政之四十载，是胸怀家国之四十载。学校始终坚持以服务国家和社会需要为己任，锐意进取，勇担使命。我们不会忘记，2013年9月13日，习近平主席在上海合作组织比什凯克峰会上宣布，"中方将在上海政法学院设立中国-上海合作组织国际司法交流合作培训基地，愿意利用这一平台为其他成员国培训司法人才。"十余年间，学校依托中国-上合基地，推动上合组织国家司法、执法和人文交流，为服务国家安全和外交战略、维护地区和平稳定作出上政贡献，为推进国家治理体系和治理能力现代化提供上政智慧。

历经四十载开拓奋进，学校学科门类从单一性向多元化发展，形成了以法学为主干，多学科协调发展之学科体系，学科布局日益完善，学科交叉日趋合理。历史坚定信仰，岁月见证初心。建校四十周年系列丛书的出版，不仅是上政教师展现其学术风采、阐述其学术思想的集体亮相，更是彰显上政四十年发展历程的学术标识。

著名教育家梅贻琦先生曾言，"所谓大学者，有大师之谓也，非谓有大楼之谓也。"在过去的四十年里，一代代上政人勤学不辍、笃行不息，传递教书育人、著书立说的接力棒。讲台上，他们是传道授业解惑的师者；书桌前，他们是理论研究创新的学者。《礼记·大学》曰："古之欲明明德于天下者，先治其国"。本系列丛书充分体现了上政学人想国家之所想的高度责任心与使命感，体现了上政学人把自己植根于国家、把事业做到人民心中、把论文写在祖国大地上的学术品格。激扬文字间，不同的观点和理论如繁星、似皓月，各自独立，又相互辉映，形成了一幅波澜壮阔的学术画卷。

吾辈之源，无悠长之水；校园之草，亦仅绿数十载。然四十载青葱岁月光阴荏苒。其间，上政人品尝过成功的甘甜，也品味过挫折的苦涩。展望未来，如何把握历史机遇，实现新的跨越，将上海政法学院建成具有鲜明政法特色的一流应用型大学，为国家的法治建设和繁荣富强作出新的贡献，是所有上政人努力的目标和方向。

四十年，上政人竖起了一方里程碑。未来的事业，依然任重道远。今天，借建校四十周年之际，将著书立说作为上政一个阶段之学术结晶，是为了激励上政学人在学术追求上续写新的篇章，亦是为了激励全体上政人为学校的发展事业共创新的辉煌。

党委书记　葛卫华教授

校　　长　刘晓红教授

2024年1月16日

区域贸易协定（Regional Trade Agreement，RTA）是指两个或两个以上的国家（地区），为了规范各国（地区）之间的经贸合作关系、降低贸易壁垒而缔结的国际条约。区域贸易协定的缔结促进了商品、服务等要素的自由流动，为推动区域内经济的共同发展提供了有效平台。当前，由于 WTO 体制下的多边谈判受阻，国际贸易格局呈现出多极化发展态势，加强区域贸易合作成为绝大多数国家推动经济发展的最优选择。作为区域经济一体化的载体和结果，RTA 的数量自 20 世纪 90 年代以来出现迅猛增长，截至 2023 年，世界上有超过 356 个不同类型的区域贸易协定，其中"一带一路"共建国家签订的 RTA 有 168 个，尤其是 1990 年以来的 33 年（1990 年~2023 年）缔结 RTA 的数量更是急速攀升。RTA 的迅速蔓延不仅体现在总数量上，各种服务型、双边以及跨区域等新型贸易协定的迅猛增加使得区域贸易协定呈现出网络化发展态势（孙玉红，2008）。这种区域贸易协定网络是如何由点及面编织而成的是学者以及政客们关注的焦点问题。中国作为新兴经济体，在全球贸易自由化进程中受益较多，截至 2023 年，中国已签署 19 个区域贸易协定。中国区域贸易协定的缔结不仅加速了中国融入全球一体化的进程，更为中国在国际谈判中提高话语权提供了契机。

随着经济全球化的推进，不仅全球 RTA 呈现网络化发展的态势，各国的贸易关系也编织成了一张"你中有我，我中有你"的不可分割的全球贸易网络。"一带一路"贸易网络中的中心国家是否会吸引其他国家来与之缔结 RTA 是目前有待检验的重要课题。"一带一路"共建各国贸易网络的形成也意味着在不同行业上贸易自由化的进一步加深，特别是针对"一带一路"共建国家比较具有代表性的产业，比如纺织品，棉花等贸易网络结构突出，因此，从社会网络视角来理解哪些国家特定行业上展现出轮轴国地位，如何通过寻找贸易伙伴国来构建 RTA 网络进而促进贸易网络地位的有效提升是未来研究的重要课题。然而，RTA 网络地位不仅体现在与多少国家缔结 RTA 上，更展现在各国实施 RTA 的深度上，比如关税的制定。鉴于此，有必要考察 RTA 网络深度之关税对贸易网络的影响，综上，贸易网络中心国家地位的提升可否促进"一带一路"RTA 网络的形成？适当选择 RTA 伙伴国进而提升一国的国际竞争力可否作为 RTA 网络地位提升促进"一带一路"贸易网络发展的机制？RTA 网络深度之关税对贸易的负面影响如何改善？本书拟对上述三个主要问题进行深入的回答。

本书采用规范研究与实证研究相结合的方法，分别考察贸易网络和 RTA 网络对"一带一路"RTA 形成、RTA 网络对特定行业贸易网络以及 RTA 深度之关税对贸易网络的影响。本书的边际贡献在于，首先，总体来看，本书基于经济现象，从"一带一路"社会网络视角全面、系统地探寻 RTA 形成的原因及其贸易效应，发现了影响 RTA 形成的各因素之间的逻辑关系，由于贸易网络的形成促进了贸易结构的发展，贸易结构在受到特定行业的影响后又激发了贸易保护政策的出现，与此同时这三种因素又会促进 RTA 的形成。其次，本书发现了贸易网络和 RTA 网络构建之间的内在联系，揭示了贸易网络中轮轴度对 RTA 形成的影响机制，并从多个维度考察了 RTA 形成中轮轴度的差异化影响。再次，本书发现 RTA 网络对贸易网络的影响机制是通过全球价值链、技术创新以及出口的广延边际这三个渠道来影响的，并通过中介效应的方法进行了验证。最后，本书通过构建古诺竞争模型从微观视角解释了产品替代性对关税产生的贸易负面影响的调节作用。本书通过构建多种不同的 RTA 决策模型，系统考察了"一带一路"RTA 形成的原因及其带来的贸易效应，为中国构建合理的 RTA 网络提供了政策建议。本书共分为四部分的九章内容，具体内容及主要观点如下：

首先是导论。主要介绍本书的研究背景、研究意义、研究内容、基本思路、研究方法、重难点、主要观点以及创新和局限之处。

第一部分是第一章，主要内容是"一带一路"共建 RTA 网络概述，主要介绍 RTA 概念、"一带一路"RTA 网络发展现状、中国 RTA 网络发展现状及拓展分析。

第二部分是"一带一路"共建RTA网络形成机制研究。本书将"一带一路"区域贸易协定网络形成的相关内容分成三章进行阐述：第二章是贸易网络中的轮轴度对RTA网络形成的影响，并分别从经济、政治和结构性因素三个视角对RTA形成进行系统研究，经济因素的影响主要包括关税同盟静态效应理论、关税同盟动态效应理论和一般均衡理论，已有文献主要基于贸易创造和贸易转移的视角进行分析，从实证角度考察经济因素对全球区域贸易协定网络形成的文章达成了一致结论；政治因素的影响主要包括保护待售模型和地缘政治经济学说；结构性因素的影响主要包括基于RTA的传染性，基于复杂网络的轮轴辐条结构和基于贸易网络的轮轴辐条结构。结果显示轮轴度的提升可有效促进RTA网络的形成，通过模型的构建可有效预测未来与中国缔结RTA的伙伴国，进而助推中国构建高质量自由贸易区网络；第三章是运用双重差分方法考察了"一带一路"倡议的实施对贸易网络中轮轴度的促进作用，进而完善了"一带一路"倡议对于RTA网络构建的影响机制分析；第四章是从社会网络视角出发考察RTA网络的自强化效应，贸易自由化对RTA形成的影响研究，除了经济、政治和贸易的结构性因素之外，RTA网络会通过中心国的自强化效应来影响第三国RTA的缔结，RTA网络结构对RTA形成影响主要基于多米诺理论和中心-外围模型，这为考察不同国家对RTA的差异化态度提供了分析框架，也为中国构建高标准自由贸易区网络提供了政策参考。

第三部分是"一带一路"共建RTA网络的贸易效应研究。本书将"一带一路"共建RTA网络的贸易效应的相关内容分成三章进行阐述：第五章是"一带一路"共建RTA网络的贸易促进效应。为了了解"一带一路"共建国家RTA网络对贸易的促进效应机制，本章从社会网络的角度构建RTA网络中心性指标，并得出RTA网络中心性对处于不同RTA网络地位国家、地理距离较远的国家以及RTA轮轴地位不稳固的国家之间的贸易存在显著差异。此外，还进一步阐明全球价值链、技术创新以及贸易的广泛边际是影响RTA网络中心性对各国贸易产生差异化影响的重要机制。第六章是"一带一路"共建RTA网络的纺织品贸易效应，由于纺织品是"一带一路"共建国家贸易较为频繁的产品，2001年~2020年间"一带一路"共建国家纺织品贸易网络呈现出动态演变过程，同时RTA网络地位的变化也显著影响贸易网络地位的演变，这为纺织品贸易网络的发展提供了政策参考。第七章是"一带一路"共建国家 RTA 网络的棉花贸易效应，棉花不仅是重要的农作物，也是纺织品的重要原料，因此本章借助社会网络分析方法重点考察"一带一路"共建国家构建RTA 网络对棉花贸易的影响，结果显示，无论是对于"一带一路"共建国家还是上合组织成员国，RTA 网络地位的提高均有效促进棉花贸易网络地位的提升，这为中国向贸易强国以及农业强国的迈进提供了理论支撑和政策参考。

第四部分的第八章是 RTA 深度之关税与贸易网络关系。由于 RTA 网络地位的衡量不仅包含 RTA 广度也包含了 RTA 深度，在衡量 RTA 网络深度的指标中关税是尤为重要的。本章通过构建一个三国的寡头竞争模型，阐明关税对"一带一路"共建国家贸易的影响机理，并细致分析产品替代性是如何缓解关税对贸易网络形成的影响，这为中国乃至"一带一路"共建国家制定适宜的贸易政策提供了政策参考。

最后的第九章是主要结论、政策建议与未来研究方向。首先，该研究从贸易网络结构、RTA 网络结构和 RTA 深度三个视角总结了"一带一路"RTA形成机制及其贸易效应的主要结论。其次，该研究从"一带一路"贸易网络、整合国内外部环境以及制定合理关税壁垒的角度提出了相关政策建议。最后，该研究提出了本研究的不足之处，并从理论、实证和政策研究方面指出了关于"一带一路"RTA 网络化形成及其贸易效应的未来研究方向。

目　录 CONTENTS

第一部分 "一带一路"共建 RTA 网络概述

第二部分 "一带一路"共建 RTA 网络形成机制研究

第三部分 "一带一路"共建 RTA 网络的贸易效应研究

第四部分 RTA 深度之关税与贸易网络关系

导　论

第一节　研究的背景与主题

一、研究背景

　　区域贸易协定（Regional Trade Agreement，RTA）是指两个或两个以上的国家（地区），为了消除各国之间的贸易壁垒，规范彼此之间的贸易合作关系而缔结的国际条约。自 20 世纪 90 年代以来，世界各国的贸易依赖关系日益加深，经济一体化的出现不仅促进了相邻区域间贸易协定的缔结，跨洲、跨区域的贸易协定也纷纷涌现。根据世界贸易组织（WTO）的统计数据，截至2023 年，向 GATT/WTO 通报的区域贸易协定总数为 356 个[1]，1948 年 ~ 1995 年间共缔结 48 个区域贸易协定，而 1995 年之后共有 317 个 RTA 正式生效，最近约 30 年签订的 RTA 数量是前 47 年的 6 倍多。这一事实促使大部分学者去探讨各种类型的区域贸易协定对"一带一路"各国带来的贸易效应，然而忽视了贸易协定为何而缔结，特别是"一带一路"倡议提出以来，区域贸易协定所呈现的网络化结构特征这一突出现象应如何解释。中国作为全球

---

　　[1]　在 WTO 网站中，我们选择"List of all RTAs in force"进行统计，共有 356 个 RTA；若是按照"Pre-defined reports, List of all RTAs in force, by type of Agreement"进行统计，共有 516 个 RTA。之所以后者比前者统计的 RTA 数量多，是因为按照协定类型进行统计的 RTA 将按照生效时间进行统计的 RTA 中 type 为"FTA & EIA"的同一个协定拆分成了两个协定。本书是选择按照生效时间进行统计的 RTA 数量作为样本进行研究。

发展最快的发展中国家之一，在国际贸易格局不断演变的大背景下，应着重挖掘全球区域贸易协定形成的机制，这关系中国对国际贸易规则制定的话语权和参与度。

"一带一路"倡议，旨在通过加强基础设施建设、加强人文交流等手段，推动全球经济一体化的发展。区域贸易协定的签署和实施是实现该目标的重要途径之一。共建国家之间的区域贸易协定网络的形成，将有助于促进跨境贸易和投资的流动，促进共建国家的经济一体化和互利共赢。近年来，共建国家已经签署了一系列区域贸易协定，形成了庞大的贸易网络，为"一带一路"倡议的实施提供了有力的支持。本书将综述共建国家区域贸易协定网络的形成以及"一带一路"贸易协定网络的贸易效应。

自中国加入 WTO 以来，中国逐步融入全球经济一体化中，中国与全球 26个国家和地区共缔结了 19 个区域贸易协定，是东亚地区缔结贸易协定数量较多的国家之一。虽然相比发达国家来说，中国融入区域经济一体化的进程较晚，但是中国缔结区域贸易协定的数量却出现了大幅度的增长，与此同时，中国与全球各国的贸易往来关系也日益加深。根据联合国贸易和发展会议（UNCTAD）发布的数据，2020 年中国的出口额为 2.5 万亿美元，占全球总出口额的比重为 14.7%，位居世界第一。[1] 根据中国海关总署发布的数据，2020 年中国出口贸易伙伴共有 221 个。其中，中国的前五大出口贸易伙伴分别是美国、欧盟、东盟、日本和韩国。这些国家和地区合计占中国出口总额的近 60%。可以预见，在全球经贸格局演变和重构的大背景下，中国缔结区域贸易协定的势头仍将继续，与各国贸易关系也会逐步加深。但中美贸易摩擦的现实背景又激发了我们要重新考量区域贸易协定和贸易网络之间的关系。于是，"一带一路"乃至全球区域贸易协定网络是如何发展的、各国如何根据自身的贸易利得来决定自身的贸易政策就成为目前有待检验的重要课题。

从缔结区域贸易协定的目的上看，各国一方面是为了更好地融入全球经济一体化浪潮，另一方面出于政治和经济的考量，都会积极寻求与不同区域的国家缔结各种类型的贸易协定。然而，随着经济全球化的推进，各国的贸易关系也编织成了一张"你中有我，我中有你"的不可分割的全球贸易网络。

---

[1] 需要注意的是，2020 年全球贸易受到重大突发事件的影响而出现明显下滑，因此这个数据和往年相比可能有所不同。

在这一背景下，各国之间在签定 RTA 时不会局限于地理位置、经济规模等因素，会更多考虑签定 RTA 的潜在收益，尤其是贸易利益。大部分的已有研究都是考察政治经济因素对全球 RTA 网络化形成的影响，罕有研究是立足于全球贸易网络的视角来剖析贸易协定缘何形成。进一步地，不同发展水平的国家在全球一体化中所获收益也是存在差异的，从 RTA 社会网络的角度来解释不同发展水平的国家因贸易利得不同而导致对 RTA 支持的态度会产生差异对于研究 RTA 网络的形成是一个重要突破。而对于贸易利得最直接的衡量就是一国的福利水平，因此从国民福利的角度出发探究 RTA 网络深度与贸易网络之间的关系也有较大的研究价值。鉴于此，本书选择基于"一带一路"贸易协定激增的现实背景，来剖析贸易网络中的轮轴-辐条结构、贸易结构、RTA 网络结构以及 RTA 网络深度与贸易网络之间的关系，以求全面、正确、客观地评估出"一带一路" RTA 形成机制，基于此进行 RTA 网络的贸易效应分析。

二、研究意义

基于现实的迫切需要和对现有相关研究的拓展和延续，本书在前期研究成果基础上，从贸易网络、RTA 网络和 RTA 网络深度这三个角度就"一带一路"共建国家 RTA 网络化形成及其贸易效应进行理论和实证研究。

从 RTA 相关的既往研究看，本书从贸易网络结构、RTA 网络结构和 RTA 网络深度三个角度来考察影响"一带一路"区域贸易协定的网络化发展，这在国内属于崭新的研究领域。第一，从贸易网络结构角度来说，本书不仅讨论了政治经济因素对"一带一路" RTA 形成的影响，还将贸易网络的结构性因素纳入这统一框架进行分析，有助于全面阐述"一带一路" RTA 形成的机理；第二，从 RTA 网络结构角度来说，现有的考察 RTA 对各国贸易影响的研究并未考虑通过全球价值链、技术创新以及贸易的广延边际进行的传递，本书的研究成果将为各国如何制定 RTA 政策进而推进贸易强国健康发展提供有利证据；第三，本书研究将丰富涉及 RTA 网络深度之关税壁垒对贸易影响的技术分析原理和理论方法，有助于从寡头竞争、福利和贸易条件理论等角度对"一带一路" RTA 形成的作用机制进行解释，因此本书具有重要的理论意义。

此外，本书也存在较为突出的实际应用价值：第一，探究"一带一路"RTA 为何形成，可以为相关政府部门判断、把握以及调整贸易协定政策提供有益的理论支持、实证支持和参考建议；第二，在国际贸易格局演变的背景下，细致分析中国以及中国的竞争对手在贸易网络和 RTA 网络中所处的位置，不仅可以帮助中国发现自身优势，更可以认清现有的不足，进而在外交政策上取长补短，形成优势互补的良好局面；第三，本书研究对于我国加速推进RTA 规划，构建以中国为轴心的自贸区网络具有丰富的政策含义。同时，本书的研究为理论界贸易政策研究提供了崭新的视角与研究思路。

第二节　研究内容、基本思路和方法

一、研究内容

本书从贸易网络结构、RTA 网络结构和 RTA 深度之关税壁垒这三个视角考察"一带一路"RTA 网络化形成及其贸易效应，主要研究内容包括：

第一，文献综述。本著作将"一带一路"RTA 网络化形成及其贸易效应的相关文献分成三大部分进行综述：其一，经济、政治和贸易网络结构性因素对 RTA 形成的影响研究，经济因素的影响主要包括关税同盟静态效应理论、关税同盟动态效应理论和一般均衡理论，已有文献主要基于贸易创造和贸易转移的视角进行分析，从实证角度考察经济因素对全球区域贸易协定形成的文章达成了一致结论；政治因素的影响主要包括保护待售模型和地缘政治经济学说；结构性因素的影响主要包括基于 RTA 的传染性，基于复杂网络的轮轴辐条结构和基于贸易网络的轮轴辐条结构。此外，通过考察"一带一路"倡议的实施对贸易网络结构中轮轴度的影响，以此来揭示"一带一路"倡议对共建内国家缔结 RTA 的影响机制，从实证角度考察"一带一路"倡议带来的经济促进效应达成了一致结论；其二，RTA 网络结构对贸易的影响研究，除了经济、政治和结构性因素之外，RTA 网络中心性会通过全球价值链、技术创新以及贸易的广延边际这三种途径来影响贸易网络，RTA 的缔结对贸易网络影响的文献分为两种，一种是基于贸易创造理论和贸易转移理论从宏观层面进行分析，另一种是基于企业异质性理论从微观层面进行分析。RTA 网络对贸易网络影响的文献主要是基于社会网络中的自强化理论和轮轴-辐条理论。这为考察不同国家对 RTA 的差异化态度提供了分析框架；其三，RTA 深度之关税对贸易的影响研究。本书将从关税对贸易影响以及产品替代性如何调节关税对贸易成本影响这两个角度对文献进行总结。

第二，"一带一路"共建国家 RTA 网络的现状及特征。首先，对 RTA 的概念进行严格的界定，并通过一体化的程度区分 RTA 的类型；其次，对"一带一路"RTA 网络的概念进行定义，阐述了"一带一路"RTA 网络的现状，从其缔结总量、RTA 一体化程度、包含成员国个数、协定覆盖内容、是否跨区域、签约国发展水平等角度梳理相关特征；最后，对中国 RTA 网络的现状和特征进行细致分析和概括。

第三，贸易网络与 RTA 形成。首先，揭示贸易网络中轮轴-辐条结构在"一带一路"RTA 网络演化和发展中的作用，并基于轮轴度的概念，证明了贸易网络中市场依赖和国家特惠权利的吸引力是影响 RTA 形成的重要因素，为RTA 形成和网络化发展提供相应的理论依据。利用 1962 年~2020 年"一带一路"沿线 66 个国家（地区）的数据进行实证研究，对关键变量轮轴度进行描述性统计，以考察"一带一路"区域内轮轴度较大的轮轴国是哪些国家。接着，考察轮轴度对"一带一路"RTA 网络形成的机制在不同签约国之间以及根据 RTA 的异质性会存在何种差异。通过基础模型的构建，预测中国未来可能的伙伴国有哪些，进而提出有针对性的政策建议。其次，揭示了"一带一路"倡议的实施是助推贸易网络中轮轴度提高的重要推动力，借助 2002 年~2020 年"一带一路"66 个共建国家（地区）的数据进行实证研究，运用双重差分方法识别了"一带一路"倡议对贸易网络轮轴度的因果影响，并进行敏感性分析和稳健性检验以此来揭示"一带一路"倡议的实施有效提升了"一带一路"共建国家轮轴度。最后揭示了 RTA 网络中心性指标对 RTA 网络演化发展发挥着重要作用，证明了 RTA 网络演化具有"自强化效应"。运用复杂网络分析方法构建 RTA 网络中心性指标，借助 1962 年~2020 年"一带一路"66 个共建国家（地区）的数据进行实证研究，构建"一带一路"RTA网络及相关指标，对比 5 种度量网络中心性指标对 RTA 网络化发展的影响，考察 RTA 网络中心性对 RTA 网络形成的机制，并对比 5 种度量网络中心性对RTA 网络形成预测的准确性，进而给出政策建议。

第四，RTA 网络的贸易效应。首先，本部分结合比较优势理论和轮轴-辐条理论阐述了 RTA 网络对贸易的影响机制。利用 2010 年~2020 年 "一带一路" 共建国家 RTA、GDP 以及贸易数据，从社会网络的角度来构建 RTA 网络中心性指标以此来说明 RTA 网络中心性对处于不同 RTA 网络地位国家、地理距离相距较远的国家、RTA 轮轴地位不稳固的国家贸易存在显著差异，通过对不同发展水平的国家进行分样本回归进一步阐述全球价值链、技术创新以及贸易的广延边际是影响 RTA 网络中心性对各国贸易产生差异化影响的重要机制。其次，从 "一带一路" 共建国家以及上合组织中贸易较为频繁的纺织行业和棉花行业入手，运用社会网络分析方法构建 "一带一路" 纺织品贸易网络和棉花贸易网络。运用 2001 年~2020 年 66 个 "一带一路" 共建国家数据，借助社会网络方法构建 "一带一路" 及全球的纺织品贸易网络，构建 "一带一路" 和上合组织棉花贸易网络，通过网络中心性指标细致分析 "一带一路" 共建国家纺织品和棉花贸易网络动态演变过程，借助社会网络中的块模型分析方法考察 "一带一路" 共建国家间纺织品贸易、棉花贸易的竞争性和互补性，利用社会网络中的二次指派程序（Quadratic Assignment Procedure，QAP）方法分析 RTA 网络对纺织品贸易以及棉花贸易网络的影响，进而为 "一带一路" 共建国家构建 RTA 网络推动纺织品贸易和棉花贸易发展提供政策参考。

第五，RTA 深度之关税与贸易网络的关系。首先，构建一个三国的寡头竞争模型，阐明关税对 "一带一路" 共建国家贸易的影响机理。其次，运用 1988 年~2020 年 160 个国家及地区，经验研究关税、产品替代性对贸易网络形成的影响，并通过更换核心解释变量度量方法进行稳健性检验。最后，通过将样本划分为不同的子样本从国家宏观层级及产品微观层级来进一步细致分析产品替代性是如何缓解关税对贸易网络形成的影响。

第六，主要结论、政策建议与未来研究方向。首先，总结了从贸易网络结构、RTA 网络结构和 RTA 深度之关税三个视角来研究 "一带一路" RTA 形成机制及其贸易效应的主要结论；其次，从 "一带一路" 贸易网络、如何将国家外部环境与内部改革相结合以及如何制定合理的关税壁垒的角度提出了相关政策建议；最后，对本书的不足和未来研究方向进行了简单讨论，并从理论、实证和政策研究方面指出关于 "一带一路" RTA 网络化形成及其贸易效应这一议题未来的研究方向。

二、基本思路

第一，梳理了国内外"一带一路"RTA 形成及其影响的相关文献；第二，对 RTA 和"一带一路"RTA 网络的定义进行了简要说明，介绍了"一带一路"RTA 网络的历史渊源，并对"一带一路"RTA 网络的现状和特点进行了描述性分析；第三，从贸易网络的角度出发，将经济、政治和结构性因素纳入统一框架并重点分析轮轴度对"一带一路"RTA 网络形成发挥的重要作用，并运用双重差分方法检验"一带一路"的实施对贸易网络轮轴度的提升作用；第四，从 RTA 网络的视角分析了 RTA 网络中心性对 RTA 网络化发展存在自强化效应，借助社会网络分析方法运用五种方式构建网络中心性以考察网络中心性对 RTA 网络化发展的影响机制；第五，考察 RTA 网络中心性对"一带一路"共建国家贸易的影响，通过大量的稳健性检验，以揭示 RTA 网络中心性对"一带一路"贸易的影响主要是通过全球价值链、技术创新以及贸易广延边际这三个路径实现的；第六，从 RTA 深度的角度分析了关税对"一带一路"共建国家贸易网络形成的影响，构建古诺竞争模型，根据理论模型构建实证模型，并做大量稳健性检验，阐明产品替代性的提高可以缓解关税上升对贸易造成的负面影响；第七，总结全书，并提出了相应的对策建议，具体如图 1.1 所示。总体来看，本书由表及里、由浅入深地评估"一带一路"RTA 形成机制及其贸易效应，具有一定的理论与现实意义。

三、研究方法

本书采取理论规范分析和实证研究相结合的方法。基于大量有关"一带一路"RTA 网络形成及其贸易效应的文献，借鉴引力模型、H-O 理论、中心-外围理论并建立蕴含关税的寡头理论模型，推导影响"一带一路"RTA 网络形成的机制。在理论模型的基础上，搜集整理模型相关数据，对理论模型的预测结论进行实证检验。本研究的研究方法包括：（1）计量检验方法。在实证研究中，本书使用多维面板固定效应以及 probit、logit 模型，线性概率模型（LPM），广义矩估计方法（GMM）等计量方法进行计量分析。（2）比较分析方法。在考察不同类型 RTA 形成的研究中，对一体化程度、所含签约国个数、伙伴国经济发展水平、是否跨越区域以及发起反倾销国家频率的不同子样本结果进行对照分析，使结果能够相互验证和补充，以期对"一带一路"RTA 形成机制进行比较充分的经验分析。（3）双重差分方法（DID）。在考察"一带一路"倡议实施对贸易网络中轮轴度的影响中，采用了较为准确识别因果关系的 DID 方法，并进行了平行趋势检验，敏感性分析以及大量的稳健性分析，使得回归结果分析可靠，准确。（4）中介效应分析法。由于"一带一路"共建国家的 RTA 网络对各国贸易的影响展现出了差异化，且本书欲验证此种差异化是全球价值链、技术创新以及贸易的广延边际所导致的，因此，用中介效应方法来验证全球价值链、技术创新以及贸易的广延边际的中介效应机制具有一定的可行性和代表性。

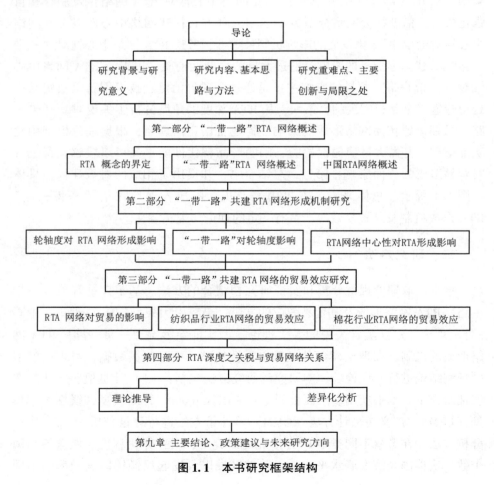

图 1.1　本书研究框架结构

第三节　研究的重难点、主要观点、创新及局限之处

一、研究的重点和难点

本书旨在探究"一带一路"RTA 形成的机制及其贸易效应，研究的重点主要有三个方面：第一，贸易网络中的贸易结构对"一带一路"RTA 网络形成的影响。本书不仅关注经济、政治因素对 RTA 形成的影响，更关注贸易网络中轮轴–辐条结构对"一带一路"RTA 形成带来的影响。第二，RTA 网络中心性对"一带一路"共建国家贸易网络形成的影响。"一带一路"共建国家经济的迅猛发展但不同国家所获利益存在差别，本书将从社会网络的角度切入该主题，分析 RTA 网络中心性如何通过全球价值链、技术创新以及贸易的广延边际影响贸易。第三，RTA 深度之贸易保护政策对贸易的影响。衡量一国在贸易自由化进程中所获利益的直接方法就是考察一国的国民福利水平，本书欲考察关税壁垒以及产品替代性如何通过影响各国福利进而影响贸易发展。

目前看来，研究的难点主要有三个方面：第一，贸易网络中轮轴度对"一带一路"RTA 形成影响机制的阐述。不同于 RTA 网络中的轮轴–辐条结构，要阐述贸易网络中的轮轴度对"一带一路"RTA 网络形成的影响，其一要从理论出发理解贸易网络中轮轴度的经济含义，其二对轮轴度进行测度，这对本部分的数据处理和计量分析提出了更高的要求。第二，检验全球价值链、技术创新以及贸易的广延边际是 RTA 网络中心性指标影响贸易的中介变量。针对该问题，已有文献采用在核心解释变量的基础上继续交乘机制变量，但是，由于本书欲考察 RTA 网络如何影响贸易，本书若采用继续交乘机制变量的方法结果较难解释。如何兼顾"一带一路"RTA 数据、贸易数据以及技术创新等数据特点，并尽可能地检验出机制变量所起到的中介效应作用是本书迫切需要解决的难题之一。第三，关税的提升对一国国民福利影响的理论模型构建以及如何将实证模型与理论有效结合。其一，已有研究关税提升对国民福利影响的模型都是基于垄断竞争市场或者只是将福利的衡量集中在消费者福利或关税收入上，这增加了我们想要从古诺竞争模型出发来构建关税

对国民福利（国民福利包括：消费者剩余，关税收入，从其他国家所获利润）的关于 RTA 决策模型的难度。其二，学术界对于关税以及产品替代性如何综合影响贸易网络化形成无论是从理论还是实证角度均未给出统一的解释。对此，需要认真研读文献、并将"一带一路"RTA 数据库与关税数据库的特征进行有效结合，以此来检验理论部分所提出的假设。

二、主要观点

第一，在贸易网络中，存在一种以轮轴-辐条为网络结构的形式。中国、印度和俄罗斯是"一带一路"共建国家中轮轴度最高的几个国家。当这些国家的轮轴度提高时，会显著促进区域贸易协定（RTA）的形成。这种促进效应在不同签约国之间会有所不同，因为 RTA 的异质性会导致不同的反应。这种机制的核心在于，当轮轴国缔结了 RTA 时，其他贸易伙伴可能会感到被边缘化而受到损害，因此他们可能会加入已形成的 RTA，这就像多米诺骨牌一样，一旦触发，就会引发 RTA 在"一带一路"共建国家的扩张。

第二，"一带一路"倡议的实施有效促进了"一带一路"共建国家的轮轴度提升。这一结论通过了平行趋势检验和安慰剂检验的验证，表明该结论稳健可靠。在进一步的差异化分析中，本研究考虑了"一带一路"共建国家签订区域贸易协定以及贸易的特征条件。研究结果表明，当一国签订的区域贸易协定数量较多、中心国地位较为稳固、进口额较大时，"一带一路"倡议的实施会较大地促进轮轴度的提升。

第三，在 RTA 网络中，提升网络中心性指标可以显著促进 RTA 网络的形成。这是因为 RTA 网络的发展存在自强化效应。处于中心地位的国家拥有较多的 RTA 伙伴，起到"中间人"的作用，因此吸引越来越多的国家与之缔结 RTA。在这种发展过程中，地理距离越近、轮轴地位越稳固、属于发展中国家、文化相近以及过去签订过区域贸易协定的国家其轮轴地位的自强化效应越强，这些国家更容易缔结新的区域贸易协定。在进行了模型预测分析后发现，RTA 网络中点度中心度指标具有最好的预测分析能力。

第四，RTA 网络中心性的提高可有效促进"一带一路"共建国家的贸易发展。当一个国家在 RTA 网络中的地位提升时，其出口量会显著增加，特别是相对点度中心度度量的 RTA 网络地位的提升对出口的正面效应最为强烈。

RTA 网络地位的促进效应在不同的出口国、目的国和特征条件下表现出异质性。提升 RTA 网络地位对出口的影响机制主要有三个路径，即国家层面的"一带一路"价值链地位提升、行业层面的竞争力提高以及产品层面的扩展边际。

第五，区域对于"一带一路"共建国家典型的纺织行业，1996 年，现"一带一路"共建国家的纺织行业中心国依次为印度、中国、韩国和土耳其。但到了 2020 年，中国已经超越印度，成为中心国地位的第一名。随着时间的推移，"一带一路"共建国家出口纺织品的贸易额在世界出口中所占比重不断上升。同时，"一带一路"共建国家之间的纺织品贸易网络密度也日益增加，贸易关系逐渐加强。就区位来看，中国、韩国和印度的主要纺织品出口目的地集中在亚洲地区，而土耳其则主要出口到欧洲地区。从"一带一路"共建国家板块化角度来看，随着时间的增加，四大板块——孤立型、内部型、外部型和兼顾型——之间的国家正在发生转型。外部型板块国家的分布相对稳定，主要包括中国、印度和印度尼西亚等国。与中国处于竞争关系的国家不固定，而与中国互补的国家和地区较为集中，如美国、新西兰、澳大利亚和蒙古国。经 QAP 回归分析所得结果表明，RTA 网络密度的增加会促进纺织品贸易的增长。

第六，对于"一带一路"共建国家典型的棉花行业来说，自 2000 年以来，上合组织国家与世界各国的棉花贸易网络节点连线数有明显提升。上合组织的建立扩大了成员国与世界各国进行贸易联系的广度。根据贸易网络的块模型分析，各国在贸易网络中的地位以及竞争互补关系是动态演变的。特别是中国，从 2000 年的主要"出口商"演变为 2017 年的"中间商"，再到 2020 年的"核心国"。俄罗斯一直是棉花的主要进口国。中心度较大的印度与巴基斯坦在 2017 年与中国同属于一个板块，该板块不仅内部成员间贸易频繁，而且对外进出口密度也较为密集。因此，在棉花贸易上，中国与印度、巴基斯坦存在显著的贸易竞争关系，而与吉尔吉斯斯坦和哈萨克斯坦等国是互补关系，可展开合作。从进出口网络影响因素的 QAP 分析来看，RTA 网络密度的增加会促进棉花贸易的增长。

第七，提高关税会导致贸易量下降，但如果产品替代性提高，就能显著减缓关税上升所带来的贸易负面影响。这是因为，产品替代性的提高一方面能够促进竞争和提高生产率，另一方面也意味着贸易成本的降低，从而促进出口。本研究采用了古诺竞争模型，考察了关税对贸易的负面影响，并考虑了出口产品替代性的因素。实证结果与理论模型所得结论一致。针对不同国家和产品，得出了差异化的结果。此外，本研究还验证了关税的福利效应，当关税较高时，关税上升会降低进口国的福利水平。这些研究结论对于各国制定适宜的贸易政策，优化出口产品结构以缓解贸易壁垒带来的负面影响提供了有益的参考。

三、创新之处

本书以"一带一路"共建国家 RTA 激增的事实为背景，试图基于国际贸易理论全面系统地考察"一带一路"共建国家 RTA 的网络化形成及其贸易效应，本书可能的创新点主要体现在以下几个方面：

1. 总体来看，现有文献主要是考察单一的 RTA 的贸易效应，鲜有文献专门、系统地分析 RTA 网络为何形成以及 RTA 网络的贸易效应。本书系首次基于"一带一路"数据，以各国贸易往来加深、部分国家展现贸易保护主义抬头以及非关税壁垒频发等经济现象贯穿全文，全面、细致地考察贸易网络、RTA 网络以及 RTA 深度之关税对"一带一路"共建国家 RTA 形成机制及其贸易效应的影响，本书的研究有助于拓展我们对全球 RTA 形成来源的认识，无论对于当今经济现象的解释还是对于现有文献的研究都是一个有益的补充。

2. 对于贸易网络与 RTA 形成的研究，本书通过逻辑推演考察了贸易网络中轮轴度对 RTA 形成的影响机理。其一，尽管已有文献提出过 RTA 网络中轮轴辐条结构对 RTA 形成的影响，但本书通过构建"一带一路"贸易网络，实证检验了轮轴度促进 RTA 形成的作用，建立了贸易网络和 RTA 网络构建之间的内在联系。其二，以 Viner（1950）为代表的关税同盟理论主要关注经济因素对 RTA 形成的影响，本书则将经济因素、政治因素和结构性因素纳入统一框架进行细致分析，不仅考察了这些综合因素对总体 RTA 形成的影响，而且还将 RTA 根据其展现的新特性进行了差异化分析，从而在理论上丰富和扩展了"一带一路"RTA 形成机制的研究视角。

3. 对于 RTA 网络贸易效应的研究，在经济学领域我们尚未发现有文献直接解释为何 RTA 网络中心性指标会对贸易产生显著作用。本书发现全球价值链地位的提高、国际竞争力的提升以及贸易的广延边际是影响 RTA 网络贸易促进效应的三个渠道，而且本书用中介效应的检验方法对全球价值链地位、国际竞争力以及广延边际所起到的中介作用进行了实证检验，赋予了 RTA 网络以更丰富的内涵，因而本书有助于更为全面地认识和评价 RTA 网络对贸易的影响机制。此外，本书从社会网络视角出发，针对"一带一路"共建国家中较为重要的纺织品行业和棉花行业进行了细致的网络化研究，探讨 RTA 网络对纺织品和棉花贸易的促进效应机制，从而为中国实现向贸易强国的迈进提供了政策参考。

4. 对于 RTA 深度之关税对贸易的影响研究，在理论方面，已有文献多是基于垄断竞争模型，而本书则是通过构建古诺竞争模型考察了关税壁垒对贸易的影响机理，并在此基础上提出待检验的理论假说。在理论构建过程中本书是基于一国国民福利（消费者剩余、关税收入以及从其他国家所获利润）的关于贸易决策模型，通过考察关税以及产品替代性对一国福利的影响进而考察对贸易的影响，进而克服了既有文献仅集中于消费者福利或关税收入来衡量福利进行研究的缺陷。

四、局限之处

本书的研究虽然取得了诸多突破和创新，但还存在一些不足之处和需要进一步深入研究的地方，主要表现在如下几点：

首先，研究层面上要进行更细致的拓展。由于本书研究的是"一带一路"RTA 形成机制，即我们的被解释变量只能是国家层级的（国家与国家之间是否缔结 RTA 或者是一国缔结 RTA 的数量），这极大地限制了我们从更微观角度去检验行业、企业以及产品层级因素对 RTA 形成的影响。若要从更微观层面去探讨各种因素对全球 RTA 网络形成的影响，就要将被解释变量（全球 RTA 网络形成）细分化，比如，考虑贸易协定中针对不同产品在内容上存在的差异、敏感性清单设置范围的差异、原产地规则限制差异等，将 RTA 具体文本的差异纳入分析框架并结合微观机制是未来研究的方向。

其次，研究主题可以结合全球价值链来进行拓展分析。已有研究包括本书研究"一带一路"RTA 网络形成是从经济、政治、RTA 网络、贸易网络、收入不平等以及福利的角度去阐述，但伴随着国际化分工的日益发展，全球价值链在国际贸易领域所起到的作用越来越重要，附加值贸易的计算越来越多地应用到各种贸易问题中来，因此，未来可以从中间产品贸易的角度去衡量轮轴度以考察轮轴度附加值对"一带一路"RTA 网络形成的影响，或者通过计算附加值贸易来看福利变化如何。综上，关于"一带一路"RTA 网络化形成机制的探讨可以将全球价值链的分析结合考虑。

再次，研究 RTA 网络的贸易效应时应结合微观层级数据展开更丰富的研究。虽然本研究选取了"一带一路"共建国家中比较典型的纺织品和棉花行业进行了 RTA 网络的贸易效应研究，但还没有考虑到"一带一路"共建国家之间的能源贸易网络、中高技术产品贸易网络等，且没有将企业异质性理论结合进来，未来，可以将 RTA 网络与企业异质性理论结合考察 RTA 网络冲击对企业进出口决策以及企业行为的影响。

最后，研究方法可以采用博弈论的方式展开研究。由于 RTA 的缔结需要结合现实谈判的过程才能更清晰透彻地阐述"一带一路"RTA 网络形成的机制。比如，采用博弈论的方法就可以先从贸易协定缔结的发起国开始到发起国向伙伴国发出邀请再到伙伴国是否接受邀请，以及在整个过程中发起国和受邀国签约的动机、是否存在利益集团的游说、双方是否存在毁约的风险等角度出发来探讨全球 RTA 形成的机制。在贸易政策研究领域，运用博弈论的方法来分析双方缔结 RTA 的动机具有一定的理论和现实意义。

这些未解决的问题，均是进一步研究的重要课题，这也为下一阶段的研究提供了方向。

"一带一路"共建 RTA 网络概述

"一带一路" 共建 RTA 网络概述

在研究"一带一路"区域贸易协定网络之前，有必要熟悉一下区域贸易协定的背景知识，故本章主要围绕区域贸易协定的含义、分类和发展历程、"一带一路"区域贸易协定网络的现状和特点、中国区域贸易协定的现状等主题进行概述，以期为后续研究做好铺垫。

第一节 区域贸易协定概述

本小节主要回顾了区域贸易协定的定义、分类和发展历程。明晰区域贸易协定的定义与分类才能更好地研究影响全球区域贸易协定形成的因素有哪些。

一、区域贸易协定的定义

区域贸易协定（RTA）是政府之间以实现区域贸易自由化或贸易便利化为目标而签订的协议，通常采用自由贸易区或关税同盟的形式。在这一定义下，区域并不限于地理或相邻地区，而是指遍布世界各地的国家和独立关税区的所有范围。协议的内容包含广泛，不仅涉及货物贸易、服务贸易等传统议题，也涵盖了环境保护、劳工等新兴议题。传统的区域经济一体化旨在促进经济和贸易发展，并将独立的国家经济整合为一个更大的多国联合经济体的过程（刘德标和张秀娥，2009）。

二、区域贸易协定的分类

根据不同标准，区域贸易协定可以被分类为多种类型。Balasa 将区域贸易协定按照经济一体化的进程分为四个阶段。第一个阶段是取消货物贸易壁垒；第二个阶段是实现生产要素的自由流动；第三个阶段是上升到成员国内部的财政、货币政策保持一致；第四个阶段是市场、财政、货币政策的全面统一。此外，区域贸易协定还可以被划分为以下六种类型：

1. 优惠贸易安排（Preferential Trade Arrangement，PTA）。

优惠贸易安排是较为松散的区域经济一体化的组织形式，即成员国内部之间提供互惠的关税待遇，而对非成员国则设置较高的关税。

2. 自由贸易区（Free Trade Area，FTA）。

自由贸易区与优惠贸易安排更进一步，每个成员国仍保留各自对自由贸易区以外其他国家的关税和各种贸易限制。

3. 关税同盟（Customs Union，CU）。

关税同盟相比自由贸易区更进一步，成员国内部之间的关税全部取消，但对成员国之外的其他国家设置统一的关税。

4. 共同市场（Common Market，CM）。

共同市场是在关税同盟的基础上针对成员国之间的生产要素取消限制，促进服务、资本和劳动力等生产要素的自由流动。

5. 经济同盟（Economic Union）。

经济同盟是在共同市场的基础上，成员国之间不仅取消关税，还设置了共同的货币政策和财政政策，向完全经济一体化的最后阶段迈进。一个典型例子就是欧盟。

6. 完全经济一体化（Complete Economic Integration，CEI）。

完全经济一体化统一了各国经济、政治和法律政策，乃至形成统一的经济一体化组织形式。

以上各种形式的区域贸易协定可用图 1-1 作一归纳。

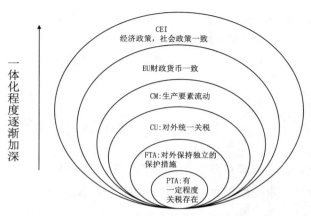

图 1-1　RTA 按照区域经济一体化划分为六种类型

三、区域贸易协定的发展历程

16 世纪中叶，英格兰和苏格兰建立了政治经济联盟，但由于当时世界经济水平较低，区域贸易协定数量较少，各国之间的经济贸易往来发展缓慢。1786 年，英国与法国签订的《艾登条约》，规定英国出口到法国的商品可享有较低的关税，法国出口到英国的葡萄酒也享有相同的低关税待遇。但是，《艾登条约》由于英法战争的爆发而被终止。1860 年，英国和法国签订了《英法条约》，并确立了国际经济交流的准则。20 世纪 30 年代，世界经济危机的爆发加剧了贸易保护主义，各国纷纷提高关税。惨痛的教训促使各国开始意识到在国际化生产日益发展的背景下，广泛开展国际合作的必要性。1947 年 10 月，美国等 23 个发起国在日内瓦签订了《关税及贸易总协定》（General Agreement on Tariffs and Trade，简称 GATT），并于 1947 年年底签订了临时议定书，承诺各国在国际贸易中遵循《关税及贸易总协定》的规定。GATT 从 1947 年到 1994 年共举行了 8 轮多边贸易谈判，1993 年乌拉圭回合谈判中，规定成立世界贸易组织（World Trade Organization——WTO），并将全球贸易规则扩展至农产品和服务业。1995 年，WTO 正式成立，取代 GATT。

随着多边贸易协定的不断发展，区域贸易协定也逐渐兴起。区域贸易协定的发展经历了三个阶段。第一波浪潮始于 1958 年，典型的代表是欧洲经济共同体（European Economic Community，EEC）和欧洲自由贸易协定

（European Free Trade Agreement，EFTA）。第二波浪潮始于 1973 年，以欧洲经济共同体的扩张为代表。第三波浪潮始于 1989 年，包括南方共同市场（Mercado Común del Sur，MERCOSUR）为代表的双边贸易协定的兴起（Bergstrand 等，2016）。

第二节　"一带一路"区域贸易协定网络概述

上一小节简介了区域贸易协定的概念、分类及发展历程，本小节将从网络的视角剖析"一带一路"区域贸易协定网络的概念、现状及结构特征。

一、"一带一路"区域贸易协定网络定义

"网络"是指由节点和连线组成的表示多个对象及其相互联系的结构。在计算机领域，通过网络将各种资源连接在一起，以实现它们的共享。在数学领域中，"网络"是指由一组点和连接这些点的线构成的图，这种图通常用于描述事物之间的关系，其中点代表事物，连接点的线表示这些事物之间的关系。此外，"网络"在物理领域中也有其物理含义，即网络是一种模型，该模型是从某些同种类型的实际问题中抽象出来的。Barabasi 和 Alert（1999）发现了网络的无标度和小世界特性，进一步揭示了网络的复杂性。与此同时 Watts 和 Strogatz（1998）也提出了复杂网络的概念[1]。

在经济学领域，西方网络经济学家将网络的性质归纳为，网络是互补的结和链构成的。在中国，孙玉红（2007）首次提出了区域贸易协定网络的概念，学者孙玉红指出，自 20 世纪 90 年代以来，南-南和南-北两种方式进行双边、区域和多边合作是新一轮区域合作的主要形式，进而促进了交叉重叠的 FTA 的出现以及 FTA 网络化的发展。如果将全球各国视为节点，将签署的贸易协定视为边，那么全球各国之间签署的各种跨区域贸易协定将形成错综复杂的网络。根据 WTO 数据库的统计，截至 2023 年年底，全球已签署了 356 个贸易协定。不同类型的贸易协定的扩张在全球范围内编织成了一张巨大的网络。

---

〔1〕　复杂网络是对复杂系统的抽象和描述方式，任何包含大量组成单元（或子系统）的复杂系统，当把构成单元抽象成节点、单元之间的相互关系抽象为边时，都可以当作复杂网络来研究（Watts 和 Strogatz，1998）。

二、"一带一路"区域贸易协定网络发展的现状

全球区域贸易协定的蓬勃发展不仅体现在总体数量上的激增（如图 1-2），更体现在结构上的变化。区域贸易协定的结构变化展现出了新特性，如表 1-1 所示。

表 1-1 全球签订协定的个数

年份区间	总体	按照一体化程度		按照签约方数量		按照发展水平		按照是否跨越洲际		按照协定覆盖内容	
	RTA	FTA	CU	双边	多边	南-南/北-北	南-北	跨洲	洲内部	货物	货物+服务
1958 年~1989 年	22	15	7	8	14	10	12	6	16	18	4
1990 年~2020 年	291	267	24	247	44	133	158	115	176	134	157
合计	313	282	31	255	58	143	170	121	192	152	161

数据来源：根据 WTO 网站 RTA Database 数据库数据计算得到。

特点一，自 1990 年以来，RTA 数量呈现出激增，是 1958 年~1989 年间的十倍以上。在多哈回合谈判的胶着不决背景下，以 WTO 为代表的多边贸易协定逐步朝着区域一体化方向发展，这加速了区域贸易协定的增长。

特点二，从一体化程度来看，自由贸易协定（FTA）的数量相比关税同盟（CU）的数量增长要快，这是因为自由贸易协定具有更高的灵活性，各国在制定对外的关税政策时不会受到伙伴国的制约。而关税同盟则不同，关税同盟的成员国内部之间相互取消关税，但统一对外设置较高的相同关税。

特点三，区域贸易协定的类型也发生了变化。自 1990 年以来，双边贸易协定的数量急剧增加，这主要是因为签约国数量较少。在多边贸易协定中，由于签约国数量大于或等于三个，各国在协商过程中可能存在利益不一致的情况，从而导致协议无效。而在双边贸易协定中，签约国数量较少，更容易在协商过程中达成一致意见。

特点四，自 1990 年以来，南-南型和南-北型贸易协定数量增加。早期，发达国家签订 RTA 的情况较多，但伴随着发展中国家经济的发展，其参与全

球一体化的程度也在逐步加深。由于发展中国家经济起步晚,技术水平欠发达,因此区域贸易一体化的发展可以促使发达国家将劳动密集型产业向发展中国家转移,同时也可以将先进技术溢出给发达国家,从而为发展中国家提供了发展机遇。

特点五,从签约国地理位置来看,自1990年以来,随着全球贸易依存度的加深,跨越洲际的区域贸易协定不断增多。早期的区域贸易协定主要在区域内国家之间签订,如欧盟。但是,全球区域贸易协定网络的形成打破了地理位置的限制,促进了全球范围内广泛一体化的趋势。

特点六,从区域贸易协定的覆盖内容来看,自区域贸易协定第三次浪潮以来,服务贸易协定的数量逐渐增加。随着发展中国家加入WTO,服务贸易在全球区域一体化中的作用变得越来越重要。特别是在当今电子通信、旅游业、金融业迅速发展的情况下,服务贸易协定对促进服务贸易的蓬勃发展至关重要。自1990年以来,全球缔结的区域贸易协定中有超过一半是服务型区域贸易协定。[1]我国自加入WTO以来到2023年年底,共签订了19个区域贸易协定,也全部都属于服务型RTA,与自贸伙伴的贸易额占比从17%提升到约35%。

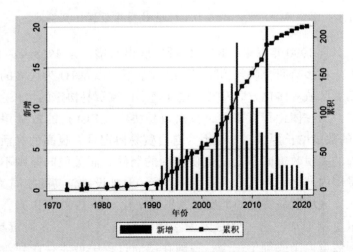

图1-2 "一带一路"共建国家RTA数量随年份变化趋势图

(其中柱状图代表:每年RTA新增数量,连线代表截止到t年RTA的累积数量)

---

〔1〕 本书定义的服务型RTA指的是内容涉及服务贸易的RTA协定,包括仅仅涉及服务贸易的协定和同时涉及货物和服务贸易的协定。

第三节 中国区域贸易协定网络概述

一、中国区域贸易协定网络现状

如前文所述，"一带一路"共建国家内部区域贸易协定的缔结编织成了一张巨大的网络，不同类型的区域贸易协定又展现出一些新的特性，中国也不例外。中国参与全球经济一体化的历程如下：1948 年 4 月，中国签订 GATT 临时性适用议定书，成为 GATT 的签约国之一。1982 年 11 月，中国获得 GATT 观察员身份。1984 年 11 月，GATT 理事会决定，中国可以参加 GATT 所有组织的会议。1994 年 4 月，在乌拉圭回合闭幕会议上，中方表示希望成为 WTO 的创始成员国。1995 年 7 月，WTO 决定接纳中国为该组织的观察员。2001 年 12 月，中国正式加入 WTO，值得一提的是，自 2001 年加入 WTO 以来，中国不断缔结各种类型的区域贸易协定，不仅如此，"一带一路"倡议的发出也促使中国与邻近国家建立起各种伙伴关系。

2001 年 5 月，中国参加了《曼谷协定》。2004 年 11 月，中国和东盟正式签署了《中国-东盟全面经济合作框架协议货物贸易协议》和《中国-东盟争端解决机制协议》。在 2010 年 1 月，中国与东盟超过 90%的产品关税降为 0；在 2015 年 1 月，中国东盟自由贸易区全面建成，这也是迄今为止中国签署的第一个双边贸易协定。

2005 年 11 月，中国和智利签署了《中国-智利自由贸易协定》。2006 年 12 月，中国和巴基斯坦签署了《中华人民共和国政府与巴基斯坦伊斯兰共和国政府关于自由贸易协议早期收获计划的协议》。2008 年 4 月，中国与新西兰签署了全面自由贸易协定，这是我国签署的第一个全面自由贸易协定，也是中国第一个与发达国家签订的双边自由贸易协定（郑甘澍和刘莉，2010）。2008 年 10 月，中国和新加坡签署了一份不仅涵盖货物贸易、服务贸易还包括人员流动和海关程序等多个领域的自由贸易协定，为中国-新加坡经贸合作的深度和广度提供了拓展。在协定中，两国还在医疗、教育、会计等领域做出了高于 WTO 的承诺。2008 年 11 月，中国与秘鲁签署自由贸易协定。中国成为秘鲁第二大贸易伙伴国，而秘鲁则成为中国在拉美第七大贸易伙伴国。全球金融危机背景下两国在危机时期积极谈判并签署了自由贸易协定，并在危机后开始实施该协定，促进了两国友好合作关系的持续发展。2011 年 8 月，中国与哥斯达黎加签署了双边自贸协定，这是中国与中美洲国家签署的第一个自贸协定，也是两国经贸关系发展史的开始。2013 年 4 月，中国与欧洲地区签署了第一个自由贸易协定：中国-冰岛自由贸易协定。2013 年 7 月，中国和瑞士签署了中瑞自贸协定，这是中国与欧洲大陆和世界经济 20 强国家达成的第一个自贸协定。瑞士方面立即对中国超过 95% 的出口实施零关税，中国则对瑞士超过 80% 的出口实施零关税。2015 年 6 月，中国和澳大利亚签署了自由贸易协定。该协定是中国与其他国家签署的贸易投资自由化协议中整体水平最高的贸易协定之一。2015 年 11 月，中韩自贸区谈判全部完成，中国和韩国签署了自由贸易协定，这是中国与其他国家达成的最大规模自贸协定。

在 2020 年 11 月，中国参与签署了《区域全面经济伙伴关系协定》（RCEP），这是涉及中日韩澳新及东盟国家的一项重要协定。区域全面经济伙伴关系协定（RCEP）是一个由亚太地区的国家组成的自由贸易协定。这些国家包括中国、日本、韩国、澳大利亚、新西兰、东盟 10 个成员国（文莱、柬埔寨、印度尼西亚、老挝、马来西亚、缅甸、菲律宾、新加坡、泰国和越南）。该协定涵盖了广泛的领域，包括贸易、电子商务和竞争政策等。RCEP的签署将消除许多贸易障碍和限制，使各参与国之间的贸易更加自由化和便利化。

据中国自由贸易区服务网统计，截至 2023 年，中国已完成谈判签署的自贸区达到 19 个，涉及 26 个国家和地区。正在谈判的自贸区达到 11 个[1]，涉及 16 个国家和地区。同时，中国还在研究 8 个自贸区[2]。在所有已谈判签署的自贸区中，有 17 个国家（地区）属于"一带一路"共建国家（地区），占到已签署伙伴国（地区）的 64%。这 19 个贸易协定就形成了包含中国在内的区域贸易协定网络。中国区域贸易协定网络不仅体现在数量上，从协议类型和性质上也展现出新特性。在这 19 个贸易协定中存在一致的特征趋

---

〔1〕 中国-海合会，中日韩，中国-斯里兰卡，中国-以色列，中国-挪威，中国-摩尔多瓦，中国-巴拿马，中国-韩国自贸协定第二阶段谈判，中国-巴勒斯坦，中国-秘鲁自贸协定升级谈判，中国-厄瓜多尔。

〔2〕 中国-哥伦比亚，中国-斐济，中国-尼泊尔，中国-巴新，中国-加拿大，中国-孟加拉国，中国-蒙古国，中国-瑞士自贸协定升级联合研究。

势，即从一体化程度来看均为 FTA，从协定覆盖内容来看均为服务型 RTA，从签约国数量来看大多为双边，而且从地理位置来看，贸易伙伴国遍布欧洲、美洲、亚洲，伙伴国的发展水平也各有差异，中国不仅是区域贸易协定网络中的关键节点，也是全球贸易网络中的关键枢纽点。综上，伴随着中国加入 WTO，中国融入区域经济一体化的步伐也逐渐加快，构筑以中国为核心的自贸区网络是大势所趋，各种新型贸易协定的缔结不仅丰富了贸易协定内容，更提升了中国在国际谈判中的话语权。区域全面经济伙伴关系协定的文本内容显示共包含 20 章内容，比较具有特色的是，在电子商务章节的合作条目下专门提到共同帮助中小企业克服使用电子商务的障碍，鼓励各方积极参加地区和多边论坛以促进电子商务的发展。为确保网络安全，特别是在数字经济迅猛发展的当下，保护个人信息数据安全是推进电子商务合作发展的重中之重。

中国区域贸易协定网络的不断演变与发展，促使中国区域贸易协定的缔结形成了"轮轴–辐条"结构。党的二十大报告提出"扩大面向全球的高标准自由贸易区网络"。构建自贸区网络，是我国积极参与国际经贸规则制定、争取全球经济治理制度性权力的重要规划。

其中，中国签署的多边贸易协定主要有两个：亚太贸易协定和区域全面经济伙伴关系协定。这两项协定为发展中国家提供了更多的贸易机会和更优惠的贸易条件，有助于促进这些国家的经济发展，增加就业机会。亚太贸易协定前身为曼谷协定，包括了一系列的规定和政策，以实现更深层次的经济一体化。在亚太地区，亚太贸易协定是一个具有里程碑意义的自由贸易协定的前身——曼谷协定，它代表着参与国家之间的紧密联系和合作，为参与国家的经济繁荣和发展做出了重要贡献。中国于 2001 年加入该协定，成为该协定的重要成员之一。中国的加入进一步促进了曼谷协定的发展和扩大，为中国的经济发展提供了更多的机遇和挑战。中国的加入也表明了由曼谷协定发展而来的亚太贸易协定的开放和包容性，以及该协定为推动全球自由贸易和经济一体化所做出的努力。

二、中国区域贸易协定网络的拓展分析

当前的全球治理体系存在缺陷与不足，在推动世界经济发展的实践中已经逐渐力不从心，所以需要继续改革和完善，而中国提出的"一带一路"倡

议是当前国际治理体系的重要补充。2013 年 10 月由国家主席习近平提出的"一带一路"合作倡议充分依托中国与有关国家既有的双边和多边机制，借助区域贸易合作平台打造出的政治互信、经济融合、文化包容的利益共同体、命运共同体和责任共同体（《推动共建丝绸之路经济带和 21 世纪海上丝绸之路的愿景与行动》）。"一带一路"共建国家经济区的特点：第一，辐射的国家范围较广，形成了横跨亚欧非的经济活动网络和运输网络。第二，"一带一路"共建国家大部分是发展中国家，有些人均收入较高的发达国家是资源较为丰富的国家。第三，在"一带一路"倡议的合作是注重与现有双边和区域合作机制的相辅相成，而不是要挑战或者替代现有的双边和区域贸易合作机制。这也有助于各国在推进"一带一路"倡议的同时，构筑以自身为核心的贸易协定网络，通过"一带一路"倡议平台来推进各国不同的合作模式，从而促进区域均衡可持续的发展。第四，从以关税贸易总协定框架下的货物贸易为主，转变为区域贸易协定框架下的货物和服务贸易协定发展。此外，2023 年，中国与"一带一路"国家合作伙伴国个数逐渐增多，因此探讨"一带一路"成员国激增的原因以及如何建设好各国之间的互联互通是未来研究的一个重点方向。正是由于中国在整个亚洲乃至全球所处的轮轴国地位，才会吸引越来越多的国家来与之缔结贸易协定或建立合作伙伴关系。

进一步地，中国在外交方面，除了会缔结区域贸易协定、突出发展规划外，还会构建各种伙伴关系。在这里我们需要区分几个词汇："伙伴"指的是双方遵守"求同存异"的原则，因相互信任而构建的关系；"合作"多指经济方面的合作；"战略"会涉及一个国家利益的分配，包括经济、军事、安全等方面。对于中国对外的伙伴关系包括：伙伴关系、合作伙伴关系、全面战略协作伙伴关系、全面合作伙伴关系、战略伙伴关系、战略合作伙伴关系、可信赖的合作伙伴关系、全方位战略伙伴关系等[1]。这些伙伴关系的存在也

---

　　[1]　具体地，建设性战略合作伙伴关系的国家有美国，战略互惠关系的国家有日本，全面战略协作伙伴关系的国家为俄罗斯，全面战略合作伙伴关系的国家为巴西、巴基斯坦、法国、越南，全面战略伙伴关系的国家有阿根廷、白俄罗斯、丹麦、马来西亚、葡萄牙、南非、委内瑞拉、西班牙、英国、意大利、印度尼西亚，全方位战略伙伴关系的国家为德国，战略合作伙伴关系的国家有埃及、韩国、斯里兰卡、土耳其、印度，战略伙伴关系的国家和地区有哈萨克斯坦、波兰、东盟、墨西哥、欧盟、尼日利亚、加拿大，全面合作伙伴关系的国家有秘鲁、荷兰、克罗地亚、罗马尼亚、孟加拉国、智利，可信赖的合作伙伴关系的国家有埃塞俄比亚，全面战略合作伙伴关系的国家为巴基斯坦，合作伙伴关系的国家包括波兰、乌兹别克斯坦、匈牙利，伙伴关系的国家为阿尔巴尼亚和蒙古国。

彰显出中国在构筑伙伴关系网络时奉行的是"结伴"而"不结盟"的外交政策。

综上所述，无论是从中国区域贸易协定的持续缔结、中国推动"一带一路"共建发展的国家规划还是中国构建的各种伙伴关系来看，中国在一直积极地融入区域经济一体化浪潮，构筑以自身为核心的区域贸易协定网络。从贸易网络结构、贸易自由化和贸易保护政策角度来考察区域贸易协定的形成将为中国如何加快构建自贸区网络，并通过区域贸易协定的形式进行国际经贸规则重构提供理论依据。

第四节　本章结论

本章从区域贸易协定的定义出发，明确区分了涉及区域贸易协定的一些分类，从历史回顾的角度按照时间顺序阐述了区域贸易协定的发展历程，通过对区域贸易协定的介绍再延伸至"一带一路"区域贸易协定网络的形成，从不同研究领域来总结网络的定义，根据现有的区域贸易协定数据统计分析了"一带一路"区域贸易协定网络发展的现状和新特性。由于中国是世界上最大的发展中国家，如何构筑以中国为核心的自贸区网络以提升国际竞争力和地位是中国政府关注的重要问题，因此，本章最后，是从中国区域贸易协定网络对接"一带一路"倡议的角度对中国的贸易协定进行了归纳与总结，并简要介绍了中国伙伴关系的几个层次。通过本章的介绍可初步了解区域贸易协定的概念、"一带一路"区域贸易协定网络的特征以及中国区域贸易协定网络的现状等，为本书后续的理论和实证研究打下了坚实的基础。

第二部分

"一带一路" 共建 RTA 网络形成机制研究

轮轴度对 RTA 网络形成影响

第一节 问题的提出

对外开放是中国的一项基本国策，也是"一带一路"和自贸区建设的共同主题，是我国构建立足周边，辐射"一带一路"、面向全球的高标准自由贸易区网络的重要内容，也是实现中国与世界各国高效联通，多领域互利共赢的重要途径。

1990 年以来，全球区域贸易协定的缔结数量呈现出激增的现象。已有的关税同盟理论认为，两国经济发展水平越相似、两国地理位置越靠近，两国缔结 RTA 带来的贸易创造效应越会大于贸易转移效应，因此 RTA 更容易缔结。但已有的关税同盟理论已经解释不了新区域贸易协定网络所展现出的新特性：发展中与发达国家之间的协定、双边协定以及跨区域的贸易协定的不断增长。

"一带一路"共建国家及中国的 RTA 快速缔结激发人们开始思考，何种因素会影响到 RTA 网络的动态发展？随着经济全球化的推进，各国的贸易关系也编织成了一张"你中有我，我中有你"的不可分割的全球贸易网络。在这一背景下，各国之间在签订 RTA 时不会局限于地理位置、经济规模等因素，会更多考虑签订 RTA 的潜在收益，尤其是贸易利益。Baldwin（2009）的理论研究考察了 RTA 网络中轮轴-辐条结构形成的逻辑。他设定了一个轮轴国、三个辐条国的轮轴-辐条结构体系来进行成本收益分析，说明轮轴国对辐条国的吸引力，来自两国形成 RTA 后辐条国因轮轴国市场开放获得潜在收益，而吸引力的大小则来自贸易依赖度。Baldwin（2009）的研究从理论方面得出了轮轴度对 RTA 形成的影响是通过轮轴国的自强化效应的结论。

本章结合国际贸易理论对 RTA 的最新关注，探讨了"一带一路"共建国家及中国的轮轴度对 RTA 网络形成的影响。首先，本章试图证明，轮轴度可以反映出"一带一路"共建国家及中国在区域内的轮轴地位，并进行特征事实分析。其次，轮轴度对 RTA 形成的影响是起到促进作用，轮轴度越大的国家自强化效应越强。而且通过更换计量方法、轮轴度指标等方式得出基准结果是稳健的。最后，若从 RTA 协定的异质性来看，若将 RTA 按照一体化程度、签约国个数以及协定覆盖范围进行分类，轮轴度对 RTA 的促进作用在 FTA 协定、双边协定以及产品型 RTA 协定中更强。若从签约国发展水平的异质性来看，轮轴度对 RTA 的促进作用在南-北或北-南型（相比南-南型）RTA 中更强。若将"一带一路"共建国家及中国的区域进行划分后，发现轮轴度对 RTA 形成促进作用展现出差异化，影响程度由大到小排序：中东欧>东北亚>南亚>西亚>东南亚>中亚。

第二节　相关文献综述

RTA 形成机制的文献大致可分为三类：第一类文献主要强调政治经济因素对 RTA 形成的影响。Viner（1950）指出，当两国经济规模越相似，地理位置越靠近，贸易创造所带来的福利收益大于贸易转移所带来的损失，那么两国之间就更容易缔结 RTA。在现实生活中，政府作经济决策时不仅会考虑国民的福利，还会受到其他因素的制约，比如，Grossman 和 Helpman（1992；1995）、Krishna（1998）、Levy（1997）以及 Maggi 和 Rodríguez-Clare（2007）运用政治经济学的分析框架，强调了利益集团借助政治献金游说政府的行为来影响 RTA 的缔结。

第二类文献强调 RTA 的相互依赖关系也决定了两国 RTA 的形成。Egger 和 Larch（2008）证实过去的 RTA 对未来 RTA 的签订会产生正向的作用，而且此促进效应会随着两国距离的增加而减小。他们将 RTA 的依赖关系区分为多米诺效应和浪潮效应，前者关注新的国家加入已有的 RTA；后者则关注非成员国之间形成新的 RTA。Baldwin 和 Jaimovich（2012）利用空间计量的方法也得出了类似的结论。那么对于上述的"经济因素"与"相互依赖关系"

哪种因素对 RTA 的形成影响更大？在 Chen 和 Joshi（2010）的研究中得到了答案。他们发现，RTA 的三角关系对 RTA 网络化的形成发挥了重要作用，此作用却不能由国家的经济特征来替代。Baier 等（2014）则通过理论与实证相结合的方法运用 1960 年~2005 年 146 个国家的数据进行研究，结果显示 RTA 的多米诺效应是显著大于浪潮效应的，从而揭示了 RTA 形成的两大重要来源，并明确了其大小关系。

第三类文献从复杂网络的视角关注 RTA 的形成，以及不同约束条件和组织形式的 RTA 到底促进还是阻碍了全球自由贸易的实现。Mukunoki 和 Tachi（2006）构建了三国序贯博弈模型，发现多个新组建的双边 RTA 相比原协定的扩张更容易实现全球自由贸易。Goyal 和 Joshi（2006）认为 RTA 网络形成发展的动力来自政府通过签订 RTA 以实现消费者剩余和国内公司利润总和的最大化，在国家市场规模完全对称 的情形下，通过双边 RTA 的缔结可实现全球贸易自由化。而谢建国（2004）却在外部关税约束条件下通过构建理论模型得出，追求成员国福利最大化的自由贸易区不可能导致世界自由贸易。对于全球自由贸易网络的形成是否稳定的问题，Furusawa 和 Konishi（2003）给出了答案，他们采用多国模型考察 RTA 随机形成的过程，发现当国家是完全对称且外部关税相同时，全球自由贸易是稳定的。为了考察全球 RTA 网络形成的动态演化过程，Daisaka 和 Furusawa（2014）对 Goyal 和 Joshi（2006）中的 RTA 网络演化路径进行数值模拟，并分别讨论两种不同方案下全球自由贸易是否会实现。他们发现，如果随机选择签订 RTA 的国家对，全球 RTA 网络化形成的可能性会随着国家数量的增加而递减；如果选择有较大倾向去形成 RTA 的国家对，当国家规模对称的条件下，全球自由贸易网络会实现全覆盖。总体上看，近年来从复杂网络视角探讨 RTA 形成的问题在理论研究上有了一定进展，而该议题在国内刚刚引起少数学者关注。王开和靳玉英（2013）进行了实证研究，发现 RTA 的网络化特征是 RTA 网络形成的重要原因。

Grossman 和 Helpman（1992；1995）、Levy（1997）、Krishna（1998）以及 Maggi 和 Rodríguez-Clare（2007）借助政治经济学的分析框架探讨了政治经济因素对 RTA 形成的影响。相比理论研究，RTA 形成的实证研究相对匮乏。Baier 和 Bergstrand（2004）首次系统考察了经济因素对国家之间 RTA 形成的影响，奠定了 RTA 形成机制实证研究的基础。随后，Egger 和 Larch（2008）、Chen 和 Joshi（2010）、Baldwin 和 Jaimovich（2012）、Baier 等（2014）均从

实证的角度证实了 RTA 的传染性。Daisaka 和 Furusawa（2014）以及 Goyal 和 Joshi（2006）对 RTA 网络演化路径进行数值模拟，指出在国家规模对称的条件下，全球自由贸易网络会实现全覆盖。总体上看，近年来从复杂网络视角探讨 RTA 形成的问题在理论研究上有了一定进展，而该议题在国内刚刚引起少数学者关注。王开和靳玉英（2013）进行了实证研究，发现复杂网络结构特征是 RTA 形成与演化的重要原因。

上述研究从不同视角揭示了 RTA 形成的动因，但是均忽略了各国在贸易网络中的相互依赖关系对 RTA 网络形成的影响。Baldwin（2009）的理论研究指出，RTA 网络的中心国家会不断吸引其他边缘国家与之签订 RTA，轮轴国的吸引力来自辐条国对于轮轴国市场的依赖，以及因 RTA 签订从轮轴国市场开放中可能获得的特惠权利。轮轴国为巩固自身在 RTA 网络中的中心地位，辐条国为防止自身被边缘化，两者都有动机与对方签订 RTA。本章采用全球数据，从贸易网络中轮轴-辐条结构的角度对全球 RTA 网络化发展的成因进行实证研究。相比已有研究，本章的主要边际贡献：首先，利用轮轴度刻画了"一带一路"共建国家及中国在贸易网络轮轴-辐条结构中的相对地位。其次，构建了可供预测的 RTA 决策模型，实证检验了轮轴度促进 RTA 形成的作用，建立了贸易网络和 RTA 网络构建之间的内在联系。最后，基于一体化程度、签约国个数、协定覆盖范围等 RTA 协定异质性，伙伴国经济发展水平的国家异质性以及国家所属区域的异质性从多个维度考察了 RTA 形成中轮轴度的差异化影响。

第三节　轮轴度测度及特征事实

一、轮轴度的测度

轮轴-辐条结构是贸易网络中衡量一国贸易网络地位的重要指标，一国能否是潜在的轮轴国可以借助轮轴度这个指标加以测度。其具体的衡量标准为，对于任意一个国家来说，其对伙伴国在贸易领域吸引力的大小，即两国形成 RTA 后，伙伴国在贸易中潜在收益的大小。轮轴度的具体构造方式如下：

$$hub_{ji} = s_{ij}^{X}(1 - s_{ij}^{M}) = \frac{export_{ij}}{export_i}(1 - \frac{import_{ji}}{import_j}) \quad\quad (2.1)$$

（2.1）式代表 j 国对 i 国在贸易领域吸引力的大小，即两国形成 RTA（服务型）后，伙伴国获得潜在收益的大小。hub_{ji} 测量的是当目的国（j 国）的开放度增加时，原产地国家（i 国）出口增加的百分比是多少，此出口增加的百分比就预示着 i 国若与 j 国签订 RTA 获得的潜在收益。当其他国家越感兴趣于获得 j 国的特惠权利时（一国越早获得 j 国的特惠权利意味着该国获得的潜在收益越大），j 国吸引其他国家与之签订 RTA 的能力越强，轮轴度就越大（Bao 和 Wang，2019）。

二、轮轴度的特征事实分析

由于轮轴度可以考察一国所处的贸易地位，本节利用上述（2.1）式测算的轮轴度指标考察每一年"一带一路"共建国家及中国作为进口国相对于世界所有国家的轮轴度，本节表 2-1 展示了 1975 年、1985 年、1995 年以及 2015 年轮轴度排名前十的国家，结果显示，沙特、印度和新加坡在 1975 年和 1985 年排在前三位，而中国在此期间正处于改革开放初期，与他国之间的贸易量相对较少，中国的出口还较依赖于其他国家，进而轮轴度较低，甚至还未列入前十。然而，在 1995 年，中国的轮轴度已攀升至第一位，紧随其后的分别为土耳其和韩国。在 2015 年，中国的轮轴度依旧排在第一位，为0.1476，是位列第二位的印度轮轴度的两倍之多，排在第三位的是俄罗斯。中国的轮轴度之所以稳居第一位，一方面，是由于 2001 年中国加入 WTO，使得中国的出口规模持续扩张，影响力不断扩大；另一方面，中国在扩大开放的同时注重对贸易结构的调整，进口国的选取更加多元化，使得中国的进口不依赖其他国家，进而提升了轮轴度。整体来看，对比 1975 年、1985 年和1995 年、2015 年轮轴度排名前三的国家中只有印度的轮轴度是排名相对稳定的国家，而中国、韩国、土耳其、俄罗斯属于后来居上。从以上分析可知，轮轴度可以反映一国在贸易网络中所处的相对地位，而本章感兴趣的问题是，轮轴度与 RTA 形成之间存在怎样的关系？为了解决此问题，我们利用上述测算结果绘制了样本期间（1985 年~2015 年）核心解释变量轮轴度与被解释变量 RTA 形成之间的散点图与拟合线。其中，横轴代表一国相对于其他所有国家轮轴度的均值，并进行了标准化处理，纵轴代表一国签订 RTA 的累积数量。结果显示，轮轴度与 RTA 的形成之间存在正相关关系。这反映了轮轴度越大越有利于促进一国形成 RTA，初步支持了本书的判断。

表 2-1 "一带一路"共建国家及中国相对世界其他国家轮轴度排序

排序	1975 年		1985 年		1995 年		2015 年	
	国家	Hub	国家	Hub	国家	Hub	国家	Hub
1	沙特	0.0211	新加坡	0.0281	中国	0.0398	中国	0.1476
2	印度	0.0181	印度	0.0195	土耳其	0.0283	印度	0.0520
3	新加坡	0.0154	沙特	0.0161	韩国	0.0260	俄罗斯	0.0304
4	伊朗	0.0144	韩国	0.0118	泰国	0.0254	韩国	0.0272
5	泰国	0.0133	阿拉伯联合酋长国	0.0110	新加坡	0.0243	土耳其	0.0238
6	伊拉克	0.0087	波兰	0.0108	印度	0.0213	泰国	0.0172
7	马来西亚	0.0086	土耳其	0.0091	哈萨克斯坦	0.0192	沙特	0.0154
8	埃及	0.0084	马来西亚	0.0078	沙特	0.0152	阿拉伯联合酋长国	0.0150
9	巴基斯坦	0.0071	匈牙利	0.0074	印度尼西亚	0.0146	哈萨克斯坦	0.0141
10	叙利亚	0.0065	巴基斯坦	0.0067	波兰	0.0112	新加坡	0.0128

注：其中 Hub 是指先按照年份算进口国对全球所有国家轮轴度的平均，然后按照 Hub 从大到小排序，表 2-1 中呈现了 1975 年、1985 年、1995 年、2015 年轮轴度排名前十的国家。

数据来源：UN-Comtrade。

2013 年，"一带一路"的倡议源于中国，致力于亚欧非各大洲及附近海洋的互联互通。值得关注的是，"一带一路"倡议中提出建立六大经济走廊，具体是指中国正与"一带一路"共建国家积极规划新亚欧大陆桥、中国-中亚-西亚、中蒙俄、中巴、孟中印缅、中国-中南半岛六大经济走廊建设。由此可见，有必要将"一带一路"共建国家划分区域来进行研究。

结合表 2-1 中进口国相对于世界其他国家和相对于区域内国家的轮轴度排序来看，"一带一路"共建国家以及中国呈现三足鼎立的竞争局面，具有三大贸易板块。第一大板块是以中国为首的板块，第二大板块是以印度为首的板块，第三大板块是以俄罗斯为首的板块。而此结论与重庆社科院发表的著作结果一致，他们从贸易竞争性的角度分析中国与"一带一路"相关国家的竞争关系，结果显示三大板块的中心国分别为中国、印度和俄罗斯。为了更为直观地对比六大区域轮轴国和中国的轮轴度，本节计算了哈萨克斯坦、俄罗斯、新加坡、印度、罗马尼亚、沙特和中国的轮轴度，这七个国家的轮轴度由大到小的排序依次为中国、俄罗斯、印度、新加坡、罗马尼亚、沙特、哈萨克斯坦。因此，无论是进口国相对于世界其他国家、区域内国家还是区域内轮轴国的轮轴度均印证了中国、俄罗斯和印度是"一带一路"共建国家的三大轮轴国。

图 2-1 展现了这些国家从 1995 年~2015 年随年份变化的轮轴度趋势图。由图是 2-1 可知，中国和印度的轮轴度随年份有上扬的趋势，尤其是中国，而且自加入 WTO 以来，中国的轮轴度超越"一带一路"其他所有共建国家的轮轴度成为第一大轮轴国。然而俄罗斯呈现下降的趋势，其他国家的轮轴度保持平稳态势。

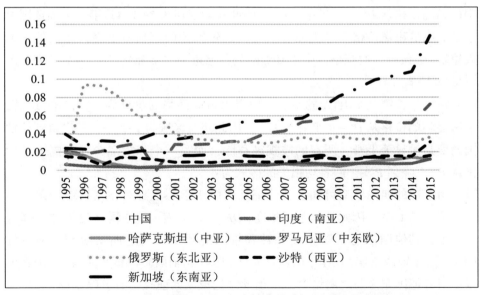

图 2-1　各区域内轮轴国及中国的轮轴度随年份变化趋势图

注：轮轴度由贸易测算得来贸易类据来自 UN-Comtrade。

三、多米诺效应的机制解释

在 Baldwin（2009）的研究中假设出口到轮轴国是多米诺效应发生的关键，在图 2-2 中假设有三个国家是辐条国，一个国家为轮轴国，右面的图代表轮轴国市场，MD 反映了其进口需求曲线，假设所有辐条国是对称的，所以可以用单一的 XS 曲线来说明所有的影响。

第一步，轮轴国对所有伙伴国征收 T 的关税，第一个 RTA 的签订使得进口供给曲线从 MS_{MFN} 下降到 $MS_{1-spoke}$（因为第一个 RTA 的签订降低了产品价格），这会使得出口商面临的价格从 $P'-T$ 上升到了 P^1。因此，从出口商角度，第一个与轮轴国签订 RTA 的国家所获收益区域为 3+4+5；而未加入轮轴-辐条体系的辐条国所面临的价格从 $P'-T$ 下降到了 P^1-T，因此损失区域为 2。

第二步，第二个 RTA 的签订，使得出口商面临的价格为 P^2，第二个辐条国面临的价格从 P^1-T 上升到 P^2，因此获益区域为 2+3+4；第一个辐条国由于其面临的市场价格下降进而导致出口到轮轴国的贸易量下降；而其他未加入轮轴-辐条体系的辐条国由于其面临的价格进一步下降到了 P^2-T，因此出口量也下降。

第三步，第三个 RTA 的签订，使得出口商面临的价格为 P^{FT}，第三个辐条国面临的价格从 P^2-T 上升到 P^{FT}，因此获益区域为 1+2+3，其出口到轮轴国的贸易量显著上升，所有的歧视被移除；而第一个和第二个辐条国由于价格从 P^2 下降到 P^{FT}，两者均损失的区域为 4。

由上述的四国模型可知，其他辐条国由于担心自身利益受损纷纷选择与轮轴国缔结 PTA，因此从辐条国角度，DEP_{jit} 代表着一旦 j 国（轮轴国）降低了关税，其他国家为了防止贸易转移带来的贸易损失进而纷纷与 j 国签订 PTA；从轮轴国角度，DEP_{jit} 代表着一旦 j 国（轮轴国）降低了关税，j 国就可以吸引其他国家来与之缔结 PTA。但此结论成立的前提是有 PTA shock，且在此模型中只是简单假定辐条国是对称的，在现实中辐条国也可能是二级轮轴国，一旦二级轮轴国产生，就会对各国收益产生差异化的影响，进而导致 PTA 网络的均衡会出现变化。

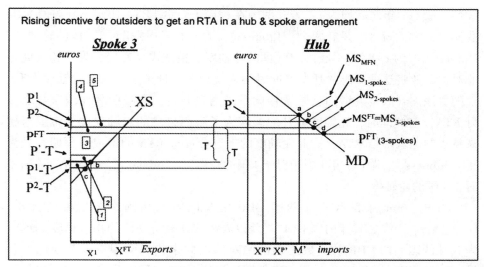

图 2-2 轮轴-辐条国市场

第四节 实证模型、数据来源与处理

一、基准回归分析

(一) 模型设定

大部分实证研究认为离散选择模型是估计 RTA 形成的最有效的工具之一（Baier 和 Bergstrand，2004；Egger 和 Larch，2008；Baldwin 和 Jaimovich，2012；Baier，Bergstrand 和 Mariutto，2014）。为了有效地识别轮轴度对 RTA 形成的影响，本节根据 Baier 和 Bergstrand（2004）的方法初步设定以下回归模型：

$$RTA_{ijt} = \delta_0 + \delta_1 Hubness_{ijt-1} + \delta_2\, Hubness_{jit-1} + \delta_3\, GDP\_sum_{ijt-1} + \delta_4\, GDP\_sim_{ijt-1} +$$
$$\delta_5 D\, KL_{ij} + \delta_6 DKL_{ij}{}^2 + \delta_7\, DROWKL_{ij} + \delta_8\, Distw_{ij} + \delta_9\, Remote_{ij} + \delta_{10}\, Comleg_{ij} + \delta_{11}$$
$$Comlang\_off_{ij} + \delta_{12} Ln\_domino_{it-1} + \delta_{13} Ln\_domino_{jt-1} + \delta_{14} Ln\_wave_{ijt-1} + \alpha_i + \alpha_j +$$
$$\alpha_t + \varepsilon_{ijt} \tag{2.2}$$

其中，因变量 RTA_{ijt} 为虚拟变量，表示 t 年 i 国与 j 国是否存在 RTA，若 ij 两国在 t 年缔结了 RTA 协定，则 t 年此变量为 1，由于 RTA 的存在具有可持续性，故 t+1 年之后均为 1；若 ij 两国在 t 年尚未缔结 RTA 协定，则该值为 0。我们感兴趣的解释变量有两个，$Hubness_{ijt-1}$ 为 t-1 年 i 国相对于 j 国的轮轴度，$Hubness_{jit-1}$ 为 t-1 年 j 国相对于 i 国的轮轴度。根据式（2.1），发现轮轴度并非对称，故将这两个感兴趣变量同时纳入模型中。理论上，一国轮轴度上升，伴随着该国开放度的增加会给伙伴国带来潜在利益，会吸引其他国家与之签订 RTA，与此同时，轮轴度上升的国家为了巩固自身的轮轴地位，希望与越来越多的国家缔结 RTA，因此轮轴度的上升会促进 RTA 的形成，预期符号为正。$Hubness_{ijt-1}$ 为 t-1 年 i 国相对于 j 国的轮轴度，$Hubness_{jit-1}$ 为 t-1 年 j 国相对于 i 国的轮轴度。

GDP_sum_{jit-1} 表示 i，j 两国 GDP 之和以表示两国经济规模的大小，GDP_sim_{jit-1} 代表 i，j 两国 GDP 之差以表示两国经济规模的相似程度。DKL_{ij} 为 i，j 两国人均 GDP 的对数之差的绝对值以此来代表两国资本劳动比的差异，$DROWKL_{ij}$ 为 RTA 成员国与其他国家人均 GDP 差异以此代表 RTA 成员国与世界其他国家之间相对要素禀赋的差异。$Distw_{ij}$ 为 ij 两国之间的距离，$Remote_{ij}$ 为 RTA 成员国与世界其他国家的加权距离，代表语言和历史文化因素的变量：两国是否使用共同的官方语言（$Comlang\_off_{ij}$），是否有共同的法律来源（$Comleg_{ij}$）。本章借鉴 Baier 等（2014）的文章中对多米诺效应与浪潮效应的衡量：$Domino_{i,t} = \sum_{k \neq i,j}^{N} RTA_{ik,t}$ 表示截止到 t 年 i 国与第三个国家签 RTA 的数量之和，测量的是 i 国的多米诺效应。同理，$Domino_{j,t} = \sum_{k \neq i,j}^{N} RTA_{jk,t}$ 表示截止到 t 年 j 国与第三个国家签订 RTA 的数量之和，测量的是 j 国的多米诺效应。$Wave_{ij,t} = \sum_{k \neq i,j}^{N} \sum_{l \neq i,j}^{N} RTA_{kl,t}$ 表示截止到 t 年，非 i、j 国签订 RTA 的数量之和，测量的是浪潮效应。通过上述指标的构建，我们可以得知，如果国家 i 和国家 j 受到多米诺效应的冲击而签订 RTA，那么这一决定动力更多来自它们自身过去参与较多 RTA 所获得的收益，这进一步促进了它们之间签订 RTA 的可能性。相反，如果国家 i 和国家 j 受到浪潮效应的冲击而签订 RTA，那么这一决定动力更多来自其他国家签订 RTA 导致的贸易转移给 i 和 j 带来的负面影响，从而迫使它们缔结 RTA。因此，多米诺效应的冲击更多是"自主参与"，而浪潮效应的冲击更多是"被动竞争"。本章预期，RTA 之间的相互依赖关系对 RTA 形成的影响为正向显著的。

我们使用 Logit 模型进行基准回归，并控制固定效应。为控制不随时间变动的国家特征因素，比如一国的国土面积等，我们采用固定效应 α_i 以及 α_j；为控制时间趋势对两国 RTA 形成的影响，我们采用年度固定效应 α_t。考虑到轮轴度、经济总量和经济相似性可能会对区域贸易协定的签订产生同期相关性，为避免此问题，我们对这些随时间变化的因素选取滞后一期变量作为解释变量。我们假设后期的 RTA 不会影响前一期 RTA 的形成，从而可以降低内生性问题。

（二）数据来源

本节样本覆盖了 69 个国家和地区，时间跨度为 1973 年到 2020 年，总计 83 380 个观测值。本节使用了四组数据：第一组为全球 RTA 数据，采集自 WTO 关于区域贸易协定的数据库。第二组为国家层级的双边贸易数据，来源于 UN-Comtrade 数据库。第三组为全球各国的 GDP 数据，采集自世界银行 WDI 数据库。第四组为引力模型的经典控制变量的数据，包括两国之间的地理距离、两国是否有共同的法律来源以及两国是否使用共同语言等控制变量，此类数据来源于 CEPII 数据库。

由于本研究使用面板数据，且因变量为离散变量，我们在基准回归中使用 OLS 模型进行分析，在预测分析中使用 Logit 模型进行回归，并控制固定效应 α_i 以及 α_j 以控制不随时间变动的国家特征因素。同时，我们使用年度固定效应 α_i 以及 α_j 来控制时间趋势对两国 RTA 形成的影响。考虑到区域贸易协定的签订可能与轮轴度、经济总量以及经济相似性同时存在同期相关性，我们选取滞后一期变量作为解释变量，假设后期的 RTA 不会影响前一期 RTA 的形成，以降低内生性问题。主要变量的描述性统计见表 2-2。

表 2-2　变量描述性统计

variable	mean	p50	sd	min	max	N
RTAs	0.192	0	0.394	0	1	83 380
Hubness$_{ijt-1}$	0.271	0.033	0.739	0	9.683	83 380
Hubness$_{jit-1}$	0.03	0.003	0.117	0	6.953	83 380
GDP_sum$_{ijt-1}$	25.906	25.891	1.774	18.902	30.679	83 380
GDP_sim$_{ijt-1}$	25.392	25.492	2.149	10.642	30.337	83 380

续表

variable	mean	p50	sd	min	max	N
DKL_{ij}	1.764	1.549	1.301	0	6.603	83 380
DKL_{ij}^2	4.804	2.401	5.976	0	43.605	83 380
$DROWKL_{ij}$	5.49	5.526	1.226	0	9.335	83 380
$Distw_{ij}$	6.651	8.452	3.683	0	9.886	83 380
$Remote_{ij}$	6.924	8.877	3.76	0	9.512	83 380
$Comleg_{ij}$	0.264	0	0.441	0	1	83 380
$Comlang\_off_{ij}$	0.129	0	0.335	0	1	83 380
Ln_domino_{it-1}	2.42	3.045	1.616	0	4.663	83 380
Ln_domino_{jt-1}	1.994	2.398	1.569	0	4.663	83 380
Ln_wave_{ijt-1}	2.213	1.386	2.324	0	6.807	83 380

（三）基准回归结果

表 2-3 呈现了利用"一带一路"共建国家在国家层面的数据根据（2.2）式进行检验的结果。表 2-3 列（1）验证了在控制住 i，j 两国经济发展水平之和以及经济发展水平之差后核心解释变量轮轴度对 RTA 网络形成的正向促进作用。表 2-3 列（2）验证了 Baier 和 Bergstrand（2004）的假说，GDP 的大小会影响两国 RTA 的形成：当两国经济规模（GDP 之和）越大、成员间经济规模（GDP 之差）越相似、两国要素禀赋的差异（两国人均 GDP 之差）越大、两国越容易缔结 RTA，而且要素禀赋差异与 RTA 形成之间呈"倒 U 型"关系，[1] 两国与世界其他国家的资本劳动比例差异越小，两国地理位置越接近，两国相距世界其他国家越远，两国越易形成 RTA。列（3）是在列（2）的基础上，加入反映 RTA 相互依赖关系的测度指标，结果显示，多米诺效应和浪潮效应对 RTA 的形成的影响为正向显著，此结论与 Baier 等（2014）一致。列（4）是在列（3）的基础上加入语言、文化因素，结果显示，若两国有共

---

〔1〕 原因在于，初始阶段比较优势在两国缔结 RTA 的决定中占据主导作用，成员国要素禀赋差距越大，比较优势发挥得越充分，缔结 RTA 所获得的净收益更高，签订 RTA 的可能性越大，而后续随着专业化分工和规模经济的加深使得两国缔结 RTA 的可能性降低。

同语言以及相同法律来源，两国签订 RTA 的可能性越大。

为了比较各变量的前回归系数，本章表 2-3 列（5）对所有变量进行了中心化处理。结果表明，轮轴度每提高一个标准差，RTA 网络形成的概率就会增加 2%。表 2-3 列（6）采用 logit 模型进行回归分析，以便后续的预测。结果显示，控制其他变量不变的情况下，i 国（进口国）对 j 国（出口国）的轮轴度和 j 国（进口国）对 i 国（出口国）的轮轴度对 RTA 形成的影响均为显著正值。这表明轮轴度的提高对 RTA 的形成有显著的促进作用。提高轮轴度不仅增加了国家对其他国家的吸引力，还提高了本国在 RTA 网络中的地位。因此，无论是对于轮轴国还是辐条国，提高轮轴度都能促进 RTA 网络的形成。

表 2-3　基准回归结果

	（1）	（2）	（3）	（4）	（5）	（6）
	main	culture	domino	all	standard	logit
$Hubnss_{ijt-1}$	1.273 ***	0.675 ***	0.676 ***	0.683 ***	0.020 ***	6.013 ***
	（43.38）	（17.63）	（17.91）	（18.29）	（18.29）	（15.54）
$Hubnss_{jit-1}$	1.542 ***	0.789 ***	0.778 ***	0.773 ***	0.020 ***	6.765 ***
	（48.32）	（19.57）	（19.57）	（19.64）	（19.64）	（16.44）
GDP_sum_{ijt-1}	0.001 ***	-0.001 ***	0.000 **	0.000	0.004	0.013 ***
	（6.86）	（-2.71）	（1.98）	（0.92）	（0.92）	（3.89）
GDP_sim_{ijt-1}	-0.002 ***	-0.001 ***	-0.002 ***	-0.001 ***	-0.010 ***	-0.050 ***
	（-18.14）	（-5.21）	（-5.64）	（-3.69）	（-3.69）	（-12.41）
DKL_{ij}		-0.015 ***	-0.012 ***	-0.018 ***	-0.048 ***	0.039
		（-4.62）	（-3.86）	（-5.67）	（-5.67）	（1.06）
DKL_{ij}^2		-0.001	-0.002 **	-0.001	-0.016	-0.097 ***
		（-1.36）	（-2.07）	（-0.95）	（-0.95）	（-9.99）
$DROWKL_{ij}$		0.085 ***	0.060 ***	0.065 ***	0.048 ***	0.730 ***
		（19.82）	（14.10）	（15.47）	（15.47）	（15.26）
$Distw_{ij}$		-0.189 ***	-0.192 ***	-0.153 ***	-0.122 ***	-0.598 ***
		（-44.48）	（-45.78）	（-35.89）	（-35.89）	（-12.31）

续表

	(1) main	(2) culture	(3) domino	(4) all	(5) standard	(6) logit
$Remote_{ij}$		19.617***	19.752***	24.977***	3.195***	533.609***
		(13.10)	(13.39)	(17.04)	(17.04)	(28.75)
Ln_domino_{it-1}			0.007***	0.007***	0.011***	-0.044***
			(4.48)	(4.43)	(4.43)	(-2.87)
Ln_domino_{jt-1}			0.031***	0.031***	0.052***	0.265***
			(23.46)	(23.60)	(23.60)	(17.82)
Ln_wave_{ijt-1}			0.059***	0.060***	8.599***	1.168***
			(36.48)	(37.10)	(37.10)	(42.89)
$Comleg_{ij}$				0.027***	0.013***	0.442***
				(9.99)	(9.99)	(15.38)
$Comlang\_off_{ij}$				0.191***	0.044***	2.669***
				(37.78)	(37.78)	(45.97)
N	15 7242	83 380	83 380	83 380	83 380	80 385
pseudo R-sq	0.233	0.356	0.375	0.388	0.388	
固定效应	i, j, t	i, j, t	i, j, t	i, j, t	i, j, t	i, j, t

注：括号内为纠正了异方差后的 t 值；***、**和*分别表示在 1%、5%和 10%的水平上显著；回归中汇报的为 Logit 固定效应模型的 Odds Ratio。以下各表同。

数据来源：UN-Comtrade，WDI，CEPII，WTO。本章以下各表同。

二、稳健性检验

本章上述研究所得的主要结论是，轮轴度对 RTA 形成具有显著的正向影响。为了保证这一结果的可靠性和因果性，下面我们从多个方面对基准回归结果表 2-3 中的列（5）进行稳健性检验。

1. 采用 probit 模型进行回归。

离散选择模型包括：logit 模型和 probit 模型。然而，logit 模型因其简单直接而应用更广泛。从解释的角度来看，logit 模型更容易理解，当系数为 odds ratio 时，logit 回归所反映的实际意义也非常直观。回归系数（β）的解释为：当 x 增加一个单位时，y 的 odds 比原来增加了 β 倍。为了检验本节所得结论的稳健性，表 2-4 列（1）针对基准回归结果表中的列（5）采用 probit 回归方法，结果显示感兴趣变量和控制变量的系数均显著符合预期。

2. 解决稀有事件偏差。

在本节中，RTA 的存在属于稀有事件。如果使用 logit 回归模型进行分析，可能会存在偏差，这种偏差称为"稀有事件偏差"。为解决稀有事件偏差，本节借助 King 和 Zeng（2001）提出的方法，对原 logit 模型的估计系数进行修正，进而得出"偏差修正估计"。表 2-4 中的列（2）采用了修正后的 logit 模型进行估计，结果表明该方法稳健可靠。

3. 更换核心解释变量的度量方式。

Baldwin（2009）的研究中轮轴度的度量是基于简化的假设，即进口商品只与其他进口国的商品竞争，而忽略了国内产品的竞争。如果假设所有国家的国内生产总值与所有进口品种处于对称竞争的状态，那么公式（2.1）式中的 S_{ij}^{M} 应除以进口国 j 的 GDP，本章用 GDP 处理过的轮轴度进行回归，结果如表 2-4 的列（3）所示，结果显示，核心解释变量及其他控制变量的结果均显著符合预期，说明在模型中即使考虑本国国内与进口国的竞争，也不会影响结果的稳健性。

4. 控制出口国－进口国的国家对固定效应。

导致内生性问题的一个重要因素是遗漏重要解释变量。本节基准回归采用了 OLS 模型进行回归并控制进口国、出口国以及年份的固定效应，但这一分析只是控制了年份以及不随时间改变的国家的固定效应，而掩盖了同一年不同国家对的异质性以及同一年同一个进口国但不同出口国的异质性，所以表 2-4 的列（4）控制住进口国 * 出口国以及年份的固定效应来吸收国家对的异质性考察轮轴度对 RTA 形成的影响，采取的计量方法为控制国家对的固定效应模型。

5. 在国家对上的聚类。

在进行面板数据的回归分析时，cluster 选项可以对标准误差进行调整估计，以此来解决异方差和自相关问题。根据 Cameron 和 Miller（2015），处理标准误差的经验法则是在关键解释变量的水平上对标准误差进行聚类。我们的基准模型中的两个关键解释变量之一是 $hubness_{ijt}$，因此本章对标准误差聚类在了出口国-进口国的国家对上，结果如表2-4列（5）所示，可以发现，将标准误差聚类在国家对上后，结果并未发生显著改变。由于被解释变量 RTA_{ijt} 为0-1虚拟变量，因此在进行回归分析时选用logit回归较为适合，表2-4列（6）是解决了异方差问题后所得回归结果，结果显示核心解释变量依旧显著符合预期，说明本章所得结论是稳健的。

6. 控制出口国-年份和进口国-年份的固定效应。

在表2-4列（5）中，通过控制进口国-年份和出口国-年份的固定效应，来控制可能会影响两国签订RTA的特征因素的时间变动，例如，当一个国家在某一年的经济增长下行时，其签署RTA的意愿可能会增强。然而，由于需要生成许多进口国-年份和出口国-年份的虚拟变量，使用logit模型进行回归并控制这些固定效应可能会导致结果不收敛，从而无法估计出系数。相比之下，线性概率模型在面对固定效应较多的情况下可以更好地估计变量系数。因此，在表2-4列（7）中，我们展示了使用线性概率模型估计的结果，核心解释变量的估计系数的符号和显著性与基准结果较为一致。

7. 控制双边贸易。

虽然通过控制进口国-出口国以及年份或者进口国-年份以及出口国-年份的固定效应可以较好地削减各种因素对RTA形成的影响，但是那些随着时间和国家特性而改变的ijt层级的重要变量可能会被忽略，例如，两国之间的贸易水平。因为两国签署RTA不仅受经济、地理、语言、文化等因素的影响，而且政治因素也起着重要作用。为了测试模型的稳健性，本章在表2-4的列（8）中加入贸易变量。结果显示，感兴趣变量的符号和显著性没有发生改变，从而证明了本节结论的稳健性。

8. 双向因果关系可能导致的内生性问题和处理。

双向因果关系是导致内生性问题的另一个重要因素。为了解决这个问题，我们可以寻找不随时间改变的变量来作为内生变量的代理变量。对于本节，被解释变量为是否存在RTA，而解释变量为贸易占比，这会导致同时性问题。例如，当国家i与k（k不为i，j）签订协定后，由于贸易转移，国家i、j的出口会下降，进而影响到i国的轮轴度。我们需要考虑i国的轮轴度对i，j两国RTA形成的影响，但同时存在同时性问题。因此本节借鉴Baldwin和Jaimovich（2012）的文章中提到的方法：用（2.1）式中贸易数据算出的

Hub_{ijt} 对 i、j 两国的 GDP 以及国家对的固定效应进行回归，得到 Hub_{ij} 的拟合值，然后取每一国家对的 $HubHat_{ijt}$ 中第一年的观测值作为这一组国家对中 i 国的轮轴度。此种方法相当于针对内生变量找代理变量，此时的不随时间改变的 $HubHat_{ij}$ 的首期值与 Hub_{ijt} 相关，但与误差项无关。表 2-4 中的列（9）呈现了采用这种方法来考察 RTA 形成的影响因素的结果，结果是稳健的。如果采用样本期间的轮轴度均值来考察轮轴度对 RTA 形成的影响，结果与列（7）的结果类似。

9. 将被解释变量的滞后期纳入模型进行分析。

由于贸易协定的缔结在时间上具有连贯性，因此，两个国家之间早期缔结的贸易协定一定程度上代表两国在政治、经济、文化等方面具有近邻性特征，进而会影响后续两国贸易协定的缔结，为考察早期贸易协定缔结对未来贸易协定形成的影响，本章在表 2-5 列（1）与列（2）分别呈现了模型中加入 RTA_{ijt-10} 和 RTA_{ijt-15} 的结果，结果显示，无论是在模型中加入 10 年前两国缔结 RTA 的变量还是加入 15 年前两国缔结 RTA 的变量均不会对核心解释变量造成显著的影响，且 RTA_{ijt-10} 和 RTA_{ijt-15} 前的系数显著为正，与 Baier 等（2014）在研究中提到的贸易协定的多米诺效应具有一致性。

10. 将解释变量滞后更多期进行分析。

由于本章所构建的轮轴度指标是基于贸易数据以及 GDP 数据计算而来，一个担忧是模型可能会存在反向因果关系，为了排除此种顾虑，本章选择使用解释变量滞后 10 期以及滞后 15 期来进行稳健性检验，因为解释变量滞后代表就是在模型设定之初就假设是轮轴度的测算发生在先、贸易协定的缔结发生在后，这样可以一定程度上解决模型的内生性问题。表 2-5 列（3）和列（4）是分别使用解释变量的滞后 10 期以及滞后 15 期进行的回归分析，结果显示核心解释变量以及控制变量的系数均未发生显著性改变，说明本章的结论是稳健的。

表 2-4　稳健性检验的结果

变量	probit	relogit	Hubness	pair	cluster	Logit+cluster	it+jt	trade	mean
	(1)	(2)	(3)	(4)	(5)	(6)	(7)	(8)	(9)
$Hubness_{ijt-1}$	3.155 ***	3.802 ***	0.681 ***	0.240 ***	0.240 ***	6.013 ***	0.722 ***	0.639 ***	1.028 ***
	(14.97)	(11.36)	(18.53)	(7.17)	(3.65)	(14.83)	(18.72)	(16.39)	(18.55)
$Hubness_{jit-1}$	3.440 ***	4.932 ***	0.770 ***	0.149 ***	0.149 *	6.765 ***	0.843 ***	0.764 ***	1.161 ***
	(15.24)	(12.00)	(19.98)	(4.04)	(1.94)	(16.18)	(20.94)	(18.91)	(20.77)

续表

变量	probit	relogit	Hubness	pair	cluster	Logit+cluster	it+jt	trade	mean
	(1)	(2)	(3)	(4)	(5)	(6)	(7)	(8)	(9)
GDP_sum_{ijt-}	0.006***	-0.014***	0.000	-0.002***	-0.002***	0.013***	-0.001*	0.000	-0.000
	(3.47)	(-4.85)	(1.10)	(-10.26)	(-3.08)	(4.34)	(-1.69)	(0.28)	(-0.01)
GDP_sim_{ijt-}	-0.025***	-0.015***	-0.001***	0.003***	0.003***	-0.050***	-0.001***	-0.001***	-0.001***
	(-11.47)	(-3.65)	(-3.69)	(18.07)	(8.30)	(-12.10)	(-3.12)	(-2.93)	(-2.97)
DKL_{ij}	-0.000	0.025	-0.017***	0.021***	0.021***	0.039	-0.018***	-0.021***	-0.018***
	(-0.02)	(0.79)	(-5.58)	(6.23)	(2.87)	(1.03)	(-5.80)	(-6.54)	(-5.90)
DKL_{ij}^2	-0.048***	-0.070***	-0.001	-0.004***	-0.004*	-0.097***	-0.000	-0.000	-0.001
	(-9.18)	(-8.81)	(-1.04)	(-4.85)	(-1.75)	(-9.81)	(-0.39)	(-0.38)	(-0.82)
$DROWKL_{ij}$	0.405***	0.155***	0.066***	0.044***	0.044***	0.730***	0.056***	0.071***	0.071***
	(15.38)	(9.88)	(15.55)	(14.31)	(5.94)	(14.22)	(5.33)	(16.19)	(16.87)
$Distw_{ij}$	-0.315***	-1.571***	-0.152***	0.000	0.000	-0.598***	-0.150***	-0.150***	-0.150***
	(-11.96)	(-84.12)	(-35.72)	(.)	(.)	(-11.16)	(-35.02)	(-34.06)	(-35.01)
$Remote_{ij}$	312.125***	4.916***	25.129***	0.000	0.000	533.609***	23.719***	24.470***	22.565***
	(30.84)	(54.94)	(17.15)	(.)	(.)	(27.67)	(16.06)	(16.28)	(15.50)
$Comleg_{ij}$	-0.025***	0.539***	0.007***	0.012***	0.012***	-0.044***	-0.008***	0.007***	0.007***
	(-2.94)	(52.28)	(4.42)	(11.81)	(5.65)	(-2.91)	(-3.64)	(4.49)	(4.82)
$Comlang\_off_{ij}$	0.139***	0.497***	0.031***	0.039***	0.039***	0.265***	-0.009***	0.031***	0.031***
	(16.96)	(48.11)	(23.60)	(44.64)	(7.08)	(17.57)	(-4.07)	(22.98)	(23.84)
Ln_domino_{it-1}	0.628***	0.001***	0.060***	0.068***	0.068***	1.168***	0.000***	0.060***	0.058***
	(43.89)	(12.80)	(37.11)	(64.62)	(28.26)	(45.68)	(11.69)	(36.97)	(37.63)
Ln_domino_{jt-1}	0.261***	0.199***	0.027***	0.000	0.000	0.442***	0.025***	0.022***	0.028***
	(16.25)	(8.98)	(9.95)	(.)	(.)	(15.51)	(9.40)	(7.94)	(10.53)
Ln_wave_{ijt-1}	1.426***	1.205***	0.192***	0.000	0.000	2.669***	0.192***	0.177***	0.191***
	(45.65)	(34.74)	(37.84)	(.)	(.)	(42.45)	(38.29)	(34.12)	(37.77)
Ln_trade_{ijt-1}								0.030***	0.037***
								(8.34)	(10.78)
N	80 385	83 380	83 380	83 290	83 290	80 385	81 002	77 559	84 419
pseudo R-sq		0.389	0.756	0.756		0.419		0.389	0.383
固定效应	i, j, t	No	i, j, t	i*j, t	i, j, t	i, j, t	i*t, j*t	i, j, t	i, j, t

表2-5　将被解释变量和解释变量滞后期纳入模型进行分析的结果

	(1)	(2)	(3)	(4)
	RTA_{10}	RTA_{15}	$hubness_{10}$	$hubness_{15}$
$Hubnss_{ijt-1}$	0.242***	0.470***	0.641***	0.513***
	(8.46)	(14.07)	(15.30)	(11.19)
$Hubnss_{jit-1}$	0.220***	0.459***	0.685***	0.541***

续表

	（1）	（2）	（3）	（4）
	RTA_{10}	RTA_{15}	$hubness_{10}$	$hubness_{15}$
	（7.27）	（12.99）	（15.98）	（11.65）
GDP_sum_{ijt-1}	-0.002^{***}	-0.001^{***}	-0.001^{***}	-0.001^{***}
	（-8.52）	（-5.39）	（-6.36）	（-5.70）
GDP_sim_{ijt-1}	-0.001^{***}	-0.001^{**}	-0.000^{**}	-0.001^{***}
	（-2.64）	（-2.31）	（-2.30）	（-4.54）
DKL_{ij}	-0.008^{***}	-0.010^{***}	-0.020^{***}	-0.020^{***}
	（-3.54）	（-3.62）	（-6.20）	（-5.88）
DKL_{ij}^{2}	-0.002^{***}	-0.003^{***}	-0.000	-0.001
	（-3.06）	（-3.83）	（-0.63）	（-1.44）
$DROWKL_{ij}$	0.024^{***}	0.047^{***}	0.076^{***}	0.073^{***}
	（7.29）	（12.01）	（17.00）	（15.52）
$Distw_{ij}$	-0.062^{***}	-0.090^{***}	-0.159^{***}	-0.167^{***}
	（-18.87）	（-23.67）	（-35.80）	（-36.17）
$Remote_{ij}$	24.890^{***}	32.448^{***}	25.152^{***}	25.472^{***}
	（22.30）	（24.91）	（16.43）	（15.98）
Ln_Domino_{it-1}	-0.017^{***}	0.010^{***}	-0.001	-0.008^{***}
	（-14.34）	（7.38）	（-0.96）	（-4.95）
Ln_Domino_{jt-1}	0.015^{***}	0.041^{***}	0.001	-0.023^{***}
	（14.95）	（34.88）	（0.47）	（-15.17）
Ln_wave_{ijt-1}	0.076^{***}	0.077^{***}	0.060^{***}	0.058^{***}
	（62.20）	（53.83）	（41.04）	（37.09）
$Comleg_{ij}$	0.008^{***}	0.012^{***}	0.021^{***}	0.011^{***}
	（3.95）	（4.98）	（7.45）	（3.71）
$Comlang\_off_{ij}$	0.116^{***}	0.172^{***}	0.211^{***}	0.231^{***}
	（29.75）	（37.48）	（40.02）	（42.31）

续表

	(1)	(2)	(3)	(4)
	RTA_{10}	RTA_{15}	$hubness_{10}$	$hubness_{15}$
$RTA_{\_ijt-10}$	0.755***			
	(255.68)			
$RTA_{\_ijt-15}$		0.675***		
		(174.43)		
N	80 910	78 306	77 709	71 337
pseudo R-sq	0.664	0.567	0.396	0.415
固定效应	i, j, t	i, j, t	i, j, t	i, j, t

三、轮轴度效应的差异化分析

上述分析表明,任意两个国家在形成 RTA 时,其各自的轮轴度都会产生显著促进作用,即一国轮轴度越大越会促进 RTA 的形成。但以上分析均假定签约国和 RTA 协定是同质的,接下来我们从签约国的异质性、RTA 协定的异质性、RTA 三次浪潮时间的异质性、"一带一路"与非"一带一路"共建国家的异质性和签约国地域的异质性三个维度来考察轮轴度效应可能的差异化影响。

(一) 签约国的异质性

不同类型的国家组合对 RTA 形成的影响可能存在差异,这为各国寻找合适的伙伴国提供了指导。本章基于签约国的经济发展水平对签约国进行分组,以考察轮轴度效应是否会因签约国的异质性而发生变化。为检验不同组别之间变量系数是否存在显著差异,本节运用似无相关模型的 Suest 检验方法来考察组别之间是否存在显著差异。

根据国际货币基金组织 (IMF) 划分发达和发展中国家的标准,本章将贸易协定分为南-南型 RTA 与南-北或北-南型 RTA 以及北-北型 RTA。在"一带一路"共建国家样本中仅有 9 个国家是发达国家[1],占样本中所有国家数量

---

[1] "一带一路" 共建国家及中国的样本中发达国家包括韩国、新加坡、新西兰、捷克、斯洛伐克、斯洛文尼亚、爱沙尼亚、拉脱维亚、以色列。

的 13%。因此，从表 2-6 中列（1）至列（3）的回归结果可知，南-北型或北-南型国家组合轮轴度上升一单位对 RTA 形成的促进作用大于南-南型国家组合轮轴度上升一单位对 RTA 形成的影响。因为"一带一路"共建国家样本中发展中国家的个数占比较多，不同经济水平的贸易伙伴之间的轮轴度差异能够吸引更多的合作伙伴，从多样性偏好的角度来看，这种差异化的利益对于贸易伙伴关系的建立非常重要。然而，"一带一路"共建国家中发达国家数量较少，而且可能存在竞争关系，因此两个发达国家之间的轮轴度提高并不能显著促进两国签署贸易协定。因此，在表 2-6 中，列（1）中的北-北型国家组合并不显著。

表 2-6　签约国的异质性

变量	按照签约国经济发展水平分组		
	（1）	（2）	（3）
RTAs	北北	南南	南北
$Hubness_{ijt-1}$	−0.212	0.674***	0.971***
	（−0.52）	（16.72）	（9.67）
$Hubness_{jit-1}$	−0.237	0.816***	0.603***
	（−0.58）	（19.18）	（5.70）
GDP_sum_{ijt-1}	−0.006***	0.001***	−0.001***
	（−5.13）	（3.17）	（−2.94）
GDP_sim_{ijt-1}	0.006***	−0.001**	−0.001
	（5.27）	（−2.54）	（−1.48）
DKL_{ij}	−0.228***	−0.003	−0.029***
	（−4.26）	（−0.86）	（−3.98）
DKL_{ij}^2	0.077***	−0.000	0.012***
	（3.15）	（−0.39）	（8.28）
$DROWKL_{ij}$	−0.135*	0.045***	0.011
	（−1.81）	（9.27）	（0.89）

续表

变量	按照签约国经济发展水平分组		
	(1)	(2)	(3)
$Distw_{ij}$	−0.009	−0.129***	−0.004
	(−0.29)	(−20.18)	(−0.61)
$Remote_{ij}$	67.567***	31.804***	64.827***
	(11.15)	(13.23)	(33.89)
Ln_domino_{it-1}	−0.000	0.005**	0.015***
	(−0.04)	(2.38)	(6.47)
Ln_domino_{jt-1}	0.038***	0.026***	0.040***
	(5.50)	(14.67)	(21.38)
Ln_wave_{ijt-1}	0.061***	0.054***	0.061***
	(6.99)	(25.93)	(25.82)
$Comleg_{ij}$	0.084*	0.051***	0.029***
	(1.67)	(15.95)	(5.16)
$comlang\text{-}off_{ij}$	−0.340***	0.280***	−0.064***
	(−4.85)	(44.62)	(−5.64)
N	2172	56 725	26 655
pseudo R-sq	0.668	0.388	0.515
固定效应	i, j, t	i, j, t	i, j, t

（二）RTA 协定的异质性

RTA 的网络化特性不仅体现在不同签约国类型的组合上，还展现在不同类型的 RTA 上。例如，若将 RTA 按照一体化程度划分可分为 FTA 和 CU，若将 RTA 按照签约方的数量划分可分为双边和多边，若按照签订协定内容的覆盖范围划分可分为涉及服务型 RTA 和货物型 RTA。接下来，我们就按照上述三种划分方法考察轮轴度对不同类型 RTA 形成的影响。

1. FTA 和 CU。

根据表 2-7 的第（1）列和第（2）列，可以将 RTA 分为 FTA 和 CU 两种形式。与 FTA 相比，CU 要求成员国对外实行共同关税政策，因此形成了较深的一体化程度，其建立通常是为了在国际市场的激烈贸易竞争中使参与成员国处于有利地位。通过表 2-7 的比较，我们可以发现，如果两个国家形成 FTA，则其轮轴度提高都会促进签订贸易协议，而如果形成 CU，则结果不显著。通过基于似无相关模型的检验方法，我们可以检验兴趣变量在两组之间是否存在显著差异。结果表明，在两国形成 FTA 的过程中，轮轴度的提高效应显著大于形成 CU 的过程。这个结论与 Lake（2016）的结论一致，因为 FTA 的签署具有更高的灵活性。虽然签署 CU 可以使内部成员受益，但总体而言，FTA 的灵活性收益大于 CU 的协调收益。这个结论符合当前新型国际关系和国际安全发展的趋势。因此，提高轮轴度可以促使该国更愿意签署 FTA，其优势在于不仅巩固了自身的轮轴地位，还保持了贸易政策的独立性。

2. 双边协定和多边协定。

根据不同的 RTA 签订形式，本书将 RTA 分为双边协定和多边协定。根据表 2-7 中列（3）（4）的回归结果，我们可以发现，当两国签订双边协定时，提高轮轴度将起到促进作用，而当签订多边协定时，轮轴度对 RTA 的促进作用不显著。可能的原因在于，多边协定的签订过程过于烦琐，而双边协定的签订不仅快速而且覆盖面广，展现了"可持续性缔结"和"从能做的地方做起"的特点。由于双边协定展现的各种优势，降低了各国签订协定的成本，因此当一个国家提高其轮轴度时，更容易达成双边协定。同时，签订双边贸易协定也为处理与多边主义的关系积累了经验。

3. 服务型协定和货物型协定。

根据 RTA 签订的覆盖内容，本书将 RTA 分为服务型协定和货物型协定两种类型。服务型 RTA 涉及服务贸易，而货物型 RTA 则关注商品贸易。根据表 2-7 中第（5）和第（6）列的回归结果，轮轴度对两种类型的协定都有显著促进作用，但是对货物型 RTA 的影响更为显著。这种差异可能有以下原因：一方面，因为服务贸易具有无形性、不可储存性和生产与消费同时性等特点，货物型轮轴度并不能完全替代服务型轮轴度对服务型 RTA 产生的影响；另一方面，"一带一路"共建国家中的发展中国家货物型贸易的发展对服务贸易的带动力不足，导致服务贸易的发展相对不够完善，因此，轮轴度对货物型 RTA 的影响更大。

表 2-7 RTA 协定的异质性

变量	根据协定的一体化程度		根据协定签约方的多少		根据协定条款覆盖的内容	
	(1)	(2)	(3)	(4)	(5)	(6)
	FTA	CU	双边	多边	服务型	货物型
$Hubness_{ijt-1}$	0.624 ***	0.131 ***	0.433 ***	0.361 ***	0.301 ***	0.636 ***
	(16.34)	(6.23)	(12.18)	(9.07)	(11.35)	(17.06)
$Hubness_{jt-1}$	0.646 ***	0.141 ***	0.309 ***	0.561 ***	0.061 *	0.784 ***
	(15.46)	(5.82)	(7.43)	(14.18)	(1.92)	(20.20)
GDP_sum_{ijt-1}	0.001 ***	−0.001 ***	−0.001 ***	0.001 ***	−0.001 ***	0.001 ***
	(4.64)	(−14.40)	(−3.76)	(5.05)	(−10.23)	(4.49)
GDP_sim_{ijt-1}	−0.001 ***	0.001 ***	0.001 ***	−0.002 ***	0.001 ***	−0.002 ***
	(−5.55)	(4.85)	(5.83)	(−9.27)	(6.51)	(−6.42)
DKL_{ij}	0.006 *	−0.043 ***	0.015 ***	−0.035 ***	−0.027 ***	−0.004
	(1.77)	(−32.84)	(6.37)	(−13.12)	(−16.16)	(−1.37)
DKL_{ij}^{2}	−0.005 ***	0.009 ***	−0.003 ***	0.004 ***	0.006 ***	−0.003 ***
	(−6.39)	(29.26)	(−4.75)	(6.93)	(14.68)	(−4.33)
$DROWKL_{ij}$	0.066 ***	−0.007 ***	0.004	0.054 ***	−0.019 ***	0.075 ***
	(15.86)	(−4.06)	(1.12)	(14.62)	(−8.09)	(18.21)
$Distw_{ij}$	−0.116 ***	−0.095 ***	0.009 **	−0.222 ***	−0.051 ***	−0.161 ***
	(−26.08)	(−47.92)	(2.49)	(−56.33)	(−20.31)	(−36.83)
$Remote_{ij}$	30.506 ***	−6.671 ***	45.391 ***	−18.385 ***	18.963 ***	9.709 ***
	(20.46)	(−10.18)	(39.66)	(−13.56)	(23.17)	(6.47)
Ln_domino_{it-1}	0.008 ***	0.003 ***	0.001	0.010 ***	0.007 ***	0.007 ***
	(5.35)	(4.76)	(1.16)	(7.68)	(8.05)	(4.33)
Ln_domino_{jt-1}	0.029 ***	0.014 ***	0.015 ***	0.028 ***	0.016 ***	0.028 ***
	(21.51)	(24.83)	(14.36)	(23.93)	(22.73)	(20.82)

续表

变量	根据协定的一体化程度		根据协定签约方的多少		根据协定条款覆盖的内容	
	（1）	（2）	（3）	（4）	（5）	（6）
	FTA	CU	双边	多边	服务型	货物型
Ln_wave$_{ijt-1}$	0.052 ***	0.023 ***	0.034 ***	0.038 ***	0.027 ***	0.046 ***
	（32.30）	（35.18）	（28.53）	（27.66）	（32.22）	（29.15）
Comleg$_{ij}$	0.021 ***	0.006 ***	−0.007 ***	0.027 ***	0.021 ***	0.004 *
	（8.00）	（5.51）	（−3.43）	（11.73）	（13.73）	（1.68）
Comlang_off$_{ij}$	0.167 ***	−0.041 ***	0.226 ***	−0.050 ***	−0.030 ***	0.198 ***
	（32.58）	（−17.10）	（56.53）	（−10.29）	（−9.71）	（39.90）
固定效应	i，j，t	i，j，t	i，j，t	i，j，t	i，j，t	i，j，t
N	81 025	66 083	70 582	75 559	67 248	80 215
pseudo R-sq	0.362	0.359	0.317	0.412	0.342	0.368

（三）RTA 三次浪潮时间的异质性

区域贸易协定是区域经济一体化的重要载体，从 1947 年《关税及贸易总协定》签订开始就已掀起了全球区域贸易协定缔结的浪潮，本节搜集的区域贸易协定数据最早是从 1958 年开始，贸易数据是从 1962 年开始，因此本章选择 1962 年作为 RTA 浪潮开始的起点。1980 年，发展中国家逐渐融入区域经济一体化浪潮中来，代表着全球 RTA 发展的第二次浪潮。1995 年，由《关税及贸易总协定》发展而来的 WTO 的成立预示着全球 RTA 发展的第三次浪潮，越来越多的发展中国家被纳入到 WTO 框架内，因此，本章将 RTA 三次浪潮的时间段划分为 1962 年~1980 年、1981 年~1995 年、1996 年~2020 年。本章表 2-8 列（1）至列（3）呈现了这三次 RTA 浪潮下"一带一路"共建国家轮轴度对 RTA 网络形成的影响，结果显示，只有 1996 年~2020 年期间的子样本的结果与本章基准结论保持一致，而 1995 年 WTO 成立之前轮轴度对 RTA 网络形成影响并无显著的促进作用，说明在 WTO 成立之前"一带一路"共建国家贸易联系稀疏，轮轴度较小，缔结的 RTA 数量也较少，因此轮轴度的提升不能显著促进"一带一路"共建国家 RTA 网络的形成。

（四）"一带一路"与非"一带一路"共建国家的异质性

"一带一路"倡议的提出惠及了"一带一路"共建国家经济的繁荣发展，特别是带动了"一带一路"共建国家与全球各国之间的贸易联动。为考察"一带一路"共建国家的贸易网络中的轮轴度对 RTA 网络形成的影响是否比非"一带一路"共建国家的促进作用更明显，本章表 2-8 列（4）至列（6）分别运用全球 178 个国家的样本、"一带一路"69 个共建国家的样本以及非"一带一路"109 个国家的样本进行分组回归，结果显示，无论是全球 176 个国家，"一带一路"还是非"一带一路"共建国家，轮轴度均促进 RTA 网络化发展，特别需要指出的是，"一带一路"共建国家样本的轮轴促进效应最大。

表 2-8 RTA 三次浪潮以及非"一带一路"样本

	（1）	（2）	（3）	（4）	（5）	（6）
	1958 年~1980 年	1981 年~1995 年	1996 年~2020 年	全球	"一带一路"	非"一带一路"
$Hubness_{ijt-1}$	0.010	0.096	0.774 ***	0.235 ***	0.683 ***	0.201 ***
	(0.18)	(1.06)	(17.93)	(20.40)	(18.29)	(14.13)
$Hubness_{jit-1}$	0.015	0.152	0.902 ***	0.222 ***	0.773 ***	0.164 ***
	(0.26)	(1.61)	(19.75)	(19.25)	(19.64)	(11.75)
GDP_sum_{ijt-1}	0.002 ***	0.002 ***	0.004 ***	0.001 ***	0.000	0.002 ***
	(4.56)	(4.91)	(6.20)	(5.86)	(0.92)	(5.28)
GDP_sim_{ijt-1}	−0.001 ***	−0.002 ***	−0.008 ***	−0.001 ***	−0.001 ***	−0.000
	(−2.96)	(−8.07)	(−12.16)	(−9.49)	(−3.69)	(−1.00)
DKL_{ij}	−0.014 ***	0.008	−0.007 *	−0.017 ***	−0.018 ***	−0.023 ***
	(−2.89)	(1.60)	(−1.76)	(−17.92)	(−5.67)	(−16.02)
DKL_{ij}^2	0.001	−0.005 ***	−0.006 ***	−0.005 ***	−0.001	−0.007 ***
	(0.72)	(−4.06)	(−5.69)	(−24.81)	(−0.95)	(−20.68)
$DROWKL_{ij}$	0.048 ***	0.077 ***	0.062 ***	0.030 ***	0.065 ***	−0.002
	(4.48)	(10.89)	(9.32)	(21.58)	(15.47)	(−0.97)

续表

	（1）	（2）	（3）	（4）	（5）	（6）
	1958 年~ 1980 年	1981 年~ 1995 年	1996 年~ 2020 年	全球	"一带 一路"	非"一带 一路"
$Distw_{ij}$	0.000	−0.085***	−0.169***	−0.269***	−0.153***	−0.226***
	（0.02）	（−10.79）	（−33.17）	（−195.64）	（−35.89）	（−118.83）
$Remote_{ij}$	−2.934	−2.628	41.761***	−36.951***	24.977***	−25.000***
	（−1.10）	（−1.00）	（23.51）	（−109.51）	（17.04）	（−48.88）
Ln_domino_{it-1}	0.018***	0.004	0.007***	0.018***	0.007***	0.020***
	（4.35）	（1.04）	（3.66）	（34.64）	（4.43）	（24.80）
Ln_domino_{jt-1}	0.043***	0.018***	0.028***	0.042***	0.031***	0.043***
	（11.54）	（5.23）	（17.07）	（93.06）	（23.60）	（62.63）
Ln_wave_{ijt-1}	0.055***	0.062***	0.058***	0.047***	0.060***	0.042***
	（16.85）	（21.22）	（26.38）	（85.78）	（37.10）	（49.47）
$Comleg_{ij}$	−0.005	−0.010**	0.020***	0.013***	0.027***	0.016***
	（−1.12）	（−1.99）	（6.14）	（14.28）	（9.99）	（10.88）
$Comlang\_off_{ij}$	0.005	−0.021**	0.401***	0.037***	0.191***	0.034***
	（0.68）	（−2.52）	（60.78）	（29.68）	（37.78）	（20.48）
固定效应	i, j, t	i, j, t	i, j, t	i, j, t	i, j, t	i, j, t
N	7136	15 518	60 726	716 052	83 380	322 026
pseudo R−sq	0.303	0.414	0.445	0.342	0.388	0.362

四、对中国构建自贸区网络的模型预测

经实证分析可得出结论：提高贸易网络的轮轴度对于所有区域贸易协定（RTA）的签订都有明显的促进作用。然而，这种促进效应在不同组别之间存在差异，因为签约国和协议的异质性不同（Lee 等，2008）。在轮轴-辐条国家组合、南南国家组合和跨洲国家组合中，轮轴度对 RTA 的促进效应最大。此外，轮轴度对于双边协议和自由贸易协定（FTA）的促进效应也更强。这些

结论基于"一带一路"数据得出，对于中国构建自由贸易区网络提供了大致的方向。首先，中国作为亚洲区域的轮轴国，可以优先寻找辐条国作为伙伴国，形成轮轴-辐条体系以巩固其轮轴国地位。其次，提高轮轴度可以显著增加中国与发展中国家签订 RTA 的可能性。此外，中国可以在洲内和跨洲范围内寻找伙伴国。最后，与 CU 和多边协议相比，中国更容易签署灵活性较大的 FTA 和双边协定。

在考虑了 RTA 缔结中的经济、距离、文化等因素以及贸易网络中轮轴度的影响之后，我们可以思考哪些国家最有可能与中国签订 RTA 协定。为了预测不同情境下中国未来可能的 RTA 伙伴，本节采用了离散选择模型。该模型可以提高我们预测准确率，从而为我们提供更可靠的 RTA 伙伴预测结果。截至 2023 年，中国已经签订了 19 个 RTA 协定，这些协定均为服务型、双边或自由贸易协定。此外，中国还与 72 个国家和组织建立了不同程度的伙伴关系。我们可以参照中国的经济事实来评估本节模型预测的准确性。

假定 P_{ij} 表示 logit 模型预测出的 i 国和 j 国之间签订 RTA 协定的概率。如果 $P_{ij} > 0.5$ $P_{ij} > 0.5$，则意味着两国之间签订了 RTA 协议，反之 $P_{ij} \leq 0.5$，则认为两国之间没有签署 RTA 协议（Baier 等，2014）。为了预测服务型轮轴度对中国签署 RTA 协议概率的影响，我们利用书中的基准模型。我们不仅预测了所有 RTA 样本的情况，还对中国参与的国家组合子样本进行了预测，以期寻找中国潜在的 RTA 伙伴国。

表 2-9 展示了利用模型预测得到的可能与中国签订协定的国家。其中，列（1）和列（2）分别呈现了这些预测得到的国家中已经与我国签订 RTA 和尚未与我国签订 RTA 的经济体。总体而言，与 RTA 总样本的预测结果相符，根据本节模型，越南、泰国、新加坡、菲律宾、印度尼西亚、柬埔寨、文莱和韩国这些已经与中国签订协定的国家是中国潜在的 RTA 伙伴国。此外，根据模型结果，未来与我国签订 RTA 概率较大的国家包括吉尔吉斯斯坦、捷克、爱沙尼亚、乌克兰、也门、土耳其、沙特、阿曼、黎巴嫩、科威特、约旦、以色列、伊朗、埃塞俄比亚、埃及、巴林、尼泊尔、印度、不丹、孟加拉国和阿富汗。

根据预测结果，未来中国很可能与西亚、南亚和中东欧国家签订 RTA 协定。石油是中国-西亚贸易中一项重要的贸易产品。当下，中国正在积极推进与海合会和以色列的自贸区谈判。在中国-南亚贸易中，中国与南亚岛国之间的合作不断加强。此外，中国还与 72 个国家和组织建立起不同程度的伙伴关系。商务部网站数据显示，2023 年，中国将推进 11 个 RTA 谈判，包括中国–海合会、中日韩、中国–斯里兰卡、中国–以色列、中国–挪威、中国–摩尔多瓦、中国–巴拿马、中国–韩国自贸协定第二阶段谈判、中国–巴勒斯坦、中国–秘鲁自贸协定升级谈判和中国–厄瓜多尔；同时，还有 8 个自贸协定可行性研究正在推进中，包括中国–哥伦比亚、中国–斐济、中国–尼泊尔、中国–巴新、中国–加拿大、中国–孟加拉国、中国–蒙古国和中国–瑞士自贸协定升级联合研究。

表 2-9　模型预测得出中国可能的 RTA 伙伴国

区域	（1）已经与我国签订 RTA 的国家	（2）尚未与我国签定 RTA 的国家
中亚	/	吉尔吉斯斯坦
中东欧	/	捷克、爱沙尼亚、乌克兰
西亚	/	也门、土耳其、沙特、阿曼、黎巴嫩、科威特、约旦、以色列、伊朗、埃塞俄比亚、埃及、巴林
南亚	/	尼泊尔、印度、不丹、孟加拉国、阿富汗
东南亚	越南、泰国、新加坡、菲律宾、印度尼西亚、柬埔寨、文莱	/
东北亚	韩国	/

第五节　结论与政策建议

贸易网络中存在着以中心国家为轴心，边缘国家为辐条的轮轴-辐条结构，这将促进 RTA 网络的形成。（1）两国在形成 RTA 的过程中，两国各自轮轴度的提升均会起到显著的促进作用。（2）轮轴度对 RTA 形成的促进效应在不同签约国之间存在一定差异。如果按照签约国的轮轴-辐条地位来分类，轮轴度对 RTA 的促进效应在轮轴-辐条国家组合、轮轴国家组合以及辐条国家组合中依次递减；如果按照签约国的发展水平来分类，轮轴度对 RTA 的促进效应在南南国家组合、南北国家组合以及北北国家组合中依次递减；如果按照签约国是否跨越洲际来分类，轮轴度对 RTA 的促进作用在跨洲国家组合中相比洲内国家组合中更大。(3) 从 RTA 协定的异质性来看，若将 RTA 按照一体化程度、签约国个数以及协定覆盖范围进行分类，轮轴度对 RTA 的促进效应在 FTA 协定（相比 CU），双边协定（相比多边协定），以及服务型 RTA（相比货物型 RTA）协定中更强。本章的研究具有重要的理论和现实意义。本章基于轮轴度的概念，证明了贸易网络中市场依赖和国家特惠权利的吸引力是影响 RTA 形成的重要因素，解释了早期关税同盟理论无法解释的 RTA 新趋势，为 RTA 形成和网络化发展提供了相应的理论依据。此外，本章研究对于我国加速推进 RTA 战略，构建以中国为轴心的自贸区网络也有丰富的政策含义。

"一带一路"倡议对轮轴度的影响

第一节　问题的提出

　　"一带一路"倡议作为中国推动经济全球化的重要决策之一，已经在世界范围内引起了广泛的关注和讨论。这一倡议的实施将为参与国家之间的贸易合作带来重大的机遇和挑战。其中，区域贸易协定作为促进区域贸易自由化和便利化的重要手段，将在"一带一路"建设中发挥重要的作用。本章旨在探讨"一带一路"倡议对区域贸易协定形成的影响机制，分析其对参与国家的轮轴度地位的提升、贸易合作、经济发展和区域一体化进程的影响，为进一步推进"一带一路"建设和加强区域贸易合作提供参考。

　　"一带一路"倡议的提出对贸易网络产生了广泛的影响。首先，它为参与国家提供了更多的贸易机会，促进了跨国贸易和投资。通过加强基础设施建设和扩大跨国贸易合作，参与国家可以更好地利用各自的经济资源，提高国际市场竞争力。其次，该倡议还加强了参与国家之间的联系和合作，促进了区域一体化进程。通过共同合作和共享资源，参与国家可以提高经济效率和竞争力，实现互惠互利的发展。此外，"一带一路"倡议还推动了全球化和区域经济发展的趋势。它为全球贸易和经济增长带来了更多的机会和动力，并为各国之间的贸易和投资提供了更多的便利和支持。

　　"一带一路"倡议对贸易网络轮轴度的影响机制主要涉及基础设施建设、贸易便利化、区域经济一体化和投资合作等方面。这些机制的推进将有助于加强相关地区之间的联系和交流，提高贸易网络的轮轴度，从而促进经济的发展和繁荣。具体来说，第一，基础设施建设的推进。该倡议提出了一系列基础设施建设规划，包括港口、公路、铁路等交通运输网络的建设，这些建设的推进将有助于加强相关地区之间的联系和交流，提高贸易网络的轮轴度。第二，贸易便利化的提高。该倡议鼓励各国之间建立更为紧密的经济联系和贸易合作，促进贸易自由化和便利化。通过减少贸易壁垒和提高贸易效率，有助于提高相关地区之间的贸易流量和贸易网络的轮轴度。第三，区域经济一体化的推进。该倡议有助于推动相关地区的经济一体化进程，促进跨国贸易和投资合作，提高各国之间的经济联系和互动。随着经济一体化的加强，相关地区之间的贸易网络轮轴度将得到进一步提高。第四，投资合作的加强。该倡议鼓励各国之间加强投资合作，促进共同发展。通过共同投资和资源整合，有助于推动相关地区的经济发展，进一步提高贸易网络的轮轴度。

研究"一带一路"倡议对贸易网络轮轴度的影响既具有理论意义，又具有实践意义。

理论意义：通过研究"一带一路"对贸易网络轮轴度的影响，可以深入探讨全球化和区域化发展趋势，研究不同国家和地区在全球贸易中的地位和作用。同时，这种研究方法也为研究其他政策或因素对贸易网络的影响提供了借鉴和参考。

实践意义："一带一路"倡议是中国政府提出的一项重大国家决策，其影响范围涉及多个国家和地区，对于全球贸易和经济格局的影响具有重要意义。通过研究"一带一路"对贸易网络轮轴度的影响，可以为相关国家和企业提供决策参考和规划，促进各国之间的经济合作和互利共赢。

具体来说，第一，优化贸易网络结构，研究"一带一路"对贸易网络轮轴度的影响可以发现贸易网络中各个国家和地区的地位和作用，进而优化贸易网络结构，提高贸易效率和经济效益。第二，研究"一带一路"倡议对贸易网络轮轴度的影响可以评估其推动区域合作和经济发展的效果，并为相关国家和企业提供指导。第三，提高国际竞争力，研究"一带一路"对贸易网络轮轴度的影响可以发现各个国家和地区在全球贸易中的竞争优势和劣势，进而提高各国的国际竞争力和市场份额。第四，推进可持续发展，研究"一带一路"倡议对贸易网络轮轴度的影响可以发现各个国家和地区在全球贸易中的环境和社会责任，进而促进可持续发展和绿色经济的发展。

"一带一路"倡议的实施已经在全球范围内引起广泛的关注和研究。目前，有许多研究探讨了"一带一路"对参与国家的贸易、投资和经济发展的影响。然而，这些研究多数是从贸易伙伴、出口和进口额等方面分析，"一带一路"对贸易网络结构的影响研究相对较少，而轮轴度是贸易网络中一个重要的结构指标，它能够反映一个节点在整个网络中的关键程度和影响力。

因此，本章的创新点在于将"一带一路"与贸易网络的轮轴度结合起来，探讨"一带一路"对贸易网络轮轴度的影响。具体来说，本章将运用复杂网络分析方法，选取"一带一路"共建国家作为样本，对比分析其与非"一带一路"国家的贸易网络轮轴度差异，探讨"一带一路"在促进贸易网络中的核心节点形成、提高参与国家的贸易活动集聚度、促进经济发展等方面所发挥的作用。本章通过对2001年至2020年的贸易数据进行分析，发现"一带一路"倡议的实施导致贸易网络的轮廓发生了明显的变化，网络中心性逐渐向亚洲地区转移。本章的研究结果不仅丰富了有关"一带一路"对贸易网络影响的认识，同时也为贸易网络的设计和优化提供了新的思路和方法。

第二节 相关文献综述

关于"一带一路"倡议的提出对贸易影响的文献较多，有涉及"一带一路"对产品或服务贸易网络影响的研究，也有涉及"一带一路"共建国家汇率对贸易影响的研究。

"一带一路"倡议的广泛实践与传播，学者们纷纷涌入此领域进行思考与研究，其中属中国与"一带一路"共建国家贸易形成的关系特征——竞争性和互补性被研究的频率颇高，并且一大部分多以中国为中心点，扩散出研究面和论述点，围绕其有如下几方面的研究，中国在"一带一路"背景下的服务贸易发展的现状分析以及对策探讨（尚庆琛，2017；王小玲，2019；杨馥蔚，2019）；分析前70年中国服务贸易的发展状况；分析中国服务贸易网络在全球的地位变化进程（谢宇，2019）；具体地研究了中国服务贸易中的金融服务贸易出口潜力情况，以中国为分析核心，研究在"一带一路"背景下中国与多国的服务贸易发展状况，主要目的即寻找在"一带一路"背景下中国如何与多国合作，达到互利共赢的愿景；着眼于全球目光，总体研究"一带一路"建设下，各国的服务贸易的来往情况，给予竞争力评价，抑或是全球价值链的位置比较。目前以中国与"一带一路"共建国家为分析对象，以中国为起点延伸出去的贸易关系的文献较多，以服务贸易网络为研究工具，以"一带一路"背景下中印服务贸易合作研究（汤洪宇，2016）和中美服务贸易国际竞争力比较研究为分析基础，研究双国服务贸易之间的竞争、互补等关系。众多学者对中国与"一带一路"共建国家服务贸易影响因素进行了研究（张颖，2019；刘秀玲和陈浩，2020），还有专注于"一带一路"倡议给服务贸易带来的改变（高妙诗，2020）。

在推进"一带一路"服务贸易发展的过程中，一些文献也涉及服务贸易出口在成员国中相互演进和变化的过程。如王鹏飞（2019）在对中国-东盟这一子群的服务贸易往来研究中提出近年来中国-东盟的贸易出口向多元化演进，更多的东盟成员国如新加坡逐渐实现了对中国加大金融领域等服务行业投资的转型。同时提出中国内部城市发展服务出口贸易的网络布局的意见。张文雅和刘玮（2019）提出，在2010年~2016年间，欧盟对中国的服务贸易出口呈顺差，且逐年增加，中国不仅从欧盟进口传统服务行业同时也进口新兴服务行业，谢宇（2019）在对2005年、2008年和2011年三个节点时全球180个国家的服务贸易往来关系网络特征和中国子群的特征进行研究后得出，在这一过程中，发达国家的服务贸易内部网络非常密集，他们通过提高内部服务贸易的往来应对金融危机，并由几个国家实现对全世界的服务贸易联系，然而不发达国家则因为不完备的贸易系统呈现出中心-边缘化特征，内部联系不紧密，全球服务贸易网络则以欧洲为中心发散。张昱、王亚南、何轩（2020）则指出中国在全球服务贸易关系网络中的竞争力总体偏低但地位有所上升，正在由弱转强。

在汇率水平方面，邱冬阳等（2018）指出了在"一带一路"覆盖区域人民币汇率升值会促使贸易差额扩大。曹伟（2019）采用面板数据两阶段工具变量法及灵敏度分析法研究了"一带一路"覆盖区域人民币汇率与双边贸易关系中的邻国效应，揭露了人民币汇率水平对我国进出口贸易影响的时滞性。何暑子等（2020）从供给侧渠道效应角度分析人民币升值对贸易竞争力的作用是复杂的，总体而言，人民币升值有利于贸易竞争力的提高但这种效应由东部向中西部递减。

在汇率波动方面，杨广青等（2015）研究了人民币汇率水平波动对我国出口到"一带一路"共建国家贸易的影响，结果显示，人民币升值和波动增大都会对我国出口贸易产生负向影响。席艳乐和汤恒运（2019）指出无论是当期的人民币汇率波动还是滞后一期的人民币汇率波动均与农产品出口呈负相关。

还有学者指出了其他因素对进出口贸易影响的重要性,邱冬阳等(2018)认为 GDP 和 FDI 也是影响贸易差额扩大的主要因素。吕诚伦等(2019)引入汇率变动引力模型,认为在"一带一路"共建国家中不变的汇率不能显著影响中国出口贸易,外贸依存度越大,出口潜力越小。杜永红等(2019)指出了外商直接投资对汇率波动的影响是显著负相关的。

以上文献总结表明,近年来学界对"一带一路"倡议的影响已有大量的研究,尤其是针对其带来的贸易效应进行的研究较多。研究表明,"一带一路"倡议带来的贸易效应既包括竞争性的效应,也包括互补性的效应,这些效应已成为学者们研究的热点问题。然而,从社会网络视角出发,研究"一带一路"对贸易网络结构的影响还相对较少。社会网络视角指的是将贸易网络看作一个社会网络,探讨贸易网络中的节点之间的联系、交互和相互影响。通过社会网络分析,可以深入研究"一带一路"对贸易网络结构的影响,并探索其中的机制和路径。

以上研究均未采用双重差分方法进行政策的分析,双重差分方法是一种经济学中常用的分析方法,它可以用来研究政策变化对于贸易网络结构的影响。在"一带一路"倡议下,中国与共建国家的贸易关系正在不断加强,因此采用双重差分方法对于探究"一带一路"对贸易网络结构的影响是非常必要的。通过双重差分方法,可以分析"一带一路"倡议对于贸易网络中的节点度中心性、介数中心性、紧密度等网络结构指标的影响。此外,也可以探究"一带一路"倡议对于贸易网络中不同国家之间的贸易流量、贸易关系等方面的影响。值得注意的是,双重差分方法对于样本数据的选择和数据的处理有较高的要求。未来的研究需要充分考虑样本数据的覆盖面和代表性,同时要选择合适的方法对数据进行处理和分析。在未来的研究中,我们还可以采用其他网络分析方法来探究"一带一路"对贸易网络结构的影响,比如基于复杂网络的模型和算法。这些方法可以更加全面地分析"一带一路"倡议对于贸易网络结构的影响,为政策制定提供更加科学的支持。

第三节　实证方法、模型设定和数据来源

一、实证方法介绍

双重差分方法（Double Difference Method）是一种用于分析政策影响的常用方法，其基本思路是通过比较两个不同的时间点、地区或政策下的差异来评估政策的影响。在研究"一带一路"倡议对贸易网络轮轴度的影响时，可以采用双重差分方法进行分析，具体步骤如下：

第一，选择研究对象和时间点。需要确定要研究的贸易网络和时间范围，例如，可以选择亚洲和欧洲的贸易网络，并选择 2010 年作为基准年份和 2018 年作为实验年份。第二，确定研究区域和对照组。根据"一带一路"倡议的影响范围，可以选择"一带一路"共建国家作为研究区域，同时选择与其相邻的非共建国家作为对照组。第三，计算贸易网络的轮轴度。可以使用网络分析方法计算各个国家在贸易网络中的轮轴度，例如介数中心性和接近中心性等指标。第四，进行双重差分分析。双重差分分析包括两个部分：第一步是计算两个时间点和两个区域之间的差异（时间差异和区域差异），第二步是计算实验组和对照组之间的差异（政策差异）。可以使用回归分析等方法来进行计算和统计显著性。第五，分析结果。根据双重差分分析的结果，可以评估"一带一路"倡议对贸易网络轮轴度的影响，并进一步分析其机制和影响路径。

综上，通过双重差分方法的分析，可以消除时间和区域本身的影响，减少内生性问题，更加准确地评估"一带一路"倡议对贸易网络轮轴度的影响，为中国如何借助"一带一路"平台优势提升轮轴度提供参考依据。

二、计量模型设定

"一带一路"倡议是一个涉及面广、涵盖国家众多的宏大计划，具有重要的地缘政治、经济和社会意义。本节将采用双重差分的方法，以"一带一路"倡议作为准自然实验，探究其对贸易网络结构的影响。具体而言，本节选取"一带一路"共建国家作为处理组，非"一带一路"共建国家和地区作为对

照组,通过构建双重差分模型,研究"一带一路"倡议对贸易网络结构的影响。双重差分方法能够有效减少潜在的内生性问题,并且能够较好地消除时间和空间异质性的影响,提高研究结果的可信度和准确性。在具体研究过程中,可以结合其他计量方法和数据来源,进行多方位、多角度的分析,从而更加全面深入地了解"一带一路"倡议对贸易网络结构的影响。本章双重差分模型如下:

$$hubness_{ct} = \beta_1\, road_{ct} + \beta_2\, Post_t + \beta_3\, road_{ct} \times Post_t + \beta_4\, GDP_{ct} + \beta_5\, GDP\_per_{ct} + \beta_6\, GDP\_growth_{ct} + \delta_c + \delta_t + \varepsilon_{ct} \tag{3.1}$$

其中(3.1)式为一种考虑了时间和国家固定效应的双重差分估计模型。在该模型中,$hubness_{ct}$ 表示一国在贸易网络中的轮轴度。$Post_t$ 是处理效应时期的虚拟变量,"一带一路"倡议是在 2013 年提出,因此将 2013 年及之后的 $Post_t$ 设定为 1,之前的年份设定为 0。$road_{ct}$ 是处理组虚拟变量,表示一国是否为"一带一路"共建国家。如果一国是属于"一带一路"共建国家,则该变量设定为 1,若不属于"一带一路"共建国家则为 0。$road_{ct} \times Post_t$ 表示"一带一路"倡议提出后虚拟变量与处理组虚拟变量的交互项,这也是双重差分法最感兴趣的核心解释变量。GDP_{ct} 为 c 国的经济发展水平,GDP_per_{ct} 为 c 国在 t 时期的人均经济发展水平,GDP_growth_{ct} 为 c 国在 t 时期经济增长水平。δ_t 表示年份的固定效应,δ_c 为国家的固定效应,ε_{ct} 为随机误差项。本小节最为关注的感兴趣解释变量的系数为 β_3,其经济含义:"一带一路"倡议对于一国贸易网络轮轴度的影响。

三、数据来源

本节采用了 UN-Comtrade 提供的贸易数据和世界银行 World Development Index 数据库的合并数据。因此,可以基于这个目前可获得的较为全面的贸易数据考察提升"一带一路"共建国家轮轴度的有效路径。由于"一带一路"共建国家内部大多数为发展中国家,且这些发展中国家参与区域经济一体化的时间通常是在 2001 年 WTO 建立之后,因此本节选取样本的起始时间为 2001 年,本章节研究的样本区间为 2001 年~2020 年。样本观测值 2106 个,包含了 188 个国家和地区的轮轴度、经济发展水平、人均经济发展水平以及 GDP 增长率,涵盖 60 个"一带一路"共建国家和地区。

表 3-1　主要变量的描述性统计

变量类型	变量名称	均值	中位数	标准差	最小值	最大值
被解释变量	hubness	0.008	0.001	0.044	0	0.799
核心解释变量	period	0.373	0	0.484	0	1
	road	0.459	0	0.498	0	1
控制变量	GDP	25.266	25.201	1.984	18.861	30.694
	GDP_per	8.858	8.905	1.506	4.714	11.725
	GDP_growth	3.407	3.392	4.181	-21.4	34.5

表 3-1 列出了四个变量，分别是被解释变量（hubness）、核心解释变量（period 和 road）以及三个控制变量（GDP、GDP_per 和 GDP_growth）。

被解释变量 hubness 的均值为 0.008，中位数为 0.001，标准差为 0.044。hubness 是一个表示节点在网络中拥有的连接数的指标，它越高说明节点在网络中的地位越重要。

核心解释变量 period 的均值为 0.373，中位数为 0，标准差为 0.484。period 为一个虚拟变量，当数据采集的时间在"一带一路"倡议提出后时 period 为 1，否则取值为 0。这个变量的均值表明了数据样本中大约 37.3% 的数据采集时间在"一带一路"倡议提出后。

另一个核心解释变量 road 的均值为 0.459，中位数为 0，标准差为 0.498。road 是另一个虚拟变量，取值为 1 表示对应的国家或地区属于"一带一路"倡议的共建国家或地区，否则取值为 0。这个变量的均值表明了数据样本中大约 45.9% 的数据对应的国家或地区属于"一带一路"倡议的共建国家或地区。

此外，还有三个控制变量，分别是 GDP、GDP_per 和 GDP_growth。GDP 的均值为 25.266，中位数为 25.201，标准差为 1.984。GDP_per 的均值为 8.858，中位数为 8.905，标准差为 1.506。GDP_growth 的均值为 3.407，中位数为 3.392，标准差为 4.181。这三个变量是用来控制节点在网络中的地位与其所在国家经济情况的影响，例如，国家经济总量（GDP）、人均经济水平（GDP_per）和经济增长率（GDP_growth）。

第四节 实证结果与分析

一、基本回归结果

本部分旨在探讨"一带一路"倡议的实施对于国家轮轴度的实际效应。具体而言,我们通过模型 1 的设定来检验"一带一路"倡议的实施对轮轴度的提升是否存在促进效应,在模型中还控制了国家和年份的固定效应以及国家层面的控制变量。本节的表 3-2 是使用轮轴度作为因变量的回归结果,其中第(1)列至第(3)列逐步加入控制变量以考察基准回归结果的稳健性。

在此基础上,为控制住"一带一路"共建国家可能具有的某种固有的变化趋势本节添加了一些固定效应,例如许多共建国家是发展中经济体,其贸易环境逐渐改善可能使得一国企业更愿意对其进行贸易合作。为了避免遗漏变量带来的内生性问题,我们参考了 Li 等人(2016)的方法,在表 3-2 的第(1)列至第(3)列均加入"一带一路"与时间趋势的交互项,以控制对"一带一路"处理组国家自身可能的变化趋势。

通过表 3-2 可以发现,"一带一路"倡议对于提升轮轴度具有显著正向效应。实施"一带一路"倡议后,处理组国家的轮轴度均有显著提升。综上,我们得出的表 3-2 的结果与我们的预期一致。

表 3-2 "一带一路"对轮轴度影响的估计结果

解释变量	hubness		
	(1)	(2)	(3)
$road \times period$	0.008 ***	0.008 ***	0.008 ***
	(2.86)	(2.90)	(2.95)
GDP	0.005 *	0.013 ***	0.014 ***
	(1.77)	(3.00)	(3.06)
GDP_per		−0.010 ***	−0.011 ***
		(−2.75)	(−2.88)

解释变量	hubness		
	(1)	(2)	(3)
GDP_growth			0.000*
			(1.66)
时间固定效应	是	是	是
国家固定效应	是	是	是
样本数	1 066 687	1 066 687	1 066 669
R^2	0.078	0.218	0.269

注：括号内显示的是 t 值，***、**、* 分别表示在 1%、5% 及 10% 的水平下显著；标准误差均为聚类在国家对层面的稳健标准误差，下同。

数据来源：UN-Comtrade，WDI，WTO。本章以下各表同。

二、平行趋势检验

应用双重差分方法进行模型检验的前提条件是验证处理组和对照组之间存在共同趋势（吕越等，2019）。为了验证这一前提假设，我们采用了 Liu 和 Qiu（2016）的做法，并对处理组和对照组的变化趋势进行了进一步的考察。具体而言，我们建立了实证方程，以验证处理组和对照组的变化趋势是否一致。该实证方程的设定如下：

$$hubness_{ct} = \beta_k \sum_{k \geq -4}^{3+} road_c \times year_{2013+k} + X_{ct}\gamma + \delta_c + \delta_t + \varepsilon_{ct} \qquad (3.2)$$

其中，$year_t$ 为年度虚拟变量，当年的观测值取值为 1，其他年份观测值取值为 0。其他变量与基准模型中变量的设定保持一致。在表 3-3 中，汇报了该分析结果。结果显示，在 2009 年~2013 年的所有回归结果均不显著。这表明，在"一带一路"倡议实施之前，处理组和对照组的变化趋势不存在显著差异，是一致的。然而，在 2013 年及之后，处理组经济体的轮轴度相比控制组有了显著的提升。因此，我们得出结论，本章节的样本验证了平行趋势检验，是符合双重差分方法使用的前提条件的。综上所述，本研究表明"一带一路"倡议在实施后对处理组的经济轮轴度产生了显著影响。此外，使用年度虚拟变量的双重差分法是一种检验平行趋势假设的有效方法。

表 3-3 平行趋势假设检验

hubness	Coef.	标准误差	t	P>∣t∣	[95% Conf. Interval]	
2009	−0.013	0.01	−1.24	0.215	−0.0328	0.0074
2010	−0.001	0.003	−0.4	0.689	−0.0073	0.0048
2011	−0.002	0.004	−0.5	0.614	−0.0099	0.0059
2012	0.005	0.003	1.48	0.138	−0.0018	0.0127
2013	0.007**	0.003	2.14	0.032	0.0006	0.0132
2014	0.007*	0.004	1.81	0.071	−0.0006	0.0156
2015	0.017*	0.009	1.75	0.08	−0.002	0.0258
2016	0.013**	0.006	2.05	0.041	0.0005	0.0251

三、安慰剂检验

(一)时间上的安慰剂检验

如前所述,倍差法是一种估计政策对某一变量影响的有效方法。但是,这种方法的前提条件是在政策实施之前,被研究的国家在核心变量上没有出现显著的差异。因此,如果政策事件被设置在 2013 年之前的某一年,核心变量的估计系数可能不会显著。如果结果与预期相反,这可能意味着存在某些无法观测的因素,也会对一个国家的轮轴度提高产生影响,而这并不仅仅是因为"一带一路"倡议带来的促进效应。因此,当使用倍差法进行政策影响分析时,需要进行谨慎的分析和解释,以确保结果的可靠性和有效性。在实施倍差法之前,还需要进行其他分析,以确定政策实施前的国家差异情况。如果发现存在其他可能影响核心变量的因素,需要将这些因素纳入考虑,以便更好地理解政策对核心变量的影响。本部分假设"一带一路"倡议的实施发生在 2006 年或 2007 年,结果显示倍差法所关注的核心解释变量前的系数不显著,符合预期,结果详见表 3-4 列(1)至列(2),这说明本章结论是可靠的。

(二)处理组上的安慰剂检验

可能导致估计结果偏误的另一个原因是忽略了国家和时间层面的其他变

量。本研究的样本包括了全球 188 个国家和地区，其中 60 个为"一带一路"共建经济体。为了进行安慰剂检验，我们从 188 个国家和地区中随机选取 60 个经济体，并将其设定为"虚拟"的处理组，剩下的 128 个非"一带一路"共建经济体则作为对照组，构建一个安慰剂检验的虚拟变量 roadfalse（吕越等，2019）。接着，本章节构建了安慰剂检验所需的交乘项 roadfalse × post。因为"虚拟"的处理组是随机产生的，因此安慰剂检验所需的交乘项不会对因变量（轮轴度）产生显著的影响，即 $\beta false = 0$。本部分假设"一带一路"倡议的处理组为随机 3 次，结果显示倍差法所关注的感兴趣的解释变量前的系数不显著，符合预期，结果详见表 3-4 列（3）~列（5），这说明本章结论是可靠的。

表 3-4　"一带一路"对轮轴度影响的安慰剂检验

解释变量	hubness				
	（1）	（2）	（3）	（4）	（5）
$roadfalse \times post$	0.004	0.004	−0.002	0.006	−0.002
	（1.61）	（1.64）	（−1.11）	（1.51）	（−1.13）
GDP	0.014 ***	0.014 ***	0.015 ***	0.015 ***	0.015 ***
	（3.08）	（3.09）	（3.06）	（3.08）	（3.10）
GDP_per	−0.010 ***	−0.010 ***	−0.010 ***	−0.010 ***	−0.010 ***
	（−2.75）	（−2.76）	（−2.66）	（−2.74）	（−2.67）
GDP_growth	0.000	0.000	0.000	0.000	0.000
	（1.51）	（1.56）	（1.39）	（1.25）	（1.36）
时间固定效应	是	是	是	是	是
国家固定效应	是	是	是	是	是
样本数	2106	2106	2106	2106	2106
R^2	0.606	0.606	0.606	0.607	0.606

　　注：括号内显示的是 t 值，***、**、*分别表示在 1%、5% 及 10% 的水平下显著；标准误差均为聚类在国家对层面的稳健标准误差，下同。

四 、差异化分析

在经济学分析中，三重差分法（Triple Difference Method）是一种利用自然实验或政策变化来评估因果关系的统计方法。它通常用于评估一项政策的效果，例如，政策对就业、收入、教育等方面的影响。该方法的基本思想是，通过比较政策变化前后不同组别的差异，可以消除与政策无关的影响因素。通常，我们会选择两个时间点和两个组别，以比较政策前后、政策受影响组和未受影响组之间的差异。然而，这种比较可能受到不同组别之间的潜在差异的影响，例如受影响组本身可能与未受影响组在某些方面不同，导致他们的结果产生偏差。为了消除这种潜在影响，我们可以使用三重差分法。三重差分法利用了时间、组别和政策三个因素，将政策前后的差异、受影响组和未受影响组之间的差异以及两个时间点之间的差异全部考虑在内，从而得出更加准确的效果评估。通过这种方法，我们可以排除所有与政策无关的因素，更准确地评估政策对受影响组的影响。三重差分法在经济学中被广泛应用，例如，在评估最低工资政策、医疗保险政策、税收政策等方面。它能够提高研究的准确性和可信度，对政策制定和社会福利的提高具有重要意义。

本部分采用三重差分的方法考察"一带一路"对贸易网络轮轴度的差异化影响，差异化的主要体现：RTA 的多米诺效应，RTA 网络的点度中心度，成为 RTA 网络轴心国的次数以及一国的进口水平。

表3-5 列（1）~列（4）展现了四种差异化分析的结果，结果显示：

首先，当一国多米诺效应较为强烈时，该国加入"一带一路"会显著促进贸易网络中轮轴度的提升。原因在于，第一，当一国与第三国签订贸易协定数量较多时，这些协定通常涉及贸易自由化和减少贸易壁垒等方面的内容。这能够促进贸易的畅通，从而增加贸易规模和频率。第二，通过与第三国签订贸易协定，"一带一路"共建国家可以进一步拓宽贸易渠道，促进多元化贸易。这有助于减少对单一市场的依赖，降低贸易风险，增加贸易机会和选择。第三，贸易投资协定的出现有助于吸引更多的外资和技术进入共建国家，推动经济发展，提高产业水平和竞争力。第四，"一带一路"共建国家与第三国签订的贸易协定数量越多，越会进一步提高它们在国际贸易中的地位和影响力，加强与其他国家的经济联系，促进地区经济发展和一体化进程。

其次，当一国在 RTA 网络中越处于中心位置越会加速"一带一路"国家轮轴度的提升。原因在于，第一，当一个国家在 RTA 网络中处于中心位置时，可以更容易地与其他国家进行贸易往来，使贸易更加流畅。这将有助于"一带一路"国家之间的贸易合作和经济联系，加速轮轴度的提升，与此同时，中心度高的国家往往能够吸引更多的外资和技术转移。这将有助于"一带一路"国家提升产业水平和竞争力，进而推动经济的发展。第二，当一个国家在 RTA 网络中处于中心位置时，其在政治上的影响力也会增加。这将使该国更容易在"一带一路"倡议中发挥重要作用。

再次，当一国成为中心国次数越多越会促进"一带一路"国家轮轴度的提升。原因在于，第一，当一个国家成为中心国的次数越多，说明其政治地位较为稳固，其在政治上的影响力也会提高。这将促进区域内经济一体化和共同发展。第二，贸易协定网络的加强会进一步影响到贸易网络结构的发展，当一国成为 RTA 网络中心国次数较多时，意味着该国能够获取更丰富、更全面的信息资源，经济合作的加深有助于贸易网络的构建，进而促进轮轴度的提升。

复次，当一国进口增多时，"一带一路"倡议会显著促进贸易网络中轮轴度的提升。原因在于，第一，扩大市场规模，当一国进口增多时，其市场规模扩大，能够吸引更多的"一带一路"国家参与贸易往来，从而提高整个贸易网络的轮轴度。第二，加强供应链联系，随着进口增多，一国的供应链联系会更加紧密，与供应国之间的贸易往来也会相应增加。这将推动"一带一路"国家之间建立更加紧密的供应链联系，进一步提高轮轴度。第三，促进产业升级，进口的商品不仅满足本国市场需求，还能够促进国内产业的升级。通过与"一带一路"国家的贸易往来，可以吸收更多的技术和经验，提高自身产业水平，从而进一步提高轮轴度。

最后，提升国际地位，进口的增多还能够提高一国在国际上的地位和影响力。这将使得"一带一路"国家更加愿意与该国进行贸易往来，进一步提高轮轴度。

表 3-5 "一带一路"对轮轴度影响的差异化分析

解释变量	hubness			
	(1)	(2)	(3)	(4)
road × period × difference	0.001***	0.007*	0.001*	0.004**
	(2.76)	(1.66)	(1.84)	(2.53)
GDP	0.015***	0.015***	0.010**	0.006
	(3.70)	(3.19)	(2.53)	(1.52)
GDP_ per	−0.012***	−0.010***	−0.006	−0.009**
	(−3.47)	(−2.83)	(−1.62)	(−2.20)
GDP_ growth	0.000	0.000	0.000	0.000**
	(1.38)	(1.42)	(1.55)	(2.08)
Domino	−0.001			
	(−1.19)			
Degree		−0.001		
		(−0.23)		
Degree_ cishu			−0.001	
			(−1.33)	
Ln_ import				0.003***
				(3.38)
时间固定效应	是	是	是	是
国家固定效应	是	是	是	是
样本数	2106	2106	2106	2106
R^2	0.608	0.607	0.607	0.649

注：括号内显示的是 t 值，***、**、* 分别表示在 1%、5% 及 10% 的水平下显著；标准误差均为聚类在国家对层面的稳健标准误差，下同。

第五节 结论与建议

　　本章运用双重差分方法考察了"一带一路"倡议对贸易网络中轮轴度的影响，对平行趋势假设进行了检验并针对处理组发生的时间和处理组样本进行安慰剂检验。结果表明，"一带一路"倡议的实施促进了参与国的轮轴度，且该结论通过了平行趋势检验和安慰剂检验的验证，说明该结论稳健可靠。在进一步的差异化分析中，本章考虑了"一带一路"共建国家签订区域贸易协定以及贸易的特征条件，结果表明当一国签订的区域贸易协定数量较多、中心国地位较为稳固、进口额较大时，"一带一路"的实施会加速促进轮轴度的提升。

　　基于上述结论和分析，政策建议如下：第一，加强"一带一路"倡议的实施，特别是在与共建国家签订区域贸易协定方面加大力度，提高中心国地位和进口额，以促进贸易网络中轮轴度的提升。第二，为了更好地推进"一带一路"倡议，建议加强国际合作，通过建立多边合作机制、推进政策协调等方式，加强各国间的合作和沟通，提高倡议的实施效果。第三，需要加强对"一带一路"倡议实施的监测和评估，通过数据分析等方式，及时发现和解决问题，确保倡议的顺利推进。第四，在推进"一带一路"倡议的同时，需要加强与其他国际倡议的协调和衔接，形成多元化的国际合作格局，以更好地推进全球经济的发展和繁荣。

网络中心度对 RTA 网络形成影响

第一节 问题的提出

随着全球化的加速和区域一体化的不断深入，区域贸易协定（RTA）在国际贸易中的作用越来越重要。RTA 作为促进贸易自由化、减少贸易壁垒和促进经济一体化的一种工具，已经成为国际经济合作的主要方式之一。由于RTA 的成员国在地理、政治、文化和经济方面存在巨大差异，因此 RTA 的形成具有复杂性和多样性。近年来，越来越多的学者开始关注 RTA 的网络结构和其形成的影响。特别是研究者们发现 RTA 在形成时具有网络的特性，即成员国之间的联系不仅仅是简单的双边联系，而是一个复杂的网络结构。这些联系可能基于地理位置、文化相似性、政治利益等多种因素形成。

过多的 RTA 在某一地区相互交错重叠、纷乱无章，像一碗理不清的面条，这种现象被学者 Bhagwati（2002）形象地描述为"意大利面碗效应"。而透过表面的混乱，我们可以发现一种有规律可循的新的 RTA 结构，即"轮轴辐条结构"：一些国家与多国缔结 RTA，这些国家就像轮轴，与之缔结 RTA 的国家就像辐条，且辐条之间无双边 RTA，这种结构被称为轮轴辐条结构（Kowalczyk and Wonnacott，1992；孙玉红，2007；Chong and Hur，2008）。据此现象，学界开始从复杂网络的角度考虑区域贸易协定的演化发展。根据 Kowalczyk and Wonnacott（1992）的定义，轮轴国是指当 i 国与两个或两个以上的国家签定了 RTA，但这两个伙伴国之间没有签定过 RTA，那么 i 国就为轮轴国。

上述是关于复杂网络下轮轴-辐条结构的定义，复杂网络下 RTA 的轮轴-

辐条结构逐渐发展演化为 RTA 网络，最早研究 RTA 网络演化路径并提出成对稳定概念的是 Wonnacott（1996），在其模型中，每一个个体可以看成一个节点，每个节点通过与其他节点的相互连结会获得收益值，但从管理成本的角度出发，各节点为了保持相互之间的连结也会付出代价。进一步地，Watts（2002）从动态的角度对所建立的网络模型进行了扩展，他指出各节点会随着时间的变化根据收益与损失的情况建立或者取消连结。这为 RTA 网络化发展的研究奠定了基本的理论分析框架。从全球复杂网络的角度看，研究问题的关键在于"轮轴辐条"结构是否会引致全球自由贸易以及其均衡发展路径如何。

Baldwin（2012）通过构建政治经济模型以及策略博弈阐述了 PTA 形成过程中，一国签订 PTA 数量会显著影响 PTA 网络均衡，并指出构建"传染性"指标的关键在于 PTA shock，本章也认为 PTA 的签订不仅仅是经济因素所导致的，有些 PTA 的缔结是出于政治角度的考虑，但"传染性"指标中的 PTA shock 仅是基于本国签订 PTA 的数量，而没有包含伙伴国在 PTA 网络中的结构特征。

伴随着发展中国家逐渐融入区域经济一体化，越来越多的 RTA 缔结，传统的轮轴辐条结构不再出现，各种双边、多边 RTA 不断涌现，为了更好地阐述一国在 RTA 网络中的位置，可以借助社会网络分析方法，运用中心度指标测算每个国家的中心度，以此来表示一国在 RTA 网络中的地位，进而考察其对 RTA 网络形成的影响。在 RTA 的网络结构中，网络中心度是一个重要的概念。网络中心度反映了一个节点在网络中的重要性和影响力。因此，研究 RTA 网络中心度对 RTA 网络形成的影响具有重要意义。然而，目前对于网络中心度对 RTA 网络形成的影响还存在较大的研究空白。因此，本章将针对这一问题进行探究，旨在揭示网络中心度如何影响 RTA 的网络形成，为国际经济合作和 RTA 的研究提供理论基础和实践指导。

第二节　相关文献综述

各种类型的 RTA（双边、跨区域、涉及服务）的签订使得越来越多的学者认识到，"一带一路"共建国家乃至全球 RTA 已经进入到网络化动态演变发展时期。而网络就是两个经济体 i 和 j 之间的关系不仅仅受到 i 和 j 独立的影响，还会受到 k 和 l 等其他经济体的影响（王晓卓和杨光，2020）。所以相互依存的特征是网络研究的关键（枢纽）。

Eggerand Larch（2008）考察 RTA 的多米诺效应和浪潮效应对 RTA 网络形成的影响，结果显示：由于贸易转移效应的存在，未签订 RTA 的国家之间或者选择加入已有的 RTA（多米诺效应）；或者两国利用贸易创造抵消来自其他 RTA 带来的贸易转移，会选择重新建立新的 RTA（浪潮效应）；RTA 的这种相互依赖关系随着距离的增加而减小（王晓卓和杨光，2021）。这意味着，"多米诺效应"和"浪潮效应"是 RTA 相互影响、相互依存的主要方式，而且两种效应受到距离的调节作用。两种效应的区别在于："多米诺效应"部分是由于"防御性"的 RTA 所驱动的，而"浪潮效应"部分是由于"竞争性"的 RTA 所导致的（Baldwin and Jaimovich，2012）。进一步地，Baier 等（2014）利用 1960 年~2005 年 146 个国家的数据分析得出了多米诺效应大于浪潮效应，从而对比出了形成 RTA 的两个来源之间的大小关系。当前 RTA 的激增可能由政治经济变动所致，也能够从 RTA 的相互依赖关系中得到说明。Chen 和 Joshi（2010）研究发现，RTA 的轮轴-辐条结构有助于解释 RTA 网络化的形成，且 RTA 网络结构对 RTA 形成的影响是不能由政治、经济因素所取代。其所应用到的理论为损失分担效应（loss sharing effect）和特惠侵蚀效应（concession erosion effect）。损失分担效应是指：当 A 与 B 之前形成过 RTA，B 就更愿与 C 形成 RTA，因为即使如果 BC 之间形成 RTA 导致利润下降了，B 的利润损失可以由 A 来分担一部分；特惠侵蚀效应是指：当 A 与 B 之前形成过 RTA，C 不愿与 B 形成 RTA，因为 C 不愿与伙伴国个数多的国家形成 RTA。这种预测显然暗含了考虑在 RTA 的形成过程中，RTA 的动态演化效果以及其相互作用不容忽视，这也为后续的全球贸易与 RTA 网络结构的研究奠定了基础（王晓卓和杨光，2021）。

有些学者认为"轮轴辐条"结构促进了全球贸易一体化的实现（Mukunoki and Tachi，2006；邓慧慧和桑百川，2012；Daisaka and Furusawa，2014；Lake，2016；Lake and Millimet，2016）。例如，Mukunoki and Tachi（2006）利用双边自由贸易协定的序贯谈判模型得出重叠（overlapping RTA）的 RTA（轮轴-辐条结构的 RTA）可以使得贸易更加自由化，即使结合游说，重叠的 RTA 依旧会扩张以达到多边贸易自由化。类似地，Goyal and Joshi（2006）认为区域贸易协定网络形成的原因是政府通过签订 RTA 可以实现效应的最大化。在国家市场规模和经济结构完全对称的情况下，通过双边的区域贸易协定可以实现全球贸易自由化。Furusawa and Konishi（2003）则考虑了多国的区域贸易协定随机形成模型，如果国家是完全对称的（所有国家的消费者数量、厂商数量以及签订 RTA 的伙伴国个数均相同）并且产品的差异化程度较高，区域贸易协定的各连边也会完全链接，实现全球自由贸易。即使考虑国家之间的"跨国转移支付"，只要各国间的产品替代程度不高，那么全球自由贸易网络也是成对稳定且唯一的（Furusawa and Konishi，2005）。Daisaka and Furusawa（2014）则对 Furusawa and Konishi（2002）和 Goyal and Joshi（2006）的研究文献中提到的两种不同的 RTA 网络演化路径进行了数值模拟，如果国家间联系的成本足够小，RTA 的发展会导致全球自由贸易的实现；如果不能达到全球自由贸易（RTA 网络不是完备的），少数国家会从大国家体中分离出来（王开和靳玉英，2013）。此外，Freund（2000）利用欧盟的实证证据和模型指出，通过轮轴辐条方式的区域贸易集团达成的自由贸易比通过多边谈判完成的自由贸易所获福利更大。因此，相比较而言，当不考虑同盟国工业化水平的情况下，由于轮轴辐条结构形式的 RTA 所具备的天然的灵活性，其更会容易实现全球自由贸易（Facchini 等，2008；Saggi and Yildiz，2011；Missios 等，2015；Lake，2016）。

而另一些学者却认为"轮轴辐条"结构在全球一体化中扮演着"绊脚石"的角色（Krugman，1989；Krueger，1995；东艳，2006；邓富华和霍伟东，2017）。例如，Wonnacott（1996）认为由于原产地规则，一方面，轮轴国家在出口和投资方面具备优势，而辐条国家受制于轮轴国，从而获得较少的出口机会；另一方面，轮轴国在寻找贸易伙伴的过程中会增加搜寻成本，而一旦成为贸易伙伴又会面临管理辐条国的成本，这会降低区域福利水平。Anson 等（2005）指出由于原产地规则限制了市场准入，在 NAFTA 中，管理成本占到了特惠边际的 47%，进而阻碍了全球自由贸易的实现。

综上所述，轮轴辐条结构对 RTA 网络化发展起到了至关重要的作用，但学界对其看法褒贬不一。RTA 中的轮轴辐条体系对最终达成全球自由贸易的影响，在短期和长期有所不同，在不同的约束条件下，也会产生差异化的影响。Lloyd（2002）认为从短期来看，轮轴辐条结构对世界的自由贸易体系有负的影响，但从长期来看，可能其动态影响是正的。而 Krugman（1993）假设当世界上国家数量不一致时，结果也会有所不同：全球达到自由贸易时福利是最大的，因为不存在贸易转移；而福利与 RTA 成员国个数之间是成 U 型关系的，原因在于，当区域内国家的数量很少时，每个区域都很大，进而导致设定外部关税时的垄断力强、关税高，因此缔结 RTA 带来的福利就很小。类似地，Zhang 等（2014）认为当世界上的国家数量少于四个时，双边自由贸易是全球自由贸易的垫脚石，当世界只有三个国家时，会达成部分的自由贸易。在现实中，RTA 通常是通过谈判达成的，因此用博弈论的方法来阐述 RTA 的形成更加具有现实意义，Aghion 等（2007）利用动态议价模型得到，第一，当只满足 GC 超可加[1]条件下，领导国选择序贯谈判更容易实现全球自由贸易。第二，当联盟外部性[2]为负时，双边贸易协定对全球自由贸易网络的形成起到"垫脚石"的作用，然而，当联盟外部性为正时，双边贸易协定对全球自由贸易网络的形成起到"绊脚石"的作用（丘东晓，2011）。

第三节　网络中心度测度及特征事实

一、网络中心度测度

1. RTA 网络的点度中心度（RTA_ degree）。最早提出点度中心度概念的是在社会学领域，社会学领域中研究人与人之间关系的网络叫做社会网络，网络是由节点连接组成。在 RTA 网络中，把国家看成节点，国与国之间缔结的 RTA 看作连边，就组成了 RTA 网络。点度中心度是衡量社会网络中心度最常用的指标。当一个国家的点度中心度越大时就意味着该国的度中心性越高，该国在 RTA 网络中就越重要，其背后重要的假设：重要的节点是拥有许多连接的节点，即 RTA 网络中一国地位重要就意味着该国与较多国家签订了 RTA。RTA 网络的点度中心度表达式：$CEN_{it} = \sum_j Num_{ijt}/(n_t - 1)$，其中，$Num_{ijt}$ 为 i 国在 t 年与 j 国之间签订贸易协定的数量，n_t 为 t 年所有签订过贸易协定的国家数量。

---

〔1〕 GC 超可加性（Grand-Coalition Superadditivity）：全球自由贸易的情形下，全球福利大于在任何组合的区域自由贸易区下的全球福利。

〔2〕 联盟外部性（Coalition Externalities）：当一个联盟的收益依赖于其他联盟的形成时，那么该联盟受到联盟外部性的影响。例如，在一个三国模型里，当一个国家的收益依赖于其他两国是否形成联盟时，那么该国的联盟外部性就出现了。

Bramoull 等（2014）运用策略博弈理论阐述了网络中的特征向量中心性是影响个体行为的关键因素。特征向量的中心性会对网络中的个体行为产生"同伴效应"。为了估计网络结构对个体行为的影响，Bramoull 等（2014）给出了估计"同伴效应"的结构线性回归模型：

$$y_j = X_j\beta - \delta \sum_k g_{jk} y_k + \varepsilon_j \tag{4.1}$$

其中，g_{jk} 是伙伴关系，可展开成一个关系矩阵，δ 是交互参数，X_j 是个体特征，β 为对应的系数。特征向量中心性的度量就考虑到了关系矩阵，关系矩阵的作用是扩大了点度中心度的大小。特征向量中心性是指当一国的伙伴的伙伴越多，即与该国链接的伙伴国的社会关系越多，该国越重要，特征向量中心性就越高。因此，特征向量中心性不仅刻画了伙伴国的数量，也刻画了伙伴国的重要性。Bramoull 等（2014）指出当伙伴关系是用特征向量中心性来衡量时，才会使得网络达到纳什均衡。

2. RTA 网络中的 Hub-spoke（RTA_ H&S）。根据 Kowalczyk 和 Wonnacott（1992）的定义，轮轴国是指当 i 国与两个或两个以上的国家签定了 RTA，但这两个伙伴国之间没有签定过 RTA，那么 i 国就为轮轴国。为了更好地理解此定义，我们列举如下实例：

表 4-1　Kowalczyk and Wonnacott（1992）定义的轮轴-辐条结构

年份	贸易协定名称	签约国	伙伴国	hub	成为 hub 国的原因
1977	Australia–Papua New Guinea（PATCRA）	Australia	Papua New Guinea	0	1977 年 Australia 签署第一个 RTA，那么 Australia 不是轮轴国，因为不满足 $Core_{it}$ 定义中"当 i 国在截止到 t 年与两个或两个以上的国家签订了 RTA"
1981	South Pacific Regional Trade and Economic cooperation agreement（SPARTECA）	Australia	Cook Islands, Fiji, Nauru, Niue, Tonga, Papua New Guinea	1	1981 年 Australia 签署了第二个 RTA（满足了定义中"当 i 国在截止到 t 年与两个或两个以上的国家签订了 RTA"），且在 1981 年（不包含 1981 年）之前，Cook Islands, Fiji, Nauru, Niue, Tonga 与 Papua New Guinea 无协定。因此 Australia 在 1981 年为轮轴国，因为满足了定义中第二句话"而且 t 年与 i 国签订协

续表

年份	贸易协定名称	签约国	伙伴国	hub	成为 hub 国的原因
					定的伙伴国在 t 年（不含 t 年）之前不与 i 国的任何伙伴国签订过 RTA"
1983	Australia – New Zealand （ANZCERTA）	Australia	New Zealand	0	1983 年 Australia 签署了第三个 RTA（满足了定义中"当 i 国在截止到 t 年与两个或两个以上的国家签订了 RTA"），但由于在 1981 年 New Zealand 与 Cook Islands 签署过协定。所以不满足定义中第二句话"而且 t 年与 i 国签订协定的伙伴国在 t 年（不含 t 年）之前不与 i 国的任何伙伴国签订过 RTA"，因此 1983 年，Australia 不再是轮轴国

数据来源：WTO。

3. 贸易网络中的轮轴国（Trade_ hubN）。在上一章节中轮轴度的度量是基于"一带一路"共建国家总体进行测算的，而"一带一路"共建 69 个国家分属不同的洲际，为了识别不同洲际内部轮轴国有哪些，本章本小节依据 World Bank 中关于洲际的划分标准，并定义洲际内，一国轮轴度大于或等于洲际内轮轴度前 25 分位的国家为轮轴国，否则为辐条国。并统计一国在样本期间内成为轮轴国的次数。

4. 贸易网络中的轮轴度分位（Trade_ hubQ）。在上一章节中轮轴度是运用"一带一路"共建国家贸易以及经济发展水平指标进行测算的，一个担忧是这可能会引发模型的内生性问题，为了排除此担忧，本章本小节在测算轮轴度的基础上，对轮轴度在"一带一路"共建国家内部进行排序，并产生变量 $QHubness_{ijt}$：

$$\begin{cases} QHubness_{ijt} = 3，如果 Hubness_{ijt} \geq 75th\ quintile \\ QHubness_{ijt} = 2，如果 50thquintile \leq Hubness_{ijt} < 75th\ quintile \\ QHubness_{ijt} = 1，如果 25thquintile \leq Hubness_{ijt} < 50th\ quintile \\ QHubness_{ijt} = 0，如果 Hubness_{ijt} < 25th\ quintile \end{cases} \quad (4.2)$$

5. 贸易网络中的轮轴度中位数（Trade_ hubM）。伴随着越来越多贸易协定的缔结以及贸易联系的增多，多轮轴国家不断出现，为了更为准确地刻画轮轴国，本章本节将贸易网络中轮轴度按照中位数进行划分，大于轮轴度中位数的为轮轴国，否则为辐条国。Fontagné 和 Santoni（2021）强调全球价值链（GVC）会显著影响 PTA 的缔结，GVC 的衡量凸显了全球价值链网络以及第三国对 PTA 形成影响的重要性，就如 Anderson 和 Van Wincoop（2003）所指出的多边阻力项（Multilateral resistance terms，MRTs）在引力模型中所发挥的重要作用，MRTs 可以看作是一般均衡中的贸易成本指标。结合本节研究，PTA 的形成并不是单纯的经济因素所能影响，从政治经济学角度出发，一些PTA 的签订是具有防御性质的，是为了防止贸易转移带来的损失而签订的，因此本节中核心指标是沿着 PTA 网络路径放大了出口国所获贸易收益，或者可以说成轮轴度是沿着 PTA 网络路径放大了进口国的吸引效应，由于 j 国在PTA 网络中的轴心地位，降低了缔结 PTA 的成本，提高了出口国的福利水平。

二、网络中心度特征事实

由上述论述我们可以统计得出"一带一路"共建国家从 RTA 网络和贸易网络两个视角测算的中心度指标：RTA_ degree，RTA_ H&S，Trade_ hubN，Trade_ hubQ，Trade_ hubM。下表 4-2 为对这五个中心度指标的描述性统计。可以发现这五个指标均为国家-年份层级，其中 RTA_ H&S 和 Trade_ hubM 为0-1 虚拟变量，剩余的为连续变量。

表4-2　网络中心度指标的描述性统计

	mean	P50	sd	min	max	N
RTA_ degree	0.089	0.027	0.123	0	0.594	148 702
RTA_ H&S	0.118	0	0.322	0	1	148 702
Trade_ hubN	5.78	2	8.234	0	42	148 702
Trade_ hubQ	1.729	2	1.1	0	3	148 702
Trade_ hubM	0.148	0	0.355	0	1	148 702

为了考察这五个网络中心度指标的相关性，本节对相关变量进行了相关性分析，结果如表 4-3 所示。可以发现，在这五个网络中心度指标中 RTA_ degree 与其他变量的相关性均较高，能够较为全面直观地代表其他变量。

表 4-3　网络中心度指标的相关性

	RTA_degree	RTA_H&S	Trade_hubN	Trade_hubQ	Trade_hubM
RTA_degree	1				
RTA_H&S	0.327	1			
Trade_hubN	0.382	0.190	1		
Trade_hubQ	0.069	0.012	0.283	1	
Trade_hubM	0.082	0.023	0.116	0.04	1

三、"一带一路"共建国家 RTA 网络演变趋势

本小节运用 Gephi 9.2 软件刻画了 1990 年、2000 年、2010 年以及 2020 年这 30 年间"一带一路"共建国家 RTA 网络演化趋势以此来直观反映出不同国家 RTA 网络地位的动态演变。1990 年由于发展中国家融入区域经济一体化的进程较晚，国家之间缔结贸易协定的连接较为稀疏，点度中心度较大的国家有韩国、孟加拉国、埃及、罗马尼亚、巴基斯坦以及菲律宾。伴随着第三次贸易协定浪潮的兴起，到了 2000 年越来越多的国家纷纷缔结贸易协定，国家之间的贸易合作越来越频繁，贸易协定网络中点度中心度较大的国家有埃及、巴基斯坦和伊拉克。伴随着 2001 年 WTO 的成立，国家与国家之间越来越重视贸易协定缔结给各国带来的利益，因此，贸易协定网络变得更加密集，点度中心度较大的国家有埃及、罗马尼亚、土耳其、巴基斯坦。而到了 2020 年，各国贸易协定网络中心度均有大幅度的提升，排在前列的国家有埃及、罗马尼亚、新加坡、土耳其、越南以及韩国等。从 1990 年~2020 年这 30 年的 RTA 网络动态演化可以总结得出：（1）RTA 网络密度愈发变得紧密，国与国之间的联系在逐步加深；（2）RTA 网络中心度呈现出动态演变趋势，埃及始终是点度中心度较大的国家；（3）随着年份的增加，"一带一路"共建国家缔结 RTA 呈现出多边化、多极化趋势，中心度较大的国家不再是少数国家；（4）中国自从加入 WTO 以来积极参与推动区域经济一体化合作，RTA 网络中心度逐年上升，但在 RTA 网络中仍处于中下游的位置，合作发展空间较大。

第四节 实证结果分析与解释

一、基准回归分析

本小节基准回归结果表4-4中的列（1）~列（4）是基于RTA网络中心度的两个指标RTA_degree和RTA_H&S进行回归的，由于被解释变量依旧为RTA网络形成，因此控制变量均与上一章中的控制变量保持一致，为防止遗漏变量带来的内生性问题，我们还考察了在控制住进口国和出口国轮轴度的情形下，RTA网络中心度对RTA网络形成的影响。表4-4列（1）中的结果显示RTA网络点度中心度对RTA网络形成有显著的促进作用，在控制住轮轴度指标后此结果依旧显著［表4-4列（2）］，说明当一国在RTA网络中拥有较多的连接，处于RTA网络中心位置时，信息传递较为及时，获取的资源较为丰富，巩固了其轮轴国地位，进而促进了贸易协定的缔结。表4-4列（3）中的结果显示RTA网络中的轮轴-辐条结构显著促进了轮轴国缔结更多的贸易协定，在控制住轮轴度指标后结果也没有发生显著性改变［表4-4列（4）］，说明当一国成为RTA网络中的轮轴国后，其地位优势得到了充分的发挥，轮轴国可以突破原产地规则的限制，自由进入进口国和出口国市场进而获得利益，这加速了轮轴国缔结贸易协定的自强化效应。

表4-4 基准回归结果（I）

	(1)	(2)	(3)	(4)
	RTA_degree	RTA_degree	RTA_H&S	RTA_H&S
Lag_center_$_i$	0.864***	0.843***	0.019***	0.028***
	(43.14)	(36.65)	(7.51)	(9.10)
Lag_center_$_j$	0.849***	0.921***	0.016***	0.026***
	(57.00)	(52.29)	(6.25)	(8.49)
lag_hub_$_{ij}$		0.702***		0.496***
		(19.23)		(15.01)

续表

	（1）	（2）	（3）	（4）
	RTA_degree	RTA_degree	RTA_H&S	RTA_H&S
lag_hub_ji		0.785***		0.577***
		（20.43）		（17.01）
lag_ln_GDP_sum	0.001***	0.002***	−0.000	−0.000**
	（6.82）	（7.38）	（−1.55）	（−1.99）
lag_ln_GDP_sim	−0.001***	−0.001***	0.001***	0.001**
	（−5.19）	（−5.57）	（4.21）	（2.42）
DKL	−0.005*	−0.014***	−0.007***	−0.010***
	（−1.77）	（−4.48）	（−3.55）	（−3.74）
DKL2	−0.002***	−0.002***	0.000	0.000
	（−3.90）	（−3.03）	（0.95）	（0.34）
DROWKL	0.027***	0.046***	0.045***	0.048***
	（8.04）	（11.21）	（15.91）	（13.31）
ln_distw	−0.193***	−0.146***	−0.125***	−0.105***
	（−55.23）	（−35.12）	（−42.85）	（−29.25）
remote	7.441***	26.045***	2.192**	13.104***
	（5.97）	（18.19）	（2.13）	（10.62）
lag_ln_domino_i	−0.007***	−0.007***	0.013***	0.017***
	（−5.71）	（−4.41）	（14.23）	（14.71）
lag_ln_domino_j	−0.008***	−0.006***	0.012***	0.015***
	（−6.46）	（−4.12）	（12.65）	（13.05）
lag_ln_wave	0.003*	0.016***	0.001***	0.002***
	（1.90）	（7.76）	（3.01）	（4.01）
comleg	0.042***	0.029***	0.026***	0.014***
	（19.02）	（10.94）	（14.06）	（6.05）
comlang_off	0.194***	0.186***	0.125***	0.129***

续表

	（1）	（2）	（3）	（4）
	RTA_ degree	RTA_ degree	RTA_ H&S	RTA_ H&S
	（43.03）	（37.59）	（33.94）	（30.89）
N	110 336	83 380	92 277	68 291
pseudo R-sq	0.384	0.416	0.619	0.619
固定效应	i, j, t	i, j, t	i, j, t	i, j, t

注：***、**、*分别表示在1%、5%和10%的显著性水平上显著，下同。

数据来源：UN-Comtrade，WDI，WTO，CEPII，本章以下各表同。

RTA网络中心度对RTA网络形成的促进作用是显著的，而在区域一体化进程加速构建的过程中，贸易网络与RTA网络一道蓬勃发展，贸易网络中的中心度指标如何影响RTA网络的形成？本小节拟对此问题进行探索。表4-5列（1）~列（6）是针对贸易网络中的Trade_ hubN，Trade_ hubQ以及Trade_ hubM进行回归分析。首先，表4-5列（1）的结果显示，按照不同洲来对轮轴度进行排序并定义轮轴国对该国贸易协定的缔结有显著促进作用，即使控制住进出口国家的轮轴度指标、经济因素、地理文化、第三国效应等，此结果依旧没有发生显著改变［表4-5列（2）］，说明区域内存在着轮轴国对RTA网络形成的促进效应。其次，表4-5列（3）的结果显示，按照轮轴度大小排序以序列号重新定义轮轴国对区域贸易协定的缔结有显著的促进作用，表4-5列（4）结果表明该效果在控制住其他所有控制变量不变的情况下依旧显著，说明轮轴度本身的大小不会影响轮轴地位对RTA网络形成的影响。表4-5列（5）的结果显示，"一带一路"共建国家内部一半的国家定义为轮轴国对RTA网络形成的影响是有显著促进作用的，表4-5列（6）的结果表明，在控制住轮轴度本身以及其他控制变量的情况下此结论依旧成立，说明用中位数方式定义轮轴国对RTA形成影响有显著促进作用。

表 4-5　基准回归结果（Ⅱ）

	（1）	（2）	（3）	（4）	（5）	（6）
	Trade_hubN	Trade_hubN	Trade_hubQ	Trade_hubQ	Trade_hubM	Trade_hubM
Lag_ center_ i	0.001***	0.001**	0.132***	0.542***	0.052***	0.036***
	（4.15）	（2.31）	（4.16）	（14.56）	（19.12）	（12.48）
Lag_ center_ j	0.002***	0.002***	0.142***	0.550***	0.011***	0.006**
	（7.13）	（5.43）	（4.45）	（14.78）	（4.18）	（2.14）
lag_hub_ ij		0.674***		0.742***		0.504***
		（17.42）		（18.10）		（14.80）
lag_hub_ ji		0.771***		0.766***		0.578***
		（19.08）		（19.31）		（17.80）
lag_ ln_ GDP_ sum	0.000	0.000	0.000	0.000	−0.000*	−0.000
	（0.27）	（0.64）	（1.28）	（0.57）	（−1.84）	（−1.56）
lag_ ln_ GDP_ sim	−0.001***	−0.001***	−0.001***	−0.001***	0.001***	0.001***
	（−3.43）	（−3.22）	（−4.85）	（−4.11）	（3.56）	（2.94）
DKL	−0.018***	−0.021***	−0.009***	−0.016***	−0.013***	−0.014***
	（−5.79）	（−6.39）	（−3.46）	（−5.01）	（−5.20）	（−5.37）
DKL2	−0.001	−0.000	−0.001*	−0.001	0.001	0.001
	（−1.01）	（−0.52）	（−1.86）	（−1.63）	（1.40）	（1.40）
DROWKL	0.076***	0.074***	0.053***	0.067***	0.055***	0.055***
	（17.54）	（16.48）	（14.90）	（15.23）	（15.90）	（15.34）
ln_ distw	−0.180***	−0.150***	−0.199***	−0.155***	−0.112***	−0.096***
	（−43.23）	（−34.11）	（−53.98）	（−35.31）	（−33.08）	（−26.69）
remote	18.312***	24.828***	5.887***	23.940***	15.113***	20.303***
	（12.60）	（16.51）	（4.42）	（15.66）	（13.04）	（16.79）
lag_ ln_ domino_ i	0.007***	0.007***	0.005***	0.005***	0.017***	0.017***
	（4.78）	（4.44）	（3.61）	（3.39）	（16.04）	（15.70）

续表

	(1)	(2)	(3)	(4)	(5)	(6)
	Trade_hubN	Trade_hubN	Trade_hubQ	Trade_hubQ	Trade_hubM	Trade_hubM
lag_ln_domino_j	0.030***	0.031***	0.027***	0.033***	0.016***	0.017***
	(23.13)	(22.68)	(23.16)	(24.28)	(15.44)	(15.32)
lag_ln_wave	0.058***	0.060***	0.050***	0.060***	0.001***	0.002***
	(36.88)	(36.80)	(36.43)	(36.41)	(3.06)	(5.11)
comleg	0.033***	0.022***	0.045***	0.031***	0.021***	0.015***
	(12.38)	(8.07)	(19.38)	(11.17)	(9.59)	(6.80)
comlang_off	0.185***	0.177***	0.213***	0.209***	0.140***	0.135***
	(36.41)	(34.14)	(44.56)	(39.71)	(34.52)	(32.37)
N	84 511	77 559	105 829	79 678	82 362	75 463
pseudo R-sq	0.376	0.389	0.358	0.392	0.615	0.617
固定效应	i, j, t	i, j, t	i, j, t	i, j, t	i, j, t	i, j, t

二、稳健性检验

由于本章在进行五个中心度指标相关性分析时发现 RTA 网络点度中心度指标与其他剩余指标间的相关性最高，因此本小节选择运用 RTA 网络点度中心度指标进行稳健性检验。

1. 更换计量模型。因为被解释变量为 i、j 两国是否存在 RTA，为虚拟变量，较为合适的模型是 logit 模型，这样回归得到的拟合值可以落在 0 和 1 之间，使得模型的估计更加准确，与实际数据更为匹配，且后续本章对模型进行预测分析亦使用 logit 模型。表 4-6 列（1）结果显示，使用 logit 模型进行回归后 RTA 网络点度中心度指标系数显著为正，符合预期，使用 probit 模型回归结果依旧不改变模型系数显著性，说明模型是稳健的。

2. 控制国家对固定效应并聚类。Baier 和 Bergstrand（2007）认为贸易政策也可能会影响一国贸易水平，而轮轴度指标依据贸易计算得来，政策保护会影响生产结构，进而影响轮轴度指标，为解决此内生性问题，本节采用解

释变量的滞后项并控制国家对固定效应和年份的固定效应。表 4-6 中列（2）
为控制进口国-出口国国家对固定效应后的结果，结果显示均稳健且显著符合
预期。由于轮轴度是进口国在某一年相对于出口国的指标，因此有必要将标
准误差在国家对层级上进行聚类，RTA 网络点度中心度是进口国-年份层级指
标，因此有必要将标准误差在国家-年份层级上进行聚类以解决异方差问题，
表 4-6 列（3）就是将标准误差聚类在国家对后的结果，表 4-6 列（4）就是
将标准误差聚类在国家-年份后的结果，核心解释变量和控制变量系数依旧显
著符合预期。

表 4-6 稳健性检验（I）

	（1）	（2）	（3）	（4）
	logit	pair	cluster	cluster
Lag_center_i	4.045 ***	0.939 ***	0.939 ***	1.196 ***
	(14.63)	(62.62)	(11.69)	(8.27)
Lag_center_j	7.810 ***	1.053 ***	1.053 ***	1.160 ***
	(33.31)	(93.26)	(22.27)	(8.15)
lag_hub_ij	6.113 ***	0.313 ***	0.313 ***	0.722 ***
	(16.14)	(10.03)	(3.02)	(4.75)
lag_hub_ji	6.839 ***	0.188 ***	0.188 *	0.844 ***
	(16.77)	(5.46)	(1.95)	(4.82)
lag_ln_GDP_sum	0.024 ***	−0.000	−0.000	0.001
	(6.92)	(−0.57)	(−0.19)	(0.93)
lag_ln_GDP_sim	−0.056 ***	0.003 ***	0.003 ***	−0.001
	(−13.20)	(18.14)	(6.25)	(−1.42)
DKL	0.033	0.031 ***	0.031 **	−0.017
	(0.88)	(9.88)	(2.50)	(−1.51)
DKL2	−0.094 ***	−0.007 ***	−0.007 ***	−0.001
	(−9.62)	(−9.74)	(−2.59)	(−0.27)
DROWKL	0.630 ***	0.028 ***	0.028 **	0.029 **

续表

	（1）	（2）	（3）	（4）
	logit	pair	cluster	cluster
	（13.29）	（9.62）	（2.43）	（2.14）
ln_distw	−0.575***			−0.149***
	（−11.76）			（−5.84）
remote	548.489***			23.964**
	（29.28）			（2.37）
lag_ln_domino_i	−0.069***	−0.003***	−0.003	−0.024***
	（−4.35）	（−2.89）	（−1.37）	（−6.77）
lag_ln_domino_j	0.016	−0.001	−0.001	−0.024***
	（0.95）	（−1.59）	（−0.61）	（−7.17）
lag_ln_wave	0.911***	0.020***	0.020***	−0.000***
	（29.48）	（15.01）	（3.05）	（−5.39）
comleg	0.492***			0.025**
	（16.88）			（2.47）
comlang_off	2.630***			0.191***
	（45.35）			（5.20）
N	80 385	83 290	83 290	81 002
pseudo R-sq		0.788	0.788	0.434
固定效应	i, j, t	i*j, t	i*j, t	i*j, t

注：***、**、*分别表示在1%、5%和10%的显著性水平上显著，下同。

三、内生性检验

1. 运用 GMM 方法。由于贸易协定的缔结通常时间较长，且贸易协定的贸易效应具有滞后性，本章除了考察经济、政治、文化、第三国以及中心性等对 RTA 网络形成影响外，还运用系统 GMM 的方法考察了 RTA 网络中心性对 RTA 网络形成的影响。对于动态面板模型，较为适用的方法为系统 GMM 方法，即模型中将被解释变量的滞后一期纳入模型进行分析，此方法相当于用一组滞后的差分变量作为水平方程相应变量的工具变量。表 4-7 列（1）呈现了用系统 GMM 方法进行回归所得到的结果，结果显示，核心解释变量和控制变量均显著符合预期，且被解释变量的滞后一期的系数也显著为正，说明过去两国缔结的贸易协定会显著促进未来两国间贸易协定合作。

2. 缩尾处理。由于在数据中会存在异常值，对变量进行缩尾处理能改善数据样本分布。为了避免数据异常值的影响，对数据按照前 1% 和后 1% 进行缩尾处理（Winsorize），其原理与"去掉一个最低分去掉一个最高分"的操作类似，对数据进行掐头去尾，处理掉一些极端值。表 4-7 列（2）是对原数据进行了缩尾处理后得到的结果，核心解释变量等的显著性均未发生改变，说明本章结论是稳健的。

3. 增加 GDP 增长的控制变量。Baier 等（2004）指出两国经济总量之和代表市场规模，市场规模越大越会促进两国间贸易协定的缔结，两国经济总量之差代表两国经济差距，差距越小越促进贸易协定的缔结，诚然，经济增长也可能会影响到两国间福利水平，进而成为两国进行贸易谈判的主要内容，为了排除遗漏解释变量给模型带来的内生性问题，本章将进口国和出口国的经济增长指标纳入模型，结果如表 4-7 列（3）所示，结果显示，经济增长对 RTA 形成的影响并不显著，但更为重要的是，核心解释变量的系数依旧显著符合预期。

表 4-7　稳健性检验（Ⅱ）

	（1）	（2）	（3）
	GMM	winsor	GDP_growth
Lag_center_$_i$	1.492***	1.002***	0.938***
	（122.66）	（11.60）	（11.67）
Lag_center_$_j$	0.656***	1.099***	1.053***
	（57.54）	（22.79）	（22.22）
lag_hub_$_{ij}$	0.020***	0.307***	0.312***
	（5.83）	（2.98）	（3.02）

续表

	（1）	（2）	（3）
	GMM	winsor	GDP_growth
lag_hub_ji	0.039***	0.189**	0.188*
	（12.10）	（1.96）	（1.94）
lag_ln_GDP_sum	−0.001***	−0.000	−0.000
	（−35.67）	（−0.04）	（−0.21）
lag_ln_GDP_sim	0.001***	0.003***	0.003***
	（32.62）	（6.26）	（6.25）
DKL	−0.007***	0.032**	0.031**
	（−22.28）	（2.54）	（2.50）
DKL2	−0.000	−0.006**	−0.007***
	（−0.89）	（−2.44）	（−2.59）
DROWKL	−0.006***	0.022**	0.027**
	（−35.17）	（1.97）	（2.36）
lag_ln_domino_i	−0.012***	−0.004**	−0.003
	（−81.89）	（−2.11）	（−1.36）
lag_ln_domino_j	−0.011***	−0.004*	−0.001
	（−73.25）	（−1.69）	（−0.61）
lag_ln_wave	−0.063***	0.016**	0.019***
	（−175.06）	（2.37）	（3.05）
Lag_RTA	0.772***		
	（373.24）		
Lag_GDP_growth_i			−0.001
			（−0.78）
Lag_GDP_growth_j			−0.001
			（−0.63）
N	83 380	83 290	83 290

续表

	（1）	（2）	（3）
	GMM	winsor	GDP_growth
pseudo R-sq	0.783	0.788	0.788
固定效应	i*j, t	i*j, t	i*j, t

四、差异化分析

上述分析表明，总体来讲，RTA 网络中心度对 RTA 缔结的影响是正向显著的，那么此正向影响源于哪里呢？根据本节的描述性分析部分初步可知，对于"一带一路"共建国家中发达国家数量较少，轮轴度指标相对较高，那么其网络中心性所带来的自强化效应就会更强吗？对于地理距离相对较远的国家之间，地理距离会成为抑制 RTA 网络中心性传递资源与信息的阻碍吗？对于较少成为轮轴国的国家来说，是否稳固自身的轮轴地位更能吸引他国来与之缔结 RTA？文化的近邻性是否能加速 RTA 网络向全局的发展？为回答这些问题，本小节进行了以下的异质性分析。

1. 地理距离的影响。在经典的贸易引力模型中，地理距离是贸易成本的重要体现，当两国之间地理距离越远越会抑制两国间贸易量，同理，由于信息传递具有不对称性，地理距离越远信息传递越困难，无论对于贸易的发生还是贸易协定的缔结均会起到阻碍作用，此种抑制效果亦会影响到 RTA 网络中心度对 RTA 网络形成的扩散机制中。因此，用两国间地理距离与 RTA 网络中心度做交乘项，其系数应显著为负，结果如表 4-8 列（1）所示，交乘项显著符合预期。

2. 轮轴地位稳固性的影响。当一国与其他国家之间签订的贸易协定越多，编织的贸易协定网络越密集，该国的轮轴地位就越稳固，成为轮轴国也会面临较多的管理成本，既要协调成员国间的利益关系，又要保证自身轮轴地位的稳固性，因此，当一国成为轮轴国次数较多时，该国就越有能力去管理以自身为核心的轮轴-辐条体系，就越容易吸引更多国家与之缔结 RTA，反之，当一国轮轴地位不稳固时，其轮轴促进效应就不再存在。表 4-8 列（2）呈现了用一国成为轮轴国次数的标准差与 RTA 网络中心度做交乘得到的回归结果，可以发现，交乘项显著为负，说明当一国轮轴地位不是很稳定时会面临较多风险，进而抑制其贸易协定的缔结。

3. 经济发展水平。根据世界银行（World Bank）的划分标准，"一带一路"共建国家可以划分为发达国家和发展中国家两类，由于发达国家参与区域经济一体化进程时间较早，签订的贸易协定也较多，那么是否发达国家RTA网络地位的提升相比发展中国家就更容易缔结RTA呢？为了回答此问题，表4-8列（3）将RTA网络中心度与一国是否为发达国家做交乘项，若一国属于发达国家则$DEV\_i=1$，否则$DEV\_i=0$。结果显示，发展中国家相比发达国家其RTA网络地位的提升更能促进RTA协定的缔结，可能的原因在于，20世纪80年代发展中国家的迅速崛起，极大地促进了南南合作，特别是"一带一路"倡议的提出，使"共建共享"理念得到了极大的发挥，进而促进更多贸易协定的缔结。

4. 文化近邻性的影响。不仅经济、政治和地理等因素会影响贸易协定的缔结，文化也会影响了贸易制度的产生。为考察文化近邻性是否对RTA网络中心性的促进效应产生影响，本节构建了文化近邻性指标，当出口国与进口国同属一个洲时，$Region=1$，否则，$Region=0$。文化越相近，信息传递越快，当一国处在RTA网络中心位置时越容易将信息、资源等溢出给其他国家，进而促进其贸易协定的缔结。表4-8列（4）是将RTA网络中心性与Region做交互项所得的回归结果，结果显示，当出口国与进口国同属于一个洲时，RTA网络中心度能较好地发挥出其轮轴效应。

5. 过去贸易协定缔结的影响。RTA网络中心性是出口国–年份或进口国–年份层级的变量，代表的是一国在某一年在RTA网络中的地位，或许会存在一个进口国的RTA网络中心度较高，但该国与出口国之间在早期存在过冲突，破坏了两国之间的合作关系，两国早期没有缔结贸易协定，这可能会影响到后续两国间贸易合作协定，为验证此结论，表4-8列（5）将RTA网络中心度与两国是否签订过RTA做交互项，结果显示，当两国早期签订过RTA相比没有签订RTA，其RTA网络地位的促进作用会更加显著。

表 4-8 差异化分析

	(1)	(2)	(3)	(4)	(5)
	距离	轮轴地位	发达/发展	同一洲	RTA
Lag_ center_ i	4.499***	2.304***	1.039***	0.682***	0.836***
	(12.23)	(9.65)	(11.76)	(8.97)	(10.43)
Lag_ center_ j	4.005***	2.209***	1.148***	0.784***	0.995***
	(11.09)	(13.64)	(19.70)	(15.94)	(21.45)
lag_ hub_ ij	0.228***	0.284***	0.319***	0.298***	0.317***
	(2.66)	(2.79)	(3.11)	(3.35)	(3.11)
lag_ hub_ ji	0.088	0.211**	0.196**	0.155**	0.195**
	(1.14)	(2.24)	(2.09)	(2.03)	(2.04)
Lag_ center_ i * distw	−0.449***				
	(−10.36)				
Lag_ center_ j * distw	−0.381***				
	(−8.94)				
Lag_ center_ i * SD_ i		−6.483***			
		(−5.93)			
Lag_ center_ j * SD_ j		−6.251***			
		(−6.80)			
Lag_ center_ i * DEV_ i			−0.245***		
			(−3.33)		
Lag_ center_ j * DEV_ j			−0.231***		
			(−3.21)		
Lag_ center_ i * Region				0.901***	
				(8.56)	
Lag_ center_ j * Region				0.702***	
				(6.72)	
Lag_ center_ i * RTA					0.587***

续表

	(1)	(2)	(3)	(4)	(5)
	距离	轮轴地位	发达/发展	同一洲	RTA
					(7.73)
Lag_center_$_j$ * RTA					0.701***
					(8.91)
其他所有控制变量	是	是	是	是	是
N	83 290	83 290	83 290	83 290	83 290
pseudo R-sq	0.814	0.793	0.790	0.812	0.797
固定效应	i*j, t	i*j, t	i*j, t	i*j, t	i*j, t

五、预测分析

针对被解释变量为 0-1 变量的模型，我们选用 logit 方法进行回归分析一方面能够使得拟合值依旧落在 0 至 1 的区间内，另一方面可以帮助我们进行预测分析。分类问题中的一个关键问题是在概率连续体上选择"截断值"。Baier 和 Bergstrand（2004）遵循 McFadden（1975, 1976）的做法，在使用概率截断值（PC）时将其设为 0.5，以预测两国是否签订了区域贸易协定。设 P_{ij} 表示 Baier 和 Bergstrand（2004）的 Probit 回归预测的概率，如果 $P_{ij} > 0.5$ 并且国家对 ij 真的签订了区域贸易协定，那么这是一个真正例。如果 $P_{ij} \leq 0.5$ 并且 ij 真的没有签订区域贸易协定，则是一个真负例。

一种适用于 logit 和 probit 模型的拟合优度的替代度量是"百分比预测正确率"。然而，Wooldridge（2000）指出这个百分比可能会误导人。例如，在 Baier 和 Bergstrand（2004）的研究中，作者观察 1996 年一个由 1431 个国家对组成的样本，其中有 286 个实际的区域贸易协定（真正例或 TPs）。因此，近 20% 的观测值是区域贸易协定。区域贸易协定的"无条件概率"为 20%，没有区域贸易协定的"无条件概率"约为 80%（1145/1431）。因此，即使模型没有解释力，并且不能正确预测任何一个区域贸易协定，正确预测没有区域贸易协定的百分比也接近 80%。这个大的百分比误导了模型对真正例的预测能力为零的情况。Wooldridge（2000）建议分别检查每个结果的百分比预测正确率。也就是说，"所有正例"（APs）中"真正例"（TPs）的百分比很重要，即 TPs/APs = TPs/（TPs+FPs），其中 FP 表示"假正例"，但在"所有负例"（ANs）中"真负例"（TNs）的百分比也同样重要，即 TNs/ANs = TNs/（TNs+FNs），其中 FN 表示"假负例"。Baier 和 Bergstrend（2004）对于他们在 1996 年的数据的横截面分析进行了这个统计总结，并发现他们的模型正确预测了 286 个区域贸易协定中的 243 个，即 84.97%。他们还正确预测了 1145 对没有区域贸易协定的组合中的 1114 对，即 97.29%。

参照以上做法，本节选取 PC = 0.5 作为分界点，以预测两国是否签订了区域贸易协定，并且是针对本章节所有涉及的五个衡量网络中心度的变量分别纳入模型进行预测分析。下表 4-9 中第一栏是没有加入 hub 影响的模型进行预测所得的结果，第二栏是模型中加入 hub 影响进行预测所得的结果。可以发现，当模型中没有加入 hub 影响时，真正例为 74.89%，真负例为 89.78%。当模型中分别加入的 hub 影响为贸易网络中的轮轴国（Trade_hubN）、RTA 网络中的点度中心度（RTA_degree）、贸易网络中的轮轴度分位（Trade_hubQ）、RTA 网络中的 hub-spoke（RTA_H&S）、贸易网络中的轮轴度中位数（Trade_hubM）时，其真正例分别为 78.62%、80.21%、79.08%、76.67%、76.94%。若按照 hub 影响的真正例从大到小进行排序分别为 RTA_degree> Trade_hubQ> Trade_hubN> Trade_hubM> RTA_H&S。因此，RTA 网络中的点度中心度（RTA_degree）对模型预测的真正例最高，这与本章节前述内容相吻合，而 RTA 网络中的 hub-spokeRTA-H&S 对模型预测的真正例反倒最低，可能的原因在于随着各国缔结贸易协定的增多，传统意义上的轮轴-辐条结构不再出现，而是被各种多边、双边贸易协定所取代。

表 4-9　五种轮轴效应进行预测分析的对比结果

	模型中未加入 hub effect			模型中加入 hub effect		
	真实			真实		
		$RTA_{ijt}=1$	$RTA_{ijt}=0$		$RTA_{ijt}=1$	$RTA_{ijt}=0$
Trade_hubN	$RTA_{ijt}=1$	74.89%	10.22%	$RTA_{ijt}=1$	78.62%	10.54%
	$RTA_{ijt}=0$	25.11%	89.78%	$RTA_{ijt}=0$	21.38%	89.46%

续表

	模型中未加入 hub effect			模型中加入 hub effect		
RTA_ degree	$RTA_{ijt} = 1$	74. 89%	10. 22%	$RTA_{ijt} = 1$	80. 21%	10. 26%
	$RTA_{ijt} = 0$	25. 11%	89. 78%	$RTA_{ijt} = 0$	19. 79%	89. 74%
Trade_ hubQ	$RTA_{ijt} = 1$	74. 89%	10. 22%	$RTA_{ijt} = 1$	79. 08%	10. 66%
	$RTA_{ijt} = 0$	25. 11%	89. 78%	$RTA_{ijt} = 0$	20. 92%	89. 34%
RTA_ H&S	$RTA_{ijt} = 1$	74. 89%	10. 22%	$RTA_{ijt} = 1$	76. 67%	10. 49%
	$RTA_{ijt} = 0$	25. 11%	89. 78%	$RTA_{ijt} = 0$	23. 33%	89. 51%
Trade_ hubM	$RTA_{ijt} = 1$	74. 89%	10. 22%	$RTA_{ijt} = 1$	76. 94%	11. 16%
	$RTA_{ijt} = 0$	25. 11%	89. 78%	$RTA_{ijt} = 0$	23. 06%	88. 84%

第五节　本章结论

本章利用 1962 年~2020 年 "一带一路" 共建国家的 RTA、贸易以及文化数据，结合比较优势研究了轮轴国地位对区域贸易协定形成的影响机制。结果表明，（1）总体来看，无论 hub 影响为贸易网络中的轮轴国（Trade_ hubN）、RTA 网络中的点度中心度（RTA_ degree）、贸易网络中的轮轴度分位（Trade_ hubQ）、RTA 网络中的 hub-spoke（RTA_ H&S）、贸易网络中的轮轴度中位数（Trade_ hubM）五种中的哪一种均可以得出轮轴国地位会显著促进区域贸易协定的网络化发展；（2）在进行了一系列的稳健性检验后，结果依旧显著符合预期，稳健性检验包括更换计量方法、控制更为严格的固定效应等；（3）此外本章节也进行了内生性检验，比如，用 GMM 方法进行分析、对变量进行缩尾处理、添加可能遗漏变量等，所有内生性检验模型均显示核心解释变量的系数并未发生显著改变；（4）在差异化分析部分，本章节针对地理距离、轮轴地位稳固性、经济发展水平、文化近邻性以及过去区域贸易协定签订带来的影响进行了差异化分析，结果显示，地理距离相近、轮轴地位稳固、属于发展中国家、文化更相近以及过去签订过区域贸易协定的国家其轮轴地位的自强化效应越强，越容易缔结新的区域贸易协定；（5）在进行了模型预测分析后总结发现，RTA 网络中点度中心度指标的预测分析能力最好，可能的原因在于其衡量更加外生，且借助了社会网络分析方法能够更直接地展现出一国在 RTA 网络中的轮轴地位。

　　由于高网络中心度的国家和地区将更有可能在 RTA 中发挥重要作用，从而获得更多的经济和政治利益。随着区域贸易协定的不断发展和扩大，网络中心度的重要性将进一步提升。未来的 RTAs 将更加注重网络结构和网络中心度的优化，以实现更高效、更稳定和更有利的贸易体系。在国际贸易的背景下，区域贸易协定的发展趋势将更加多样化和复杂化。不同类型的 RTA 将根据不同的经济、政治和地缘因素，呈现出不同的网络结构和网络中心度。总的来说，随着全球化和经济一体化的发展，区域贸易协定的作用和地位将越来越重要。在未来，研究网络中心度对 RTA 形成和发展的影响，将有助于我们更好地理解 RTA 的演化过程，为国际贸易的发展和改善提供更有针对性和有效性的政策建议。

第三部分

"一带一路"共建 RTA 网络的
贸易效应研究

"一带一路"共建 RTA 网络的贸易促进效应

第一节 问题的提出

在全球经历百年未有之大变局的大背景下，缔结区域贸易协定（Regional Trade Agreement，RTA）成为各国推动经济发展的不二选择（Baier 和 Bergstrand，2007）。根据 WTO 统计，1948 年~2023 年全球累计缔结生效的 RTA 数量为 356 个，特别是从 2010 年以来新缔结的贸易协定数量为 141 个，占到前 62 年累计 RTA 数量的比重为 66%。各种跨区域以及双边 RTA 的缔结使得全球 RTA 呈现出网络化发展态势。2019 年《中共中央、国务院关于推进贸易高质量发展的指导意见》明确指出，要不断扩大自由贸易区网络覆盖范围，加快形成立足周边、辐射"一带一路"、面向全球的高标准自由贸易区网络。因此，深入探究 RTA 网络地位如何促进贸易发展不仅有助于推动中国经济在新发展格局下实现转型升级，更对于完善"一带一路"经济治理具有重要的理论和现实意义。

2001 年以来，中国签订贸易协定的数量日益增多，内容也逐渐丰富。截至目前，中国已经和全球 26 个国家（地区）签署了 19 个 RTA，伙伴国遍布全球各洲。2021 年，中国与协定生效的 RTA 伙伴进出口总额合计 10.8 万亿元人民币，同比增长 23.6%，特别是比同期与非自贸伙伴进出口增速高出 2.4%（中华人民共和国商务部-中国自由贸易区服务网）。但是，随着全球各国缔结 RTA 数量的上升，以及针对中国的贸易摩擦的加剧，如何对中国的自贸区网络"扩围、提质、增效"是一个迫切需要解决的问题，如何选取合适的 RTA 伙伴国来提升中国在 RTA 网络中地位也是加快构建高标准 RTA 网络重要的参考。本章的研究表明 RTA 网络地位的提升确实对中国出口存在重要影响，从而也间接为"构建高标准自贸区网络"的重要性提供了经验证据和机制解释。

那么，如何有效评估一国在 RTA 网络中的地位？RTA 网络地位的提升能否有效推动贸易发展，其中的作用机制如何？本章拟对上述问题进行回答。探讨如何通过有效参与区域经济一体化进程来提升一国在 RTA 网络中的地位进而促进贸易，是当前领域应该予以重视的现实问题。当前世界经济格局进入深度调整期，在这样的国际经贸环境下，通过扩大缔结区域贸易协定的深度和广度来发展贸易，不仅是中国积极参与国际经贸新规则的需要，也是防范和化解国家贸易安全风险的重要制度保证。

有鉴于此，本研究拟从社会网络分析的角度来研究 RTA 网络地位的出口促进效应。本章在 Sopranzetti（2018）测度 RTA 网络地位方法的基础上构建2010 年~2020 年 66 个国家（地区）的新 RTA 网络地位指标，并考察其对出口的影响，从出口国特征、目的地特征以及出口国–目的国双边特征这三个角度进行异质性分析，并从国家层面的"一带一路"价值链地位提升、行业层面的竞争力提高以及产品层面的广延边际三个角度展开机制分析，以期厘清 RTA 网络地位对出口产生的影响机理。

本章可能的贡献：第一，从研究机理上看，已有的研究大都集中在宏观层面这单一维度上，而本章则是分别从宏观层面的"一带一路"价值链地位、中观层面的行业竞争力以及微观层面的产品广延边际的角度对 RTA 网络地位的贸易效应进行细致解读。第二，从研究方法上看，已有文献主要基于社会网络分析中的中心性指标来考察其对贸易的影响，而本章将经济学分析方法中的多边阻力项与社会网络分析方法中的中心性指标结合起来构建了"相对中心性指标"，能更准确地度量 RTA 网络地位。第三，从研究结论上看，本章运用 2010 年~2020 年 66 个国家（地区）的 RTA 数据构建"一带一路"RTA 网络，结合产品层级的微观贸易数据运用引力模型分析框架和多重固定效应的回归分析技术，对 RTA 网络地位的贸易促进效应问题进行研究。现有文献并未考察 RTA 网络地位对贸易的异质性效应，本章从出口国轮轴地位是否稳固、出口国经济发展水平、出口目的国是否为 RTA 伙伴国、出口目的国是否为"一带一路"共建国家以及出口国与目的国地理距离五个角度展开了深入的分析。RTA 网络地位的出口效应分析对我国进一步推进 RTA 决策实施、构建面向"一带一路"的高标准自由贸易区网络具有重要的指导意义。

第二节 文献综述与机制分析

一、文献综述

"一带一路"RTA 网络化是由点及线至面发展而来的，因此关于"一带一路"RTA 网络地位的贸易效应研究可划分为三大类。

第一类是探寻两国之间是否签订 RTA 的虚拟变量所带来的贸易效应（Baier 和 Bergstrand，2007，2014；Eicher and Henn，2011；Gil-Pareja 等，2014；郭志芳等，2018；林僖和鲍晓华，2019），Baier 和 Bergstrand（2007）首次将国家对的固定效应纳入引力模型来有效缓解贸易协定缔结对贸易影响所带来的内生性问题，进一步地，Baier、Bergstrand 和 Feng（2014）运用 1962 年~2000 年不同类型的 RTA 数据使用引力模型来研究 RTA 对贸易的内延边际和外延边际的影响，并发现内延边际比外延边际的影响出现的时间更早。

第二类是基于 RTA "轮轴-辐条"结构所带来的贸易效应（Kowalczyk 和 Wonnacott，1992；东艳，2006；何剑和孙玉红，2008；Deltas、Desmet 和 Facchini，2012）。最早将轮轴-辐条结构引入国际贸易领域研究的是 Wonnacott（1975），他指出，当 i 国与两个（j 国和 k 国）或两个以上的国家签订 RTA，而伙伴国（j 国和 k 国）之间没有缔结 RTA，那么 i 国就称之为轮轴国，j 国和 k 国为辐条国。Deltas 等（2012）根据以色列、美国和欧盟三个经济体所构成的轮轴-辐条结构事实出发，分析得出多边 RTA 的缔结会削弱已有经济体的贸易，但轮轴-辐条结构的形成会促进轮轴国的出口。东艳（2006）运用扩展的引力模型对以墨西哥为轮轴的轮轴-辐条结构所带来的贸易效应进行分析，指出轮轴国地位可以提高轮轴国的出口水平（Hur 等，2010；Iapadre 和 Tajoli，2014；Jacobs 和 Rossem，2014）。何剑和孙玉红（2008）指出在轮轴-辐条结构的情形下轮轴国所获福利是优于在全球自由贸易情况下所获福利的，因此轮轴-辐条结构具有自强化效应，而且已经成为 RTA 伙伴的两国之间的贸易量变化不仅受到两国是否缔结 RTA 的影响，也受到两国各自缔结的以自我为中心的 RTA 网络的影响（孙玉红，2008）。伴随着"一带一路"区域经济一体化的加深，多层次的轮轴-辐条结构不断涌现，如 Bhagwati（2003）所描绘的"一带一路"RTA 的缔结呈现出了"意大利面碗效应"，使得"一带一路"RTA 呈现出复杂的网络化发展态势，若用传统的轮轴-辐条结构来分析其贸易效应会变得过于狭隘，因此从社会网络视角出发探讨 RTA 网络中心度（王开和靳玉英，2013）的贸易效应方法应运而生。

第三类是从社会网络视角出发探讨 RTA 网络中心度指标所带来的贸易效应（Sopranzetti，2018；彭羽、郑枫和沈玉良，2021）。Sopranzetti（2018）首次运用 RTA 网络国家地位的概念，考察了 1960 年~2010 年 96 个国家的 RTA 网络地位的变化对贸易的影响，结果显示，当一国签订 RTA 数量增多会使得该国的 RTA 网络地位提升进而促进出口。彭羽等（2021）运用社会网络分析方法将协定异质性引入"一带一路"RTA 网络地位的测度过程，证实了 RTA 网络的"中介地位"与"广度地位"对贸易的促进作用，不过，其研究均只是停留在国家层面，对于 RTA 网络地位对贸易的促进作用机制如何从更微观层面进行解释还有待进一步深入拓展。

二、机制分析

在"一带一路"RTA 迅猛激增的背景下，各经济体通过缔结交叉重叠的 RTA，形成了你中有我，我中有你的不可分割的 RTA 网络。在复杂的 RTA 网络中传统的轮轴-辐条结构不再出现，但中心度的度量反映了 RTA 网络中国家与国家之间的联系程度，一国点度中心度越大，说明其在 RTA 网络中所处的地位越重要（Jackson，2010），该国接近轮轴国的程度就越深。本章预期 RTA 网络地位的提升对一国出口价值有正向影响，机制主要体现在以下三个方面。

（一）国家层面：轮轴-辐条理论视角的解释

首先，当一国相对点度中心度较大时，就可视为轮轴国，作为轮轴国，由于其在 RTA 网络中的地位较高，签订的 RTA 数量较多，一些非敏感性商品可以自由地进入辐条国家，而处在边缘地位的辐条国家由于签订 RTA 数量较少，囿于原产地规则，辐条国之间不能直接获取优惠的关税待遇，因此轮轴国掌握了更多主动权，进而促进出口（Mukunoki 和 Tachi，2006）；其次，根据损失分担理论（Chen 和 Joshi，2010），所有辐条国在轮轴国市场上所获得的利益会分摊，导致辐条国家之间竞争加剧，这促使轮轴国家可以获得更便宜的产品，有利于轮轴国家的再出口，特别是当 j 国处于 RTA 网络中心位置时，其掌握的信息资源越多、面临的贸易壁垒越少、掌控其他国家的能力越强，因此有利于该国获取利润。此外，当一国签订较多的 RTA 时，其抗风险能力增强，合作伙伴可起到损失分担的效果（Chen 和 Joshi，2010）。例如，当 k 国与 l 国签订了 RTA，k 国与 l 国均未与 j 国签订 RTA 时，一方面，k 国与 l 国签订 RTA 会增加 k、l 两国之间的贸易但会减少各自与 j 国的贸易，这是贸易转移；另一方面，当 k 国与 l 国缔结 RTA 时会侵蚀剩余其他国家的福利，进而对剩余其他国家间缔结 RTA 产生竞争效应（Baier 等，2014），即 k 国与 l 国签订 RTA 会对 j 国产生不利影响。但是当 j 国拥有较高的 RTA 网络地位时，意味着 j 国有较多的 RTA 伙伴，即使 j 国面临着 k 国与 l 国签订 RTA 带来的福利损失，但这部分损失可以由 j 国的其他伙伴国来共同分担（Chen 和 Joshi，2010），j 国的 RTA 伙伴国越多 j 国面临的风险就越低，j 国在寻找其他伙伴国时拥有较强的底气，这会缓解 k 国与 l 国签订 RTA 给 j 国带来的不利影响，进而成为 j 国愿意与其他国家签订 RTA 的一种解释机制。因此 j 国贸易越开放，且 j 国越处于 RTA 网络中心越会加速 j 国签订 RTA 的意愿；再次，由于辐条国家签订 RTA 数量少，抗风险能力差，为了规避国家间的贸易壁垒，辐条国会加大对轮轴国的投资力度，充分提升了轮轴国的资本，为轮轴国的就业提供了便利，使得轮轴国闲置资源的利用率提高，劳动力供给冲击进而促进出口；最后，当一国处在 RTA 网络的中心位置时，由于其掌握了更多的信息资源，对其他国家的控制和管理能力提升，会显著提高其在"一带一路"价值链中的地位，进而促进出口的发生。

（二）行业层面：比较优势理论视角的解释

RTA 网络地位的中心化可有效带动一国产业的发展，因此 RTA 网络地位的提升可以从行业层面上提升行业竞争优势，进而促进产品的出口。Deltas 等（2012）通过构建三方三产品的寡头垄断模型结合以色列、欧盟以及美国缔结贸易协定的事实，探讨了以以色列为轮轴国，欧盟和美国为辐条的轮轴辐条结构如何影响了三方间的贸易，结果显示，当多边贸易发生时会削弱原有两方之间的贸易，而在轮轴-辐条结构情形下则会促进轮轴国的出口。特别是分行业分析时得出当以色列为轮轴国且欧盟在某一产业拥有比较优势时，轮轴国会运用其中心国地位先从欧盟进口，再将优势产业的产品出口到美国，进而来促进轮轴国该行业产品的出口。

（三）产品层面：贸易的广延边际视角的解释

RTA 网络地位对贸易的影响可通过产品层面的广延边际展开。原因在于，一国 RTA 网络地位的提升意味着该国伙伴国个数增多，那么一方面，一国将同一种产品出口到不同国家（地区）的概率上升，由于贸易协定的缔结降低了贸易成本，出口国可以享受签订贸易协定带来的优惠关税待遇，因此对多国出口的影响会显著提高；另一方面，一国将不同产品出口到同一国家（地区）的概率也会上升，由于一国 RTA 网络地位的提高可有效促进该国生产率的提升（Trefler，2004），Bernard、Redding 和 Schott（2010）指出生产率的提高可促进一国多产品出口能力，因此，RTA 网络地位的上升对贸易的影响可沿着国家多样性和产品多样性两个维度扩展。

综合以上分析，RTA 网络地位的提升会促进出口，且无论是从国家层面、行业层面还是产品层面均展现出了"轮轴促进效应"。

第三节　模型设定、变量构建和数据来源

一、RTA 网络的构建及 RTA 网络地位的测算

RTA 网络的构建的前提是构建 RTA 网络邻接矩阵，需要合理运用社会网络分析方法。在综合考虑样本期间长度和连贯性以及 RTA 的特性后，我们最终选择了近期跨度 11 年（2010 年~2020 年）"一带一路"66 个国家（地区）的世界贸易组织（WTO）中 RTA 数据库。

在确定实证使用的 RTA 数据库之后，我们需要进一步借助合适的社会网络分析技术来对其进行解构，以测算各国在 RTA 网络中的地位。对 RTA 网络如何形成的文献最早可追溯到 Baldwin（1993）提出的"区域化的多米诺理论"，这种由一个事件引发的连锁式反应被称作"多米诺骨牌效应"。之后，研究者们从政治、经济以及 RTA 结构性角度去探究 RTA 网络形成的机制，为 RTA 网络构建提供了理论基础（Baier 和 Bergstrand，2004；Egger 和 Larch，

2008；Chen 和 Joshi，2010；Baldwin 和 Jaimovich，2012；Baier，Bergstrand 和 Mariutto，2014）。贸易协定由点及线至面再到网络化的发展使得越来越多的学者突破传统视角，将 RTA 缔结数据定义为关系数据，将国家看作网络当中的节点，将社会网络分析方法引入到了国际贸易的研究领域（Kim 和 Shin，2002；Fagiolo、Reyes 和 Schiavo，2010；Anderson，2015）。Watts 和 Strogatz（1998）最早研究社会网络分析方法，他们通过构建网络模型用以揭示社会网络的"小世界效应"。Jackson（2010）将社会网络分析方法运用到贸易网络中，并构建了测量贸易网络中心性的各项指标。因此，本节以 Baldwin（1993）的多米诺效应理论和 Jackson（2010）的社会网络分析方法为基础，通过下面的步骤测算一国在 RTA 网络中的地位。

将"一带一路"66 个国家（地区）作为 RTA 网络的节点，以国家间缔结的 RTA 为连边，构建无权无向网络，即将连边赋值为 0-1 变量，用来反映 RTA 网络的拓扑结构，若 i 国（地区）与 j 国（地区）缔结了 RTA，无权无向网络的边赋值为 1（$RTA_{ij} = 1$）；若 i 国（地区）与 j 国（地区）之间无 RTA 的缔结，无权无向网络的边赋值为 0（$RTA_{ij} = 0$），因此可得到无权无向网络的邻接矩阵，邻接矩阵的表达式如下：

$$A_{n \times n} = \begin{bmatrix} a_{11} & a_{12} & \cdots & a_{1n} \\ a_{21} & a_{22} & \cdots & a_{2n} \\ \vdots & & \ddots & \vdots \\ a_{n1} & a_{n2} & \cdots & a_{nn} \end{bmatrix}, a_{ij} = \begin{cases} 1, & if\ RTA_{ij} = 1 & i = 1,\ 2,\ \cdots,\ 66 \\ 0, & if\ RTA_{ij} = 0 \end{cases}, j = 1,\ 2,\ \cdots,\ 66 \quad (5.1)$$

其中 a_{ij} 代表 i 国和 j 国之间的连边，基于此，本节构建了 2010 年 ~ 2020 年共 11 年的"一带一路"RTA 网络。社会网络分析中对网络比较重要的衡量指标是网络中心度，常见的网络中心度包括点度中心度、中介中心度和特征向量中心度。本节采用点度中心度做基准分析，中介中心度和特征向量中心度做稳健性检验。在本节中一个国家 i 的点度中心度就是与 i 国缔结过贸易协定的国家个数，表达式：

$$C_i = \sum_j a_{ij} \quad (5.2)$$

其中，a_{ij} 如前（1）式所述为 0-1 变量，在 RTA 网络中，i 国的 RTA 伙伴国个数越多，该国在 RTA 网络中越处于中心位置。借鉴 Anderson 和 Van Wincoop（2003）、Baier 等（2014）以及 Fontagnè 和 Santoni（2021）所提到的多

边阻力项对贸易的影响，本节将 i 国点度中心度除以"一带一路"所有国家点度中心度的平均值以得到 i 国的相对点度中心度：

$$Re\_C_i = \frac{C_i}{(\sum_i^n C_i)/n} \tag{5.3}$$

其中 n 为"一带一路"国家个数，$\sum_i^n C_i$ 为"一带一路"所有国家点度中心度之和，Re_C_i 是一国融入"一带一路" RTA 网络和参与区域经济一体化的重要标志。

二、实证模型构建

本节的计量模型设置如下：

$$ln(Exportvalue_{ijht}) = \beta_0 + \beta_1 Re_{Ci,\,t-1} + \beta_2 GDP_{i,\,t-1} + \beta_3 GDP_{j,\,t-1} + \gamma_{ij}$$
$$+ \gamma_{ht} + \varepsilon_{ijht} \tag{5.4}$$

其中，i 为出口国（地区），j 为进口国（地区），h 为 HS2 位行业，t 为年份。$ln(Exportvalue_{ijht})$ 表示 i 国在 t 年向 j 国在 h 行业的出口额。$Re\_C_{i,\,t-1}$ 为 i 国在 t-1 期的相对点度中心度，本节将其作为 RTA 网络地位的代理变量。$GDP_{i,\,t-1}$ 为 i 国在 t-1 期的经济发展水平，$GDP_{j,\,t-1}$ 为 j 国在 t-1 期的经济发展水平，为得到 RTA 对出口影响的一致估计，Baier 和 Bergstrand（2007）建议采用面板数据对引力模型进行估计，基于此，我们将出口国-进口国固定效应 γ_{ij} 纳入模型进行分析，该固定效应吸收了不随时间改变的国家对的因素，比如两国之间的地理距离，两国是否有共同语言，两国是否同属于一个大陆板块，两国是否拥有共同的法律来源等文化近邻性特征。此外，行业-年份固定效应 γ_{ht} 也被纳入计量模型以控制行业-年份层面因素的冲击。为了消除反向因果关系可能给本节模型所带来的内生性问题，我们在基准模型中均将解释变量滞后一期。

三、数据来源

首先，计量模型中被解释变量所需要的数据源于由 UN-Comtrade 统计的"一带一路"各国外贸产品数据库。该数据库包含了 2010 年~2020 年所有 HS 六位码产品的进出口相关信息，包括进出口价值、数量、产品、来源地和目的地。其次，计量模型中核心解释变量衡量 RTA 网络地位的数据源于由 WTO 统计的"一带一路"各国缔结贸易协定的数据库，该数据库统计了每年新缔结贸易协定的情况，我们将 RTA 数据均整理成双边国家数据，并产生两国截止到某一年是否已经签订贸易协定的数据以构建 RTA 网络的邻接矩阵。再次，计量模型中控制变量 GDP 以及计算一国产品技术复杂度过程中用到的人均 GDP 数据均来自 World Bank 数据库，该数据库包含了上千个国家–年份层级的数据，两国间地理距离以及代表文化近邻性特征的变量均来自 CEPII。最后，我们将贸易、RTA、GDP 以及地理距离等数据整合后得到 2010 年~2020 年"一带一路"178 个国家（地区）的产品层级的微观数据集。表 5-1 汇总了回归中使用的主要变量的描述性统计特征。

表 5-1　主要变量的描述性统计

变量类型	变量名称	均值	中位数	标准差	最小值	最大值
被解释变量	$ln\,(Value_{ijht})$	11.836	12.048	3.750	0	24.044
核心解释变量	$Re\_\,C_{i,\,t-1}$	1.480	1.330	0.863	0.118	3.428
控制变量	$ln\,GDP_{i,\,t-1}$	25.910	26.065	1.553	21.160	28.686
	$lnGDP_{j,\,t-1}$	25.932	26.021	1.430	21.160	28.686
	$lnDistance_{ij}$	7.922	7.966	0.945	4.750	9.809
	$Comlanguage_{ij}$	0.180	0	0.384	0	1
	$Contig_{ij}$	0.112	0	0.316	0	1
	$Colony_{ij}$	0.037	0	0.188	0	1

四、核心解释变量的特征事实分析

本节实证模型的核心解释变量是衡量各国在"一带一路" RTA 网络中的地位，相对点度中心度反映了 RTA 网络中各节点连接的次数和强度，一国相对点度中心度越大说明该国在 RTA 网络中越占据重要的地位，该国可视为"轮轴国"，而一国相对点度中心度小说明该国在 RTA 网络中容易被边缘化，该国视为"辐条国"，因此，结合轮轴–辐条理论模型，一国在 RTA 网络中的相对点度中心度越大，越会促进该国的出口。

为了对比分析"一带一路"RTA 网络的总体特征，本节测算 2010 年和 2020 年全球各国相对点度中心度指标发现：2010 年相对点度中心度较大的国家（地区）为罗马尼亚、埃及、智利等国，而 2020 年相对点度中心度较大的国家（地区）主要为欧盟成员国，而且对比 2010 年和 2020 年相对点度中心度的整体大小，不难发现，2010 年相对点度中心度较大的国家数量较少，轮轴–辐条结构相对突出，但 2020 年相对点度中心度较大的国家数量较多，且分布较为均匀，进一步说明了 RTA 的网络化动态发展趋势。

为了进一步考察全球 RTA 网络中相对点度中心度的分布状况，我们绘制了相对点度中心度核密度分布图（详见图 5-1）。由图 5-1 可知全球 RTA 网络具备以下特点：（1）从总体上来看核密度分布呈现右偏，这说明大部分的国家或地区的相对点度中心度较低，而只有小部分国家或地区的 RTA 网络地位较高；（2）从时间上来看，这 10 年间的相对点度中心度核密度图整体向左偏移，2020 年相比 2010 年双峰之间的差距越来越小，这说明"一带一路"RTA 网络格局发生了较大的变化，从 2010 年贸易协定的缔结仅集中于某几个国家或地区，到各种双边、跨区域贸易协定的缔结，全球 RTA 网络中多轮轴国现象凸显。

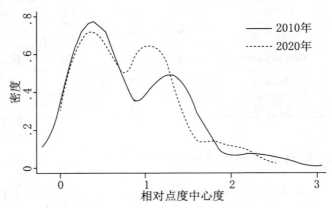

图 5-1　相对点度中心度的分布状况图

第四节 实证结果与分析

一、基准回归结果

在表 5-2 的第 3 列我们呈现了对（5.4）式进行估计的结果。研究发现，在控制经济因素、国家对以及 HS2 行业-年份固定效应之后，相对点度中心度对出口额存在显著为正的影响。需要注意的是，相对点度中心度对出口额的影响除了产生"轮轴促进效应"之外，还会产生"轮轴管理效应"，即一国相对点度中心度越大，本国出口表现越差，这与"轮轴促进效应"对一国出口表现的影响刚好相反。因此，我们这里估计的结果是轮轴促进效应和轮轴管理效应相互抵消之后的结果。如果不存在较为明显的轮轴-辐条国家的非对称结构，因而不存在轮轴促进效应，则我们预期相对点度中心度对一国产品出口表现应该为负（在本书第四部分我们验证了这一预期，我们发现对于轮轴国地位不稳固或目的地距离出口国较远，出口国相对点度中心度的提高对一国出口的影响为负）。研究结果表明，轮轴促进效应不仅存在，而且其足够强大到超过轮轴管理效应的负面影响。

在表 5-2 的第（1）列到第（3）列我们呈现了控制不同固定效应的结果。第（1）列只控制年份的固定效应，第（2）列控制了年份和出口国以及进口国的固定效应，第（3）列控制了年份和国家对的固定效应。比较第（1）列至第（3）列结果发现，在控制出口国、进口国固定效应后，$Re\_C_{i,\,t-1}$ 前面的系数相比第（1）列有所增加，原因在于，出口国和进口国固定效应吸收了不随时间改变的国家的特征，比如国土面积，一国的比较优势等，国家固定效应的控制会缓解遗漏变量所带来的内生性问题。在第（3）列控制国家对固定效应之后，$Re\_C_{i,\,t-1}$ 前面的系数又有所增加，原因在于，国家对固定效应控制了与距离、文化近邻性等因素相关的贸易成本。通常来说，贸易成本越高越不利于一国出口表现，因此，控制国家对固定效应以消除贸易成本带来的内生性问题后，$Re\_C_{i,\,t-1}$ 对出口的影响会上升。

在表 5-2 的第（4）列我们进一步控制了 HS2 行业-年份交叉的固定效应，以控制行业层级随年份变化的冲击。一国针对某一行业的出口政策或其他冲击可能会改变一国产品出口表现，通常来说，导致一国出口产品增加的政策，也会导致竞争过度进而抑制产品的出口。回归结果也表明，控制行业-年份交叉的固定效应之后，$Re\_C_{i,\,t-1}$ 对一国产品出口的影响进一步加大。说明通过控制固定效应，降低了遗漏变量带来的可能的内生性问题。

表 5-2 呈现的其他控制变量的系数都符合我们的预期，两国 GDP 水平越高，越促进出口，这完全符合引力模型的预测。

表 5-2　相对点度中心度对出口影响的估计结果

解释变量	$ln\,(Value_{ijht})$			
	（1）	（2）	（3）	（4）
$Re\_C_{i,\,t-1}$	0.222 ***	0.217 ***	0.354 ***	0.431 ***
	（3.78）	（3.86）	（10.82）	（11.82）
$lnGDP_{i,\,t-1}$	0.623 ***	0.739 ***	0.478 ***	0.521 ***
	（20.17）	（23.15）	（13.47）	（13.60）
$lnGDP_{j,\,t-1}$	0.379 ***	0.176 ***	0.118 ***	0.098 **
	（14.21）	（3.54）	（3.35）	（2.55）
时间固定效应	是	是	是	否
出口国+进口国固定效应	否	是	否	否
国家对固定效应	否	否	是	是
行业-时间固定效应	否	否	否	是
样本数	1 066 687	1 066 687	1 066 669	1 066 669
R^2	0.078	0.218	0.269	0.444

注：括号内显示的是 t 值，***、**、* 分别表示在 1%、5% 及 10% 的水平下显著；标准误差均为聚类在国家对层面的稳健标准误差，下同。

数据来源：UN-Comtrade、WTO、WDI、CEDII。本章以下各表同。

二、稳健性检验

在以上的分析中，我们用相对点度中心度作为 RTA 网络地位的衡量，并且控制了多重固定效应，为了保证基准回归所得结果的可靠性和稳定性，我们进一步从核心解释变量度量、聚类标准误差、缩尾处理、滞后多期、被解释变量度量和工具变量法六个角度进行稳健性检验。

1. 核心解释变量度量

本小节我们采用既有文献常用的衡量网络特征的变量以及区域的轮轴-辐条结构虚拟变量对 RTA 网络地位进行度量，以检验不同的 RTA 网络指标衡量方法是否会实质性地影响到估计结果。

（1）介数中心度

Jackson（2010）指出介数中心度指数可以衡量网络中心化程度，介数中心度是指某节点出现在其他节点间的最短路径数，其表达式：$BC_i = \sum_{i \neq j} \sum_{i \neq j} g_{jk}(i)/2$，其中 $g_{jk}(i)$ 表示 j 点和 k 点之间存在的经过第三个点 i 的最短路径数目，在 RTA 网络中，一国的介数中心度越大代表该国对其他国的控制能力越强，该国所发挥的"中间人"作用越突出，其地位就越重要。本节将 i 国介数中心度除以"一带一路"所有国家介数中心度的平均以得到 i 国的相对介数中心度：$Re\_BC_i = BC_i/\left(\sum_i^n BC_i/n\right)$，表 5-3 第（1）列就是将 Re_C_i 替换为 Re_BC_i 后所得估计结果，从结果上看，介数中心度的上升可显著促进出口。

（2）特征向量中心性

Bramoullé（2014）指出特征向量中心性指数也可以衡量网络中心化程度，特征向量中心性表达式：$EC_i = \sum_j^n a_{ij} \times C_j$，其中，$a_{ij}$ 如前（5.1）式述为 0，1 变量，C_j 为 i 国的伙伴国 j 国的点度中心度，在 RTA 网络中即使一国本身的点度中心度不高，但伙伴国的点度中心度很高时也可以提升该国在 RTA 网络中的地位。本节将 i 国特征向量中心性指数除以"一带一路"所有国家特征向量中心性指数的平均值以得到相对特征向量中心性指数：$Re\_EC_i = EC_i/\left(\sum_i^n EC_i/n\right)$。表 5-3 第（2）列就是将 Re_C_i 替换为 Re_EC_i 后所得估计结果，从结果上看，特征向量中心性指数的上升也可显著促进出口。对比表 5-3 列（4）和表 5-3 的列（1）和列（2）可发现，相对点度中心度对"一带一路"出口的影响是最大的。

（3）区域的轮轴-辐条结构虚拟变量

Kowalczyk 和 Wonnacott（1992）指出当 i 国和两个或两个以上的国家签订了 RTA，但伙伴国相互之间没有签订 RTA 时，我们可以称 i 国为轮轴国，其他伙伴国为辐条国。但"一带一路"区域经济一体化程度的加深，使得"一带一路"RTA 早已编织成一张巨大的网络，Kowalczyk 和 Wonnacott（1992）所定义的轮轴国会随着其他辐条国之间 RTA 的缔结而消失，因此在"一带一路"RTA 网络化的背景下，轮轴国可以用网络中心度指标来体现，即网络中心性指标越大该国就越可以视为一个轮轴。我们将每年"一带一路"七大洲内部各国的相对点度中心度指标排序，每一年处在每个洲内部相对点度中心度后 95% 分位的国家就定义为轮轴国，并产生虚拟变量 $Hub_{Ri,t}$ 为 1，而相对点度中心度处在前 95% 分位的国家为辐条国，并标记 $Hub_{Ri,t}$ 为 0，其中下标 R 代表洲。我们将 Re_C_{it} 替换为 $Hub_{Ri,t}$ 的结果展示在表 5-3 的第 3 列，结果显示核心解释变量的系数并未发生显著改变。

2. 聚类标准误差

在线性回归模型中，我们会更多地去考察真实的误差结构，通过聚类标准误差的调整能更为有效地解决模型存在的异方差问题。根据 Cameron 和 Miller（2015），处理标准误差的经验法则是将标准误差聚类在解释变量的层级上。在本节的基本回归中，我们将标准误差聚类在国家对的层级上，因为引力模型中的主要解释变量就是出口国-进口国的国家对层级，本节核心解释变量以及伙伴国 GDP 均是在出口国-年份以及进口国-年份层级上的变量，为此我们将标准误差聚类在出口国-年份以及进口国-年份层级上，结果显示在表 5-3 第（4）列，可以发现核心解释变量的系数以及显著性并没有发生改变，说明本节的模型是稳健的。

3. 缩尾处理

样本中包含一定数量的出口较大或较小的产品，例如，出口较大的产品的出口量占据一国总出口量的较大份额，因此该国出口的该种产品可能会对其他产品的出口产生示范作用，进而影响到该国 RTA 谈判策略，从而产生反向因果问题。为此，本节运用缩尾处理方法将出口额在 1% 分位以下的和 99% 分位以上的进行修剪处理，以考察上面所述的机制是否对回归结果产生影响。结果显示在表 5-3 第（5）列，不难发现，上述机制并不会对结果产生显著的影响，因此可以排除可能由较大或较小产品出口行为产生的内生性问题。

4. PPML 计量方法

PPML 是计量经济学中用于计数数据模型估计的一种方法，全称为 "Poisson Pseudo-Maximum Likelihood"。该方法通常在面板数据设置中使用，特别适用于具有许多零计数观测值的数据。相对于传统的泊松回归方法，PPML 是一种更加高效且一致的估计方法，它使用广义线性模型（GLM）框架和最大似然估计方法来估计参数。PPML 可以看作是泊松回归的扩展，它能够处理具有高度异方差和可能存在相关性的计数数据。此外，PPML 还考虑了异方差性，并通过引入固定效应、随机效应或控制其他协变量来控制潜在的混淆因素。总之，PPML 方法具有更好的效率和一致性，特别是在存在异方差或相关性的计数数据的估计中表现出色。本小节运用 PPML 方法进行分析的回归结果如表 5-3 所示，结果稳健。

5. RTA 网络地位指标滞后 5 年

由于贸易协定中条款的实施是较为缓慢的过程，因此贸易协定的缔结对贸易产生的影响可能会持续很长时间。Baier 和 Bergstrand（2007）、Baier 等（2014）将样本期间以 5 年为界进行划分，考察 5 年前 RTA 的缔结对贸易或 RTA 形成的影响。因此，本节借鉴 Baier 和 Bergstrand（2007）以及 Baier 等（2014）的做法，将相对点度中心度指标滞后 5 年以考察 RTA 网络地位对出口的影响，结果如表 5-3 列（7）所示，核心解释变量的系数及显著性并没有发生改变。

6. 更换被解释变量度量

在以上的分析中，本节的被解释变量均为出口额，即出口价值，出口价值可能会受到出口量以及出口产品单位价格的影响。贸易协定的缔结也可能会受到产品单位价格的影响，例如，i 国对 j 国发起过反倾销，征收的反倾销税会反映在产品价格上，而这又进一步地会影响到两国贸易协定的缔结，进而影响一国在 RTA 网络中的地位。为了排除第三个变量（产品价格）可能会同时影响核心解释变量（相对点度中心度）以及被解释变量（出口），因此我们将出口额替换成出口量来进行回归分析，结果如表 5-3 列（8）所示，发现回归结果基本不受影响。

表 5-3　稳健性检验的估计结果

解释变量	$ln(Value_{ijht})$							$ln(Quanlity_{ijht})$
	(1)	(2)	(3)	(4)	(5)	(6)	(7)	(8)
	Re_BC_i	Re_EC_i	region	it+jt	winsor	PPML	Lag_5	quanlity
$Re\_BC_{i,\,t-1}$	0.027 **							
	(2.49)							
$Re\_EC_{i,\,t-1}$		0.414 ***						
		(11.68)						
$Hub_{Ri,\,t-1}$			0.605 ***					
			(8.21)					
$Re\_C_{i,\,t-1}$				0.431 ***	0.480 ***	0.020 ***		0.338 ***
				(12.81)	(13.34)	(3.97)		(8.40)
$Re\_C_{i,\,t-5}$	0.463 ***	0.545 ***	0.465 ***	0.521 ***	0.475 ***	0.054 ***	0.331 *	0.665 ***
	(12.18)	(13.93)	(12.20)	(5.27)	(12.48)	(20.21)	(1.89)	(10.94)
$lnGDP_{i,\,t-1}$	0.020	0.118 ***	0.015	0.098	0.058	0.033 ***	−0.099	0.156 ***
	(0.55)	(3.01)	(0.41)	(0.99)	(1.53)	(14.26)	(−0.57)	(2.58)
$ln\,GDP_{j,\,t-1}$	0.027 **							
	(2.49)							
国家对固定效应	是	是	是	是	是	是	是	是
行业–时间固定效应	是	是	是	是	是	是	是	是
区域固定效应	否	否	是	否	否	否	否	否
样本数	1 066 669	1 066 669	1 066 669	1 066 669	981 095	1 066 687	648 850	1 066 669
R^2	0.441	0.444	0.443	0.444	0.430	0.079	0.456	0.528

注：标准误差除了第（4）列是聚类在出口国–年份和进口国–年份上之外均聚类在国家对层面的稳健标准误差。

7. 工具变量法

以上的分析我们是通过控制国家对固定效应、行业–年份交叉固定效应以及解释变量滞后一期的做法来解决遗漏变量、反向因果等可能带来的内生性问题，为了更进一步解决模型的内生性，我们借鉴林僖和鲍晓华（2018）的观点采用构造工具变量的方式，我们引入了以下两个工具变量：（1）采用截止到 t 年 i 国和除 j 国之外的第三国签订 RTA 的数量加上 j 国和除 i 国之外的第三国签订 RTA 的数量之和，作为 i 国在 t 年 RTA 网络地位的工具变量。构建该工具变量的理论依据在于，Baier 等（2014）指出多米诺效应会显著提升

i 国和 j 国之间缔结 RTA 的概率, 即当 i 国和 j 国与第三国缔结 RTA 数量越多越会促进 i 国和 j 国贸易协定的缔结, 这进一步影响到 i 国在 RTA 网络中的地位。然而, i 国和 j 国与剩余其他国家之间签订 RTA 的数量与 i 国和 j 国之间贸易没有直接关系。(2) 采用在 t 年 i 国与 j 国之间是否有共同的缔约第三国, 作为 i 国在 t 年 RTA 网络地位的工具变量。构建该工具变量的理论依据在于, Chen 和 Joshi (2010) 指出当 i 国和 j 国均与第三国缔结 RTA 形成轮轴-辐条结构后, 会使得 i 国和 j 国签订 RTA 的概率提升。然而, i 国和 j 国之间是否与第三国均缔结 RTA, 与 i 国和 j 国之间的贸易没有直接关系。我们采用这两个工具变量进行高维固定效应的回归估计, 结果如表 5-4 所示, 本节结论没有发生改变。

表 5-4 采用工具变量的高维固定效用估计结果

解释变量	工具变量	
	第一阶段	第二阶段
	$Re\_C_{i,\,t-1}$	$ln\,(Value_{ijht})$
	(1)	(2)
$Domino_{i,\,t-1}$	0.013***	
	(183.59)	
$Third_{i,\,t-1}$	−0.174***	
	(−111.29)	
$Re\_C_{i,\,t-1}$		0.187***
		(9.13)
$ln\,GDP_{i,\,t-1}$		0.493***
		(30.23)
$lnGDP_{j,\,t-1}$		0.052***
		(3.12)
国家对固定效应	是	是
行业-时间固定效应	是	是
样本数	1 066 669	1 066 669

续表

解释变量	工具变量	
	第一阶段	第二阶段
	$Re\_C_{i,\ t-1}$	$ln\ (Value_{ijht})$
	（1）	（2）
R^2		0.029

注：Sanderson-Windmeijer F 统计量为 22 855 是大于 10 的，而且 F 统计量的 p 值为 0.000，这意味着不存在弱工具变量；Hansen J 统计量为 15.418，而且 J 统计量的 p 值为 0.4392>0.05，说明不存在过度识别的工具变量。

三、异质性分析

在以上的分析中我们研究了 RTA 网络地位对出口的影响，并验证了基本回归结果的稳健性。在此基础上，在异质性分析部分我们分别从 RTA 网络地位异质性、出口国经济发展水平、出口目的国是否为 RTA 伙伴国、出口目的国是否为"一带一路"共建国家以及出口国与目的国地理距离五个角度进行深入分析。

1. RTA 网络地位异质性

若 2010 年至 2020 年间一国相对点度中心度指数的波动越小，说明该国的轮轴国地位越稳固，因此其出口应该受"轮轴促进效应"影响较大。反之，若样本期内一国相对点度中心度指数的波动越大，该国的轮轴国地位越容易受到威胁，从而其出口应该受"轮轴管理效应"影响较大。

本节用一国的相对点度中心度差异（标准差）来表示一国 RTA 网络地位的异质性程度，并将之与相对点度中心度变量交乘，加入（5.4）式的回归方程。表 5-5 第（1）列结果显示，相对点度中心度对出口的影响随着 RTA 网络地位异质性的提高而减弱，这表明样本期间内相对点度中心度大小的频繁变换导致此时的"轮轴管理效应"占据了主导地位。这一结果进一步印证了我们的假说，即轮轴国管理成本的存在导致"轮轴管理效应"超过了"轮轴促进效应"。

2. 经济发展水平的异质性

由于发达国家比发展中国家融入"一带一路"区域经济一体化的时间早，主要表现为早期的贸易协定的缔结大都集中于发达国家之间，本节数据显示 2010 年~2020 年间"一带一路"发达国家的相对点度中心度指标均高于发展中国家的相对点度中心度指标，轮轴国地位相对突出，控制其他国家的能力更强，发达国家相对掌握更多信息，因此应该观察到发达国家相对点度中心度的提高对该国出口的影响会比发展中国家的要大。结果显示［表 5-5 第（2）列］，发达国家的虚拟变量对出口影响显著为负，说明在 2010 年至 2020 年间发展中国家出口相对较多，但发达国家虚拟变量与相对点度中心度的交乘项显著为正，进一步验证了发达国家"轮轴促进效应"中的自强化效应。

3. 是否与出口目的国缔结 RTA

一国相对点度中心度除了直接影响一国出口外，还可能通过与出口目的国签订 RTA 的交互作用，进一步影响一国的出口。一国在 RTA 网络中的地位越高也越愿意通过其他信号显示方式来吸引其他国家与之发生贸易。如果相对中心度较大的一国与出口目的国签订了 RTA，那么这就为出口目的国提供了更多优惠和保障进而会降低轮轴国的"轮轴管理效应"。本节通过在（5.4）式加入一国是否和出口目的国签订 RTA 的虚拟变量与相对点度中心度的交乘项来验证这一假说。结果如表 5-5 列（3）所示，一国 i 的相对点度中心度越大，而且 i 国已经和出口目的国签订 RTA，就越会降低 i 国的"轮轴管理效应"，促进 i 国出口。

4. 出口目的国距离

经典的引力模型中代表贸易成本的地理距离、文化近邻性等变量对出口的影响不容忽视，本节基准模型控制了出口国-进口国的固定效应，因此吸收了两国地理距离和代表文化近邻性等变量。为考察出口国-目的国地理距离与相对点度中心度的交互作用，本节尝试进行了两种回归：第一，表 5-5 列（4）控制了出口国-进口国的固定效应后发现出口国与目的国距离越远，越会削弱相对点度中心度上升对出口国的正向影响。第二，表 5-5 列（5）不仅考察地理距离单项对出口的影响也考察了文化近邻性对出口的影响，结果显示，地理距离越远越抑制出口，当两国拥有共同的官方语言，同属于一个大陆板块以及有过殖民关系的越促进出口，此外，地理距离与相对点度中心度的交互项也显著为负，可能的原因在于，相对点度中心度较大国家对其他国家的控制能力以及管理能力随着距离的加长而变弱，因此距离越远的进口商越难以获得来源国的真实地位信息，即从地缘的角度来看，RTA 网络地位对出口影响的促进作用更多的是区域性的。

表 5-5　RTA 网络地位影响的异质性估计结果

解释变量	(1)	(2)	(3)	(4)	(5)
	SD	*Developed*	*RTA*	*Distance*	*Control*
$Re\_C_{i,\,t-1}$	0.470 ***	0.406 ***	0.432 ***	1.768 *	1.660 ***
	(12.02)	(10.40)	(11.79)	(1.85)	(3.26)
$Re\_C_{i,\,t-1} \times Re\_C\_SD_{ij}$	−0.226 ***				
	(−4.56)				
Dev_i		−0.033			
		(−0.38)			
$Re\_C_{i,\,t-1} \times Dev_i$		0.335 **			
		(2.01)			
$RTA_{ij,\,t-1}$			−0.170 **		
			(−2.16)		
$Re\_C_{i,\,t-1} \times RTA_{ij,\,t-1}$			0.027 *		
			(1.66)		
$lnDistance_{ij}$					−0.893 ***
					(−6.93)
$Re\_C_{i,\,t-1} \times lnDistance_{ij}$				−0.200 *	−0.165 ***
				(−1.77)	(−2.62)
$Comlanguage_{ij}$					0.596 ***
					(4.02)
$Contig_{ij}$					1.126 ***
					(5.01)
$Colony_{ij}$					0.854 **
					(2.49)

续表

解释变量	(1)	(2)	(3)	(4)	(5)
	SD	Developed	RTA	Distance	Control
$ln\ GDP_{i,\ t-1}$	0.502 ***	0.511 ***	0.517 ***	0.082	1.008 ***
	(12.98)	(13.29)	(13.49)	(1.07)	(26.01)
$ln\ GDP_{j,\ t-1}$	0.082 **	0.095 **	0.094 **	0.342 ***	0.551 ***
	(2.13)	(2.49)	(2.46)	(5.41)	(14.48)
国家对固定效应	是	是	是	是	否
行业-时间固定效应	是	是	是	是	是
样本数	1 066 187	1 066 669	1 066 669	332 682	332 704
R^2	0.445	0.445	0.444	0.471	0.350

第五节 RTA 网络地位对出口影响的机制分析

为了探究 RTA 网络地位是如何对出口产生影响，本节从以下三个角度考察影响机制：国家宏观层面的"一带一路"价值链地位、行业中观层面的赫芬达尔指数、产品微观层面的出口目的国多样性以及出口产品种类多样性。

一、国家层面的"一带一路"价值链地位

RTA 的网络化发展可以有效促进增加值贸易（赵金龙和郭传道，2021）。高疆和盛斌（2018）指出，贸易协定的缔结对价值链贸易的促进作用较为显著，特别是贸易协定的"深度"一体化对低、中高以及高技术含量行业的价值链嵌入有显著的正向影响。本节 RTA 网络化的衡量是对贸易协定"广度"的度量，相对点度中心度的提高意味着一国的伙伴国个数多、范围广，该国获取信息、控制其他国家的能力就越强，因此在向"一带一路"价值链上游攀升过程中面临的阻力越小，越能促进"一带一路"价值链地位的提升。此外，国际分工的加深使得大量中间品贸易出现，"一带一路"价值链地位的提升可促进一国竞争力水平，进而促进贸易的发展。

出口技术复杂度指标能够测度"一带一路"价值链地位（Hausmann、Hwang 和 Rodrik，2007），产品 k 的出口技术复杂度公式：

$$PRODY_k = \sum_i \frac{(x_{ik}/X_i)}{\sum_i (x_{ik}/X_i)} Y_i \qquad (5.5)$$

其中，k 代表产品种类，i 代表国家，x_{ik} 为 i 国 k 商品的出口额，X_i 是 i 国的总出口，Y_i 是 i 国的人均收入。据此可得 i 国的出口技术复杂度：

$$EXPY_i = \sum_k (\frac{x_{ik}}{X_i}) PRODY_k \qquad (5.6)$$

当一国的出口技术复杂度越高时，该国的"一带一路"价值链地位就越高。本节利用 UN-Comtrade 数据库中 2010 年~2020 年 178 个国家（地区）的 HS1996 版本 6 分位产品的出口数据，可以计算出每个国家在每一年的出口技术复杂度。根据表 5-6 第（1）列的回归结果可以发现，相对点度中心度的提高可显著提升一国的价值链地位，"轮轴促进效应"显著促进贸易的发展。

二、行业中观层面的赫芬达尔指数

由于贸易协定的缔结是国家层级的，这会冲击到行业的竞争力水平，进而对出口产生影响。具体地，一个国家 i 相对点度中心度越大代表该国的贸易协定伙伴国越多，RTA 政策冲击刺激了行业的发展。Deltas 等（2012）在以色列、欧盟和美国三国（地区）的轮轴-辐条结构中指出，以色列为轮轴国时，欧盟由于在某一产业拥有比较优势，进而使得该行业的产品从欧盟转移到以色列再出口到美国，因此具有比较优势的行业会促进轮轴国的出口。

本节行业竞争力用赫芬达尔指数（HHI）来表示（Haushalter 等，2007；贺小刚等）具体计算公式：

$$HI_h = \sum_j \left(\frac{x_{jh}}{\sum_j X_h} \right)^2 \qquad (5.7)$$

其中，h 代表 HS2 行业，j 代表出口国，x_{jh} 为 j 国 h 行业的出口，X_h 为 h 行业所有国家的出口，HI_h 指数越小代表相同规模的国家就越多，竞争程度就越大，为了便于理解，本节对 HI_h 进行了转换，即用 $HHI_h = 1 - HI_h$ 来表示行业的竞争性。HHI_h 越大代表着行业竞争性越强。根据表 5-6 第（2）列的回归结果可以发现，i 国相对点度中心度的提高由于"轮轴促进效应"提升了 i 国的行业竞争力，进而促进了具有比较优势行业的出口。

三、产品微观层面的出口广延边际

Felbermayr 和 Kohler（2006）指出贸易外延边际主要是指出口国所出口到的目的国数量的增加。基于此，本节构建了产品层面的出口目的国多样性指标：$Variety_{ip} = \sum_j ifexport_{ijp}$，其中 i 代表出口国，j 代表进口国，p 代表 HS6 产品，$ifexport_{ijp}$ 为虚拟变量，代表 i 国是否向 j 国出口了 p 产品，若出口即为 1，若没有出口则为 0，因此 $Variety_{ip}$ 衡量的是 i 国出口 p 产品到多少个国家去。Hummels 和 Klenow（2005）则认为贸易外延边际指的是出口产品种类数目的增加。基于此，本节构建了产品出口多样性指标：$Variety_{ij} = \sum_p ifexport_{ijp}$，其中 i 代表出口国，j 代表进口国，p 代表 HS6 产品，$ifexport_{ijp}$ 为虚拟变量，代表 i 国是否向 j 国出口了 p 产品，若出口即为 1，若没有出口则为 0，因此 $Variety_{ij}$ 衡量的是 i 国出口到 j 国多少种产品。

i 国相对点度中心度的提高意味着 i 国签订贸易协定的伙伴国个数升高，可有力避免过分依赖某些重要市场的弊端，而且其出口产品可享受到 RTA 特惠关税待遇，进而导致出口目的地的国家数量增多。与此同时，i 国相对点度中心度的提高预示着 i 国掌握的关键信息增多，防御风险的能力提高，进而生产多产品并出口的能力会增强，因此 i 国向 j 国出口的产品数目就会增加。出口贸易沿着外延边际的增长可有效预防收入的波动，这有助于增加出口国产品的多样性，体现了出口活动中市场多元化的取向，因此，此时的"轮轴促进效应"凸显，促进了 i 国的出口。根据表 5-6 第（3）列和第（4）列的回归结果可以发现，i 国相对点度中心度的提高为 i 国打开多元化市场以及多产品出口提供了便利，因此出口目的国多样性和出口产品种类数均提高，与此同时，出口目的国数量和出口产品种类数的增加加速了"轮轴促进效应"，因此推动出口额的上升。

表 5-6　RTA 网络地位对出口影响机制分析的估计结果

解释变量	国家宏观层面	中观行业层面	微观产品层面	
	(1)	(2)	(3)	(4)
	EXPY	HHI	Var_ipt	Var_ijt
$Re\_C_{i,\,t-1}$	0.329 ***	0.296 ***	0.002 ***	0.432 ***
	(17.45)	(8.09)	(4.11)	(5.45)
$ln\,GDP_{i,\,t-1}$	0.383 ***	0.363 ***	−0.011 ***	0.517 ***
	(22.54)	(9.17)	(−4.26)	(6.84)
$lnGDP_{j,\,t-1}$	−0.019	0.106 ***	−0.011 ***	0.094
	(−1.22)	(2.83)	(−4.36)	(1.54)
国家对固定效应	是	是	是	是
行业-时间固定效应	是	是	是	是
样本数	1 066 669	1 066 669	1 066 669	1 066 669
R^2	0.779	0.446	0.968	0.443

第六节　结论与建议

本章利用 WTO 数据库中 2010 年~2020 年 "一带一路" 66 个经济体的 RTA 数据、UN-Comtrade 的 HS6 产品层级贸易数据、世界银行 WDI 中经济发展指标相关数据以及 CEPII 中距离和文化近邻性指标，运用引力模型分析框架和多重固定效应的估计技术，对 "一带一路" RTA 网络地位提升对出口的轮轴国促进效应进行了检验。经过详细的实证分析，本章发现：（1）一国 RTA 网络地位的提升可显著促进出口，尤其是用相对点度中心度度量的 RTA 网络地位的提升对出口的正面效应最强，在使用了一系列的稳健性检验后结论依旧成立。（2）我们还得到了 RTA 网络地位的轮轴促进效应在不同的出口国、不同的目的国以及不同的国家对特征条件下的异质性表现的丰富结论：出口国的 RTA 网络地位异质性程度越高说明其地位不稳固，因此更受轮轴管理效应的影响；相对于发展中国家，由于发达国家参与区域一体化进程的时间较早，因此掌握的信息更多，轮轴促进效应具有自强化性；当出口国与目的国之间缔结了 RTA 时，政策的连贯性为出口国提供了更多的优惠和保障进而降低轮轴国的轮轴管理效应；相对于非"一带一路"共建国家，"一带一路"共建国家受互联互通政策影响信息传递阻碍小，因此轮轴促进效应显著；出口目的国距离越远，轮轴国对他国的管控能力随距离的变长而变弱，因此轮轴促进效应被削弱。(3) RTA 网络地位的提升对出口的影响机制可以从国家层面的"一带一路"价值链地位提升、行业层面的竞争力提高以及产品层面的广延边际这三个路径展开。

　　本章的结论为中国经贸发展提供了政策参考。我们认为要促进中国贸易的转型升级、提高产品出口的国际竞争力和行业竞争优势，政府必须严格按照《中共中央、国务院关于推进贸易高质量发展的指导意见》进一步扩大自由贸易区覆盖范围，加快形成立足周边、辐射"一带一路"、面向全球的高标准自由贸易区网络。具体来说，第一，扩围，政府应该积极推动参与区域贸易自由化进程，通过区域贸易协定的缔结提升本国在"一带一路"价值链分工体系中的地位，进而促进产品出口向多国、多产品方向发展。第二，提质，RTA 网络地位的提升对出口的影响也会随行业异质性而产生差异化影响，政府要主动与伙伴国缔结具有优势产业的区域贸易协定，通过给予对方优惠的关税待遇来换取伙伴国的正面回馈，以此来提高本国产业的竞争力，为良好的贸易环境创造有利条件。第三，增效，我们注意到，伙伴国的异质性对出口国 RTA 网络地位提升的出口促进效应会产生不同，为此，中国政府要抓住"一带一路"倡议机会，率先同区域内的国家缔结 RTA，为更高水平的对外开放以及国际贸易安全提供机制性保障。第四，布局，在推动中国自贸区网络的构建过程中，需要关注竞争对手 RTA 网络地位的动态变化以及行业优势变化，合理布局，以避免中国陷入"辐条国陷阱"。

"一带一路"共建 RTA 网络的纺织品贸易效应

第一节 问题的提出

　　"一带一路"国家为共建全球纺织命运共同体,充分运用全球优势纺织资源,在全球范围内展开全方位合作。近些年,"一带一路"共建国家纺织品出口呈现出逐年上升的态势,"一带一路"共建国家纺织品 出口占世界纺织品出口的比重从 1996 年的 33.9%攀升至 2016 年的 61.6%。全球各国出口纺织品的贸易额随着时间的推进变得愈发重要。1996 年至 2020 年这 24 年间,中国纺织品的出口额稳居全球第一位,在纺织品出口网络中处于核心地位,特别地,在"一带一路"共建国家中,中国对"一带一路"共建国家出口的纺织品贸易额占对世界出口纺织品贸易额的比重为 38.6%,相较于 1996 年的 15.1%增长了 1.5 倍。处于"一带一路"纺织品贸易网络核心地位的韩国,出口到"一带一路"国家的纺织品贸易额占对世界出口纺织品贸易额的比重从 1996 年的 40.3%上升至 66.6%,增幅较大。印度、土耳其等国的纺织品贸易在"一带一路"共建国家中也占有重要地位。可见,研究纺织品贸易网络演化,分析影响"一带一路"共建国家纺织品贸易往来的关键因素,有助于与相关国家和地区展开互惠互利合作,实现"政策沟通、设施联通、资金融通、贸易畅通、民心相通",以点带面,从线到片,逐步形成区域合作网络化格局。

第二节 相关文献综述

　　伴随着 WTO 的成立,全球各国贸易联系加深,国际贸易中的连接关系受到了研究者的普遍关注（张兵，2014；许和连等，2015），例如宏观层级的国家与国家之间的贸易往来关系，中观层级的行业间的上下游关系以及行业内的分工关系，微观层级的企业间的跨国关系等，多种形式的连接关系在贸易中广泛存在并发挥着重要的作用。整体网分析方法是社会网络分析法的主要内容之一，通过对整体网结构指标、密度进行分析能有效掌握全球贸易网络布局。

最早研究社会网络的学者是 Watts 和 Strogatz（1998），他们通过构建网络模型，推广"六度分离"假说，用以揭示社会网络的"小世界效应"。Barabasi 和 Albert（1999）则发现了网络的无标度性特征。Jackson（2010）构建了测量贸易网络的指标。De Benedictis 等（2014）运用社会网络分析方法研究了世界贸易网络结构的演变，并衡量了全球贸易网络的中心国家。周迪和李晓蕙（2020）针对"一带一路"共建国家样本借助引力模型和社会网络分析方法得出"一带一路"贸易关联网络密度在持续增强。

目前，学者们运用社会网络分析方法除了以全球或"一带一路"为研究对象进行分析之外，有较多文献针对贸易的特定行业进行分析。在农业上，詹森华（2018）运用社会网络分析方法根据农产品贸易数据，论证得出"一带一路"共建国家农产品贸易的出口关系、竞争关系和互补关系的网络密度在增强，并运用块模型分析法证明了互补性大于竞争性。聂常乐、姜海宁和段健（2021）从粮食安全的角度运用 2000 年~2018 年的数据构建了全球粮食贸易网络，结果显示，中亚和东南亚在全球粮食贸易网络中地位逐渐上升，而欧洲地位有下降态势。魏素豪（2018）基于 QAP 模型检验了农业资源禀赋与农产品贸易网络结构特征的关系，指出自贸协定、经济总规模差异等会增强国家间农产品贸易的关联关系。韩冬和李光泗（2020）指出"一带一路"倡议提升了共建国家粮食贸易的一体化程度，地理距离、文化等是影响国家间贸易格局的主要因素。在制造业上，由于国际分工、全球价值链变得愈发重要，蒋雪梅和张少雪（2021）对 1995 年~2014 年中间品贸易格局的动态演变进行分析，并得出发展中经济体在全球贸易体系中的地位呈上升趋势，但存在的问题是，其参与度上仍有待提升。黄光灿和马莉莉（2020）运用 2005 年~2015 年制造业出口的国内增加值数据，采用凝聚子群和块模型分析制造业的区域空间结构。梁双陆和郭甜（2021）运用社会网络分析法分析中国与环印度洋地区制造业贸易网络结构特征和演变趋势，结果发现美国仍是影响环印度洋地区贸易格局的中坚力量，中国仍需不断提高制造业贸易网络上的核心竞争力。在服务业上，张昱、王亚楠和何轩（2020）基于块模型构建了全球服务贸易关联网络，对中国服务贸易在 2008 年金融危机前后的国际竞争力状况进行了研究。周文韬、杨汝岱和候新烁（2020）在二元和加权视角下构建 2005 年~2016 年世界服务贸易网络，指出网络整体密度不高，但日趋紧密，且高度对称。进一步地，新冠疫情的冲击激发学者们探讨数字服务贸易网络的拓扑结构（吕延方、方若楠和王冬，2021）、数字贸易的竞争互补关系（刘敏、薛伟贤和赵璟，2021）以及电子信息产业贸易网络"核心-外围"结构的凸显（姜文学和王妍，2020；成丽红和孙天阳，2021）。

综合已有文献来看，虽然目前已有相关文献拓宽了对贸易网络研究的方法，但鲜有文献运用复杂网络分析方法，构建全球及"一带一路"共建国家纺织品贸易的竞争及互补关系的拓扑网络。本章节的边际贡献：全面阐释全球及"一带一路"共建国家纺织品贸易整体规模和基本格局及其动态演化；运用社会网络分析方法更清晰地描述全球及"一带一路"共建国家纺织品贸易的竞争互补关系，板块演化过程；借助 QAP 回归分析方法阐述贸易协定网络、经济发展以及文化近邻对纺织品贸易网络形成的影响。本章其余部分安排如下：第二部分详细介绍了衡量网络密度、网络中心性、显性比较优势的指标以及本章所采用的主要分析方法和数据来源；第三部分分析了全球及"一带一路"共建国家纺织品贸易整体格局演化，将"一带一路"共建国家划分为四大板块，细致分析了中国纺织品出口的竞争国和互补国；第四部分运用 QAP 回归分析方法探讨了影响全球及"一带一路"共建国家纺织品贸易网络的因素；第五部分为研究结论与政策启示。

第三节 "一带一路"纺织品贸易网络构建

社会网络可以抽象为一个由节点集合 $N = \{1, 2, \cdots, n\}$ 和一个 $n \times n$ 的邻接矩阵 M 组成的图 $G = (N, M)$。社会网络用于刻画网络结构特征的指标有很多种，除聚类系数、度分布等测量指标外，还有核度、结构熵等指标。整体网分析法经常用到的指标包括点度中心度（在有向网络中可分为点出度和点入度）、中介中心度、接近中心度、特征向量中心度和网络中心势指数。这些指标在网络中代表不同的社会学含义。

本章选取 UN-Comtrade 公布的 1996 年以及 2020 年纺织品贸易基于全球

173 个国家（地区）作为整体网分析法中的 173 节点构建全球纺织品贸易关联矩阵，为了便于与"一带一路"共建国家网络进行对比分析，也勾勒了 1996 年及 2020 年"一带一路"共建国家的纺织品贸易关联矩阵。基于社会网络分析方法的原理，以"点"代表一个国家，以"边"代表两个国家之间的贸易关系进而对全球纺织品贸易网络关系进行特征分析，包括全球网络整体属性[1]、"一带一路"共建国家内部属性以及"一带一路"共建国家内部与外部之间的属性。本节构建的是有向网络，点度中心度衡量的是点出度，即一国（地区）的纺织品贸易出口关系数量。由于本章所构建的矩阵是非闭合的，不符合接近中心度和特征向量中心度测定的条件要求，本章也未考察节点所起到的"桥"的作用，因此没有测度中介中心度。鉴于本章重在考察不同国家在全球纺织品贸易网络中的"核心–边缘"地位，因而需要着重挖掘不同节点在网络中的相对重要程度。在网络密度的衡量上本节采用点度中心度指标和网络中心势指数来反映。为考察贸易竞争互补关系，本文采用显性比较优势指标来反映。

1. 点度中心度指标。

点度中心度指数的表达式：$C_{iRD} = \sum_j N_{ji} / (N-1)$，其中 $\sum_j N_{ji}$ 表示与点

---

〔1〕 本项目选取 173 个国家和地区为全样本，包括阿富汗、阿尔巴尼亚、阿尔及利亚、安哥拉、安道尔、安提瓜和巴布达、阿鲁巴、阿根廷、澳大利亚、奥地利、阿塞拜疆、孟加拉国、比利时、玻利维亚、巴哈马、巴林、巴巴多斯、巴西、白俄罗斯、伯利兹、贝宁、百慕大群岛、不丹、波斯尼亚和黑塞哥维那、博茨瓦纳、布基纳法索、布隆迪、柬埔寨、喀麦隆、佛得角、科摩罗、库克群岛、科特迪瓦、吉布提、多米尼克、东帝汶、厄瓜多尔、萨尔瓦多、爱沙尼亚、费罗群岛、加蓬、格鲁吉亚、加纳、危地马拉、几内亚、圭亚那、匈牙利、基里巴斯、科威特、吉尔吉斯斯坦、莱索托、马其顿、马达加斯加、马拉维、马尔代夫、毛里塔尼亚、毛里求斯、摩尔多瓦、黑山、摩洛哥、莫桑比克、缅甸、荷兰、文莱、保加利亚、加拿大、中非、智利、中国、哥伦比亚、刚果、哥斯达黎加、克罗地亚、古巴、塞浦路斯、杰克、丹麦、新喀里多尼亚、尼加拉瓜、尼日尔、尼日利亚、巴布亚新几内亚、巴拉圭、卡塔尔、卢旺达、苏里南、斯威士兰、叙利亚、多哥、汤加、特立尼达和多巴哥、突尼斯、阿联酋、瓦努阿图共和国、埃及、埃塞俄比亚、欧盟、斐济、芬兰、苏丹、法国、赞比亚、德国、希腊、格林兰、海地、洪都拉斯、中国香港、冰岛、印度、印度尼西亚、伊朗、伊拉克、爱尔兰、以色列、意大利、牙买加、日本、约旦、哈萨克斯坦、肯尼亚、韩国、老挝、拉脱维亚、黎巴嫩、利比亚、立陶宛、卢森堡、中国澳门、马来西亚、马里、马耳他、墨西哥、蒙古国、纳米比亚、尼泊尔、新西兰、挪威、阿曼、巴基斯坦、帕劳、巴拿马、秘鲁、菲律宾、波兰、葡萄牙、罗马尼亚、俄罗斯、新加坡、斯洛伐克、斯洛文尼亚、南非、西班牙、斯里兰卡、苏丹、瑞典、瑞士、塔吉克斯坦、坦桑尼亚、泰国、土耳其、土库曼斯坦、乌干达、乌克兰、英国、美国、乌拉圭、委内瑞拉、越南、也门、赞比亚、津巴布韦、亚美尼亚。

i 直接相连的其他点的个数，N 表示点的总数目。点度中心度衡量的是网络中行动者自身交易能力，在出口网络中，国家 i 的点度中心度表示 t 年 i 国真正发生出口关系的伙伴国个数与 i 国可能出口的国家数量最大值的比值。一国出口伙伴国越多，点度中心度的值就越大，那么该国在出口网络中越处于核心地位，其竞争性越大。本节利用 Netdraw 可视化软件来绘制纺织品出口网络图，同时用 Ucinet 软件对出口网络进行网络密度和中心性分析。

2. 介数中心性指标。

介数中心性指数的表达式：$BC_i = \sum_{i \neq j} \sum_{i \neq k} g_{jk}(i)/2$，其中 $g_{jk}(i)$ 表示节点 j 和节点 k 之间存在的经过第三个节点 i 的最短路径数目，介数中心性越大代表该节点在网络中扮演的 "中间人" 的角色作用越大，越能控制整个网络。

3. 接近中心性。

接近中心性指数的表达式：$CC_i = \sum_j \delta_{ij}$，其中，$\delta_{ij}$ 代表节点 i 与任意节点 j 之间的最短路径，接近中心性越小，该节点越不会受制于其他节点，进行信息传播时越不需要依赖其他节点。

4. 特征向量中心性。

特征向量中心性的表达式：$EC_i = \sum_j^n N_{ij} \times C_j$，其中，$N_{ij}$ 为如上所述的 0-1变量，C_j 为节点 j 的点度中心度。节点 i 的点度中心性可能不高，但节点 i 若拥有很少却很重要的连接者，其特征向量中心性的值就较大，那么该节点就会处于网络中的关键位置。

5. 网络中心势指数。

网络中心势指数的表达式：$C_{RD} = \sum_i [C_{RD}(V_{max}) - C_{RD}(V_i)]/(N-2)$，其中 V_{max} 表示网络中点度中心度最大的节点。点度中心度衡量的是网络中具体节点（行动者）的自身交往能力，C_{RD} 值越大代表该国在网络中的中心性地位越高，而网络中心势指数则用于衡量整个网络围绕某一组节点运行的集中程度，在一个贸易关系网络中 C_{RD} 值越大，说明该网络的越趋于中心化。

6. 显性比较优势指数。

根据 Balassa（1965）、Benedictis 和 Tamberi（2001）的方法，可以知道 i 国出口到 j 国纺织品的显性比较优势指数：$RCA_{ijt} = (X_{ijt}/X_{it})(X_{wjt}/X_{wt})$，其中，$RCA_{ijt}$ 表示 i 国出口到 j 国纺织品在 t 年的显性比较优势指数，X_{ijt} 表示 i 国

出口到 j 国的纺织品在 t 年的出口额；X_{it} 表示 i 国出口到所有国家的纺织品的出口额；X_{wjt} 代表世界所有国家出口到 j 国的纺织品在 t 年的出口额，X_{wt} 代表世界所有国家出口纺织品的出口额。如果 RCA_{ijt} 越大说明 i 国出口到 j 国的纺织品在 t 年是具有显性比较优势的。

第四节 全球及"一带一路"纺织品贸易网络格局演变特征分析

一、全球纺织品贸易网络密度分析

从全球联系来看，1996 年，欧洲、美洲和亚洲地区的中心国分别为德国、美国和印度；2020 年，欧洲、美洲和亚洲地区的中心国或地区分别为欧盟、美国和中国。具体地，从表 6-1 的全球各国纺织品贸易关系网络的中心性分析的测算结果中左栏可知，从 1996 年到 2016 年全球网络节点中心度排名中，中国的排位从第五位升至 2011 年的第一位和 2016 年的第二位，说明中国纺织品在全球出口网络的中心性地位有加强的趋势。此外，虽然欧盟和美国在 1996 年~2006 年间并未出现在节点中心度排名前五位中，但在 2011 年和 2016 年欧盟和美国均跻身前列。从 2006 年开始，印度在全球出口网络的点度中心度排名较高。对于全球网络中网络中心势指数随年份呈现出"倒 U"型态势，在 2006 年达到峰顶，这说明，从 1996 年~2006 年期间，全球网络的中心化趋势较为明显，特别是从 1996 年到 2001 年期间，网络中心势指数从 25.58 攀升至 83.26。2006 年~2016 年期间，全球网络的中心化趋势被削弱，但仍然保持较大的数值（2011 年的 85.65，2016 年的 80.19）。产生这种现象的可能原因在于，1995 年 WTO 的成立加速了全球各国融入一体化的进程，特别是中国 2001 年加入 WTO 后，其纺织品出口的网络中心性尤为凸显。

二、"一带一路"国家纺织品贸易网络密度分析

统计发现：2020 年，"一带一路"国家主要中心国依次为中国、印度、韩国、土耳其。具体地，从表 6-1 的"一带一路"纺织品贸易关系网络的中心性分析的测算结果中右栏可知在"一带一路"网络中点度中心度排名中，中国在 1996 年、2011 年和 2016 年是处于"领头羊"的位置，说明中国在

"一带一路"网络中处于中心控制位置。印度除了在 2006 年处在第一位的位置外，在其他年份其地位均紧随中国位置之后。此外，可以明显发现，印度尼西亚、泰国和韩国的点度中心度排名均较为靠前。这说明在"一带一路"网络中国面临的竞争比较大，主要对手包括印度、韩国、泰国和印度尼西亚。"一带一路"网络的中心势指数同样呈现出"倒 U"型，但与全球网络不同的是，"一带一路"网络中心势指数的峰顶出现在 2011 年。

表 6-1　全球和"一带一路"共建国家纺织品贸易关系网络中心性分析表

年份	全球网络		"一带一路"网络	
	中心度排名前五位的国家	网络中心势指数	中心度排名前五位的国家	网络中心势指数
1996	英国、德国、意大利、法国、中国	25.58	中国、印度、韩国、土耳其、捷克	5.75
2001	英国、印度尼西亚、德国、泰国、法国	83.26	印度尼西亚、泰国、中国、印度、韩国	24.58
2006	德国、印度、泰国、英国、中国	91.2	印度、泰国、中国、印度尼西亚、巴基斯坦	26.67
2011	中国、美国、法国、印度、泰国	85.65	中国、印度、泰国、韩国、印度尼西亚	28.19
2016	荷兰、中国、德国、印度、美国	80.19	中国、印度、泰国、波兰、印度尼西亚	25.78

数据来源：根据 UN-Comtrade 数据库数据计算得到

探讨"一带一路"共建国家纺织品贸易网络格局演变可从贸易关系和贸易量两个方面展开，其一，贸易关系是指从贸易伙伴数量上来对"一带一路"国家纺织品贸易网络进行中心性分析；其二，贸易量是指从贸易体量上来对"一带一路"共建国家纺织品贸易网络进行核心-边缘结构分析。

三、"一带一路"国家纺织品贸易网络中心性分析

通过对 2001 年、2006 年、2011 年、2017 年以及 2020 年"一带一路"共建国家纺织品贸易的点度中心度、接近中心度、中介中心度和特征向量中心度的测量,得到了如表 6-2 所示的 2001 年、2006 年、2011 年、2017 年以及 2020 年"一带一路"共建国家纺织品贸易网络中心性指标前四位和后四位排名。根据种照辉等(2017)文章中关于中心性指标排名的选取标准,本节只列出了中心性排名前四位和后四位排名的国家。

通过对比表 6-2 中的数据,可以发现"一带一路"共建国家的中心性呈现以下特征:(1)中国在 2001 年~2020 年的纺织品贸易网络各中心性指标排名均处于前四位,表明中国在"一带一路"纺织品贸易网络中处于中心位置,属于纺织品贸易网络的中心节点。(2)通过各中心性指标对比发现,中国从 2011 年开始各中心性指标均跃居第一位,处于"领头羊"的位置,特别是介数中心性指标得分从 2001 年的 2448 分上升至 2011 年的 2809 分再上升到 2020 年的 2894 分,说明中国在"一带一路"纺织品贸易网络中的中心地位得到巩固,逐渐处于中心控制的位置,在"一带一路"纺织品贸易网络中发挥着重要的桥梁的作用。中国借助"一带一路"积极推进与共建国家的纺织品贸易,在纺织品贸易网络中的话语权得到了提升。(3)除中国外,印度在各中心性指标的排名中始终处于前四位的位置,表明印度在纺织品贸易网络中控制其他节点国家之间进行纺织品贸易的能力也相对较强,在 2006 年印度各中心性指标均位居第一位,2011 年之后印度的各中心性指标均处在第二位,而且 2006 年印度介数中心性指数得分高达 3083 分,为峰值,2017 年下降至 2124 分,2020 年又上升至 2384 分,均远高于其他国家,这说明一方面,印度在 2006 年为增加市场份额厂商大量投资纺纱业,巩固了其纺织业地位;另一方面,得益于纺织品配额的取消使得其纺织品贸易强国地位突出。(4)除上述提及的国家外,泰国、印度尼西亚、波兰、土耳其在纺织品贸易网络中的表现相当突出,泰国、印度尼西亚等亚太地区国家纺织品贸易地位较强,泰国拥有强大的丝绸和棉花生产基础,并覆盖了上、中、下游的纺织产业价值链,纺织品市场成熟度高奠定了其核心地位;2017 年以前,印度尼西亚出口竞争力较高,而且来自越南的竞争较为激烈,这使得其面纱出口下降。2017 年、

2020年波兰的各中心性指标均位居前四名，表明波兰在"一带一路"纺织品贸易网络中地位显著上升，2020年波兰纺织品出口额比2010年翻一番，占波兰年出口总额的8.5%。2020年土耳其介数中心性上升至第四位，这说明土耳其在"一带一路"纺织品贸易中拥有了更多的话语权，此转变应该与土耳其比较显著的技术优势有关，土耳其积极采用计算机辅助设计和生产等新技术，其棉花产量、羊毛产量和人造纤维产量均居世界前列，提升了贸易地位。(5)亚美尼亚、阿尔巴尼亚和马尔代夫等国的中心性指标均排在末端，表明这些国家在纺织品贸易网络中处于最为边缘的位置。原因在于，第一，这些国家国内市场空间较小，纺织品贸易规模较小；第二，这些国家主要是与其周边国家发生纺织品贸易联系，还未真正融入"一带一路"纺织品贸易网络。

表6-2　2001年、2006年、2011年、2017年、2020年"一带一路"纺织品贸易关系网络中心性

	点度中心度		介数中心性		接近中心性		特征向量中心性	
	国家	得分	国家	得分	国家	得分	国家	得分
				2001年				
1	印度尼西亚	212	印度尼西亚	4160	印度尼西亚	653	印度尼西亚	0.097
2	泰国	206	泰国	3196	泰国	665	泰国	0.097
3	中国	199	印度	2522	中国	679	中国	0.097
4	印度	198	中国	2448	印度	681	印度	0.096
-4	亚美尼亚	21	亚美尼亚	9	亚美尼亚	1035	亚美尼亚	0.015
-3	阿尔巴尼亚	17	卡塔尔	6	阿尔巴尼亚	1043	阿尔巴尼亚	0.013
-2	卡塔尔	17	阿尔巴尼亚	5	卡塔尔	1043	卡塔尔	0.012
-1	马尔代夫	15	马尔代夫	4	马尔代夫	1047	马尔代夫	0.011
				2006年				
1	印度	211	印度	3083	印度	690	印度	0.092
2	泰国	206	巴基斯坦	2504	泰国	700	泰国	0.091
3	中国	203	印度尼西亚	2491	中国	706	中国	0.091
4	印度尼西亚	200	泰国	2458	印度尼西亚	712	巴基斯坦	0.089
-4	布隆迪	25	布隆迪	15	布隆迪	1064	布隆迪	0.015

续表

	点度中心度		介数中心性		接近中心性		特征向量中心性	
	国家	得分	国家	得分	国家	得分	国家	得分
-3	不丹	15	不丹	34	不丹	1082	不丹	0.01
-2	黑山	14	黑山	3	黑山	1086	黑山	0.009
-1	马尔代夫	1	马尔代夫	0	马尔代夫	1138	马尔代夫	0.001
2011 年								
1	中国	210	中国	2809	中国	693	中国	0.091
2	印度	206	印度	2504	印度	701	印度	0.09
3	泰国	200	印度尼西亚	2093	泰国	713	泰国	0.089
4	印度尼西亚	188	泰国	2084	印度尼西亚	737	印度尼西亚	0.086
-4	阿富汗	13	阿富汗	2	阿富汗	1089	阿富汗	0.009
-3	不丹	5	布隆迪	1	不丹	1105	不丹	0.003
-2	布隆迪	5	不丹	0	伊拉克	1107	伊拉克	0.003
-1	伊拉克	4	伊拉克	0	布隆迪	1111	布隆迪	0.002
2017 年								
1	中国	214	中国	3013	中国	671	中国	0.088
2	印度	208	印度	2124	印度	683	印度	0.088
3	波兰	196	波兰	1928	波兰	707	波兰	0.086
4	印度尼西亚	193	印度尼西亚	1860	印度尼西亚	713	土耳其	0.085
-4	黑山	26	黑山	11	黑山	1049	黑山	0.015
-3	布隆迪	17	布隆迪	7	布隆迪	1069	布隆迪	0.008
-2	东帝汶	9	东帝汶	1	东帝汶	1087	东帝汶	0.005
-1	马尔代夫	8	马尔代夫	1	马尔代夫	1087	马尔代夫	0.005
2020 年								
1	中国	211	中国	2894	中国	656	中国	0.088
2	印度	206	印度	2384	印度	666	印度	0.087
3	波兰	196	波兰	2082	波兰	686	波兰	0.086

	点度中心度		介数中心性		接近中心性		特征向量中心性	
	国家	得分	国家	得分	国家	得分	国家	得分
4	泰国	193	土耳其	1545	泰国	692	泰国	0.085
−4	塔吉克斯坦	27	塔吉克斯坦	15	塔吉克斯坦	1024	塔吉克斯坦	0.016
−3	布隆迪	21	布隆迪	11	布隆迪	1036	布隆迪	0.011
−2	阿尔巴尼亚	7	卡塔尔	1	卡塔尔	1066	卡塔尔	0.004
−1	卡塔尔	7	阿尔巴尼亚	1	阿尔巴尼亚	1066	阿尔巴尼亚	0.004

数据来源：根据 UN-Comtrade 数据库数据计算得到。

四、"一带一路"国家纺织品贸易网络核心—边缘结构分析

为了更清楚地展示"一带一路"共建国家纺织品贸易地位的动态演变，本节构建核心—边缘结构指标：（1）计算 t 年 i 国出口到 j 国的贸易额占 i 国 t 年出口总额的比值 $export_{ijt} / export_{it}$；（2）计算 $export_{ijt} / export_{it}$ 在 t 年的第 95 分位数 $Pctile_{95}$；（3）当 $export_{ijt} / export_{it} > Pctile_{95}$ 时，定义 i 国在 t 年相对于 j 国是出口的核心国，$hub_{ijt} = 1$，否则 $hub_{ijt} = 0$。图 6-1 中圆点代表出口国且为"一带一路"共建国家，方框代表进口国且为全球国家。圆点与方框间的连线代表两国核心-边缘关系，圆点越大且国家简称字体越大代表该国越处于出口网络的核心地位；方框越大且国家简称字体越大代表该国越处于进口网络的核心地位。

本节对比 2001 年、2006 年、2017 年和 2020 年纺织品贸易网络核心—边缘结构可以发现以下特征：（1）从国家的维度来看，网络中节点国家的力量对比不均衡，例如，对于全球从"一带一路"共建国家进口纺织品的进口国来说，中国、美国、意大利等少数贸易大国的节点连线最为密集，阿尔巴尼亚、格鲁吉亚等超过 3/4 的节点国家处于游离状态，与网络中的国家建立的纺织品贸易联系较为稀疏，成为核心国的次数几乎为零，近 1/4 的节点国家在网络中存在连线但相对稀疏。这表明在全球纺织品进口网络中，中国、美国等极少数国家处于中心国地位，但大部分国家的影响力是较弱的，在纺织

品贸易网络中处于依附地位；对于"一带一路"出口国来说，中国、印度、泰国等少数亚太国家节点连线较为紧密，东帝汶、马尔代夫等近一半的"一带一路"共建国家与网络中国家建立纺织品贸易联系较弱，成为核心国的次数较少，在"一带一路"出口关系中不存在游离状态点。这表明在"一带一路"纺织品出口网络中，中国、印度等少数国家处于中心位置，其他国家在纺织品贸易网络中处于依附地位；（2）从时间的维度来看，出口网络节点成为轴心国的国家个数逐步增多且动态演变。2001 年核心国只有印度和泰国，2006 年核心国增长为中国、印度、泰国、印度尼西亚、巴基斯坦 5 国，2017 年核心国为中国、印度、波兰、印度尼西亚、捷克、巴基斯坦、菲律宾 7 国，说明"一带一路"倡议的提出有效推动了丝绸之路的发展，使得网络节点成为核心国的国家个数稳步提升，不难发现核心国大多处于亚太地区；（3）从整体网络结构来看，纺织品贸易网络呈现出明显的核心-边缘结构，2001 年核心国 2 个，半边缘国 34 个，边缘国 11 个，2006 年核心国个数上升至 5 个，半边缘国个数上升至 42 个，边缘国则下降至 8 个，2017 年核心国个数升至 7 个，半边缘国 42 个，边缘国下降至 3 个。从 2001 年至 2017 年核心国个数上升，而边缘国个数稳步下降展现了明显的核心-边缘结构。[1]

五、"一带一路"国家与全球各国之间的纺织品贸易网络关系

将全球的国家按照"一带一路"共建国家和非"一带一路"共建国家划分可深入探究全球纺织品贸易结构是如何发生变化的。本节以贸易国之间真正发生贸易关系的数量为标准从整体考察"一带一路"共建国家内部、内部-外部以及外部-外部之间纺织品贸易关系。结果如表 6-3 所示。根据表 6-3 可知，1996 年，"一带一路"共建国家内部之间的出口占世界纺织品总出口的比重仅为 11.1%，而到了 2016 年该比例上升至 17.6%。"一带一路"国家向非"一带一路"国家的出口由 1996 年的 16.86% 攀升至 2016 年的 27.08%。非"一带一路"国家向"一带一路"国家的出口，从 1996 年的 24.88% 下降

---

〔1〕 本书衡量核心国的标准为在当年该国相对于其他国家成为核心国的次数，若次数处于全样本的前 95% 分位即为核心国，成为核心国次数处于全样本中后 5% 分位即为边缘国，剩余的为半边缘国。由于 2019 年年末新冠疫情影响，2020 年核心国个数为 3 个，半边缘国个数为 32 个，边缘国为 14 个。

至 2016 年的 17.99%。同样地，非"一带一路"国家之间的出口占世界出口比重是下降的，1996 年时，该比重较大，为 47.16%，到 2016 年，该比重下降至 37.33%。这说明随着年份的增加，"一带一路"共建国家内部以及"一带一路"国家向外部的出口在逐年增加，"一带一路"共建国家的纺织品出口变得愈发重要。

表 6-3 "一带一路"共建国家内部、内部-外部以及外部-外部之间纺织品关系

1996 年	"一带一路"国家	非"一带一路"国家
"一带一路"国家	633（11.1%）	961（16.86%）
非"一带一路"国家	1418（24.88%）	2689（47.16%）

2016 年	"一带一路"国家	非"一带一路"国家
"一带一路"国家	2637（17.6%）	4058（27.08%）
非"一带一路"国家	2697（17.99%）	5592（37.33%）

数据来源：根据 UN-Comtrade，作者整理计算可得。

此外，本节刻画了 2020 年全球纺织品贸易网络和"一带一路"网络中各中心国家的主要出口伙伴国有哪些。2020 年欧洲、美洲和亚洲的中心国家或地区分别为：欧盟、美国和中国，基于此，我们绘制了 2020 年欧盟、美国和中国的出口目的地网络图（图 6-1 左），主要包括土耳其、中国、韩国和越南。不难发现，这些目的地国家基本上为"一带一路"共建国家。根据本节图 6-1 可知，2020 年"一带一路"网络的中心国家分别为中国、印度、韩国和土耳其，基于此，我们绘制了 2020 年"一带一路"网络中心国家的出口目的地网络图（图 6-1 右），主要包括美国、德国、英国、孟加拉国、越南等。可以发现，第一，在"一带一路"网络中心国家的出口目的地中美国是主要的进口国；第二，从区位上来看，由于中国、韩国和印度均属于亚洲国家，其出口目的地也主要集中在亚洲地区，如孟加拉国、菲律宾、日本、越南等国。而土耳其地处欧洲，其出口目的地主要集中在欧洲地区，如英国、德国、法国、意大利等国。这也充分说明了地理距离对于两国间贸易发挥着重要作用。

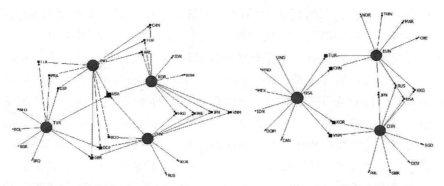

图 6-1 2020 年全球中心国家出口网络以及"一带一路"中心国家出口网络

注：此图用 Netdraw 软件制作，数据来源于 UN-Comtrade。

六、"一带一路"共建国家纺织品贸易关系网络的板块化分析

（一）贸易层级上的板块化

李敬等（2014，2020）根据板块的内部关系和外部关系，将板块分成四种类型：一是内部型，板块内部关系较多，外部关系较少甚至没有；二是外部型，板块内部关系较少，但外部关系较多；三是兼顾型，板块内外部关系都较多；四是孤立型，板块内外部关系都较少甚至没有（詹森华，2018）。本节借鉴李敬等（2014，2020）的板块划分方法，将"一带一路"共建国家划分为内部型、外部型、兼顾型和孤立型四个板块。在图 6-2 中，A、B、C、D 四国均为"一带一路"共建国家，E 国为非"一带一路"共建国家，箭头的方向代表出口方向，根据李敬等（2014，2020）的板块划分方法可知 A 国为孤立型板块国家；B 国为内部板块国家；C 为兼顾型板块国家；D 为外部板块国家。

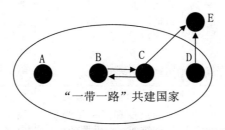

图 6-2 "一带一路"共建国家纺织品出口网络板块划分示意图

在不同的年份，不同板块中的国家分布会存在差异。板块划分标准为：每一年，当"一带一路"国家向内部国家出口的贸易关系数量加上向外部国家出口的贸易关系数量小于或等于当年总量的25分位数时，我们将这样的国家定义为孤立型；当"一带一路"国家向内部国家出口的贸易关系数量减去向外部国家出口的贸易关系数量大于或等于当年的90分位数时，此类国家为内部型；当"一带一路"国家向内部国家出口的贸易关系数量减去向外部国家出口的贸易关系数量小于或等于当年的25分位数时，此类国家为外部型；除了孤立型、内部型和外部型国家之外剩余的其他国家我们均定义为兼顾型国家。为考察四种类型板块随时间动态演变的过程，根据贸易关系数量的多寡，本节列出1996年、2006年以及2016年四个板块所包含的国家。具体详见表6-4。由表6-4可知，第一，随着年份的增加，"一带一路"共建国家的出口国数量总体上是不断上升的，此外，四大板块所包含的国家数量也在扩充。第二，同一个国家在不同年份会分属于不同板块，例如，斯洛文尼亚在1996年属于孤立型板块，到了2006年，斯洛文尼亚转型到内部型板块，而到了2016年，斯洛文尼亚继续转型到兼顾型板块。即伴随着各国参与国际化分工的不同，各国出口结构在发生变化，其在贸易网络中所处的地位随之发生深刻的变化。第三，对比不同年份不同板块所包含的国家可以发现，外部型板块的国家分布较为稳定，基本包括中国、印度、印度尼西亚、韩国、泰国、土耳其、巴基斯坦。而其他三个板块所包含的国家分布会发生较大的改变。

表6-4 1996年、2006年以及2016年"一带一路"共建国家的四大板块型国家

	1996年（15个国家）	2006年（57个国家）	2016年（59个国家）
孤立型	阿尔巴尼亚、马其顿、爱沙尼亚、斯洛文尼亚	黑山、不丹、布隆迪、也门、亚美尼亚、巴林、埃塞俄比亚、蒙古国、吉尔吉斯斯坦、格鲁吉亚、阿尔巴尼亚、阿曼、摩尔多瓦、马其顿、阿塞拜疆、哈萨克斯坦	马尔代夫、卡塔尔、布隆迪、阿尔巴尼亚、亚美尼亚、阿富汗、黑山、吉尔吉斯斯坦、蒙古、阿曼、老挝、摩尔多瓦、马其顿、哈萨克斯坦、格鲁吉亚、阿塞拜疆
内部型	波兰、保加利亚	斯洛文尼亚、克罗地亚、波斯尼亚和黑塞哥维那、塞尔维亚、白俄罗斯	伊朗、乌克兰、爱沙尼亚、波斯尼亚和黑塞哥维那、白俄罗斯

	1996 年（15 个国家）	2006 年（57 个国家）	2016 年（59 个国家）
外部型	印度、中国、韩国、印度尼西亚	印度尼西亚、印度、泰国、中国、巴基斯坦、韩国、南非、土耳其、孟加拉国、波兰、斯里兰卡	中国、印度、泰国、波兰、印度尼西亚、南非、韩国、土耳其、巴基斯坦、菲律宾、新加坡
兼顾型	以色列、新西兰、土耳其、捷克、匈牙利	黎巴嫩、马来西亚、阿联酋、越南、新加坡、菲律宾、新西兰、捷克、匈牙利、以色列、保加利亚、罗马尼亚、叙利亚、爱沙尼亚、柬埔寨、科威特、沙特阿拉伯、斯洛伐克、拉脱维亚、卡塔尔、立陶宛、乌克兰、俄罗斯、约旦、伊朗	捷克、斯里兰卡、缅甸、马来西亚、阿联酋、新西兰、越南、匈牙利、以色列、埃及、立陶宛、埃塞俄比亚、科威特、罗马尼亚、保加利亚、拉脱维亚、俄罗斯、柬埔寨、塞尔维亚、沙特阿拉伯、克罗地亚、斯洛伐克、尼泊尔、约旦、斯洛文尼亚、巴林

数据来源：UN-Comtrade 作者整理。

为考察四大板块内部国家之间的出口关系，本节从出口广度和出口深度两个角度进行统计对比。出口广度是指一国拥有竞争对手的个数（出口到同一个目的地国家的竞争对手有多少个）；出口深度是指一国出口到除目的地以外的其他国家或地区出口额占一国总出口的比例。经统计，发现 2016 年，孤立板块的出口广度为 47，内部板块的出口广度为 42，外部板块的出口广度为 33，兼顾型板块的出口广度为 38。与此同时，孤立板块的出口深度为 0.44%，内部板块的出口深度为 0.79%，外部板块的出口深度为 82.84%，兼顾型板块的出口深度为 15.93%。由此我们可描绘出 2016 年"一带一路"共建国家四大板块的竞争强弱关系图，如图 6-3 所示，横轴代表出口广度，纵轴代表出口深度，由于外部板块出口广度相对较小，同时出口深度较大，处于第一象限的左上角，这代表着外部板块面临的竞争对手相对较少，同时出口占比较大，所以在四大板块中处于强势地位；兼顾型板块出口广度相对较小，同时出口深度相对外部板块要小，处于第一象限的左下角，这代表着兼顾型板块面临的竞争对手相对较小，但出口占比相对于外部型板块小很多，所以在四大板块中处于弱于外部型板块的地位；内部型板块出口广度相对较大，同时出口深度相对于外部型和兼顾型板块均小很多，处于第一象限的右上角，这代表着内部板块面临的竞争对手相对较多，同时出口占比也较小，因此在四大板块中处于弱于兼顾型板块的地位；孤立型板块出口广度相对较大，同时出口深度极小，处于第一象限的右下角，这代表着孤立板块面临的竞争对手较多，同时出口占比极小，因此在四大板块中处于最弱的地位。综上，"一带一路"共建国家四大板块地位排序由强到弱在图 6-3 中展现出躺 "Z" 型。由于不同板块所包含的国家之间存在一定的相似性，因此，不同板块的国家之间存在着纺织品出口竞争关系；分属不同板块的国家之间存在一定的异质性，根据比较优势理论，分属不同板块的国家之间存在着纺织品出口互补关系。

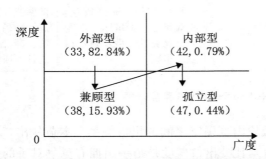

图 6-3　2016 年"一带一路"共建国家四大板块地位排序

数据来源：UN-Comtrade 作者整理。

（二）块模型分析方法

块模型分析方法是研究网络位置模型的方法（White 等，1976）通过块模型的分析能够直观反映网络中各群体间的关系。具体地，块模型分析步骤如下：（1）构建"一带一路"共建国家内部的纺织品贸易网络方阵，使得所有贸易方均可纳入各个块中；（2）根据 CONCOR 密度矩阵构建像矩阵，当密度矩阵中元素大于平均网络密度时像矩阵所对应行列的元素取值为 1，否则取值为 0；（3）根据 CONCOR 像矩阵对整体网络结构及各个块之间的关系进行分析。

对于"一带一路"共建国家纺织品贸易网络的板块化分析最为适用的分析方法即块模型分析法。本节使用 UCINET 软件中的 CONCOR 算法对 2006

年、2011 年、2017 年以及 2020 年的"一带一路"共建国家根据纺织品贸易的进出口关系进行分块,经济结构相似的归为同一块。最大切分深度为 2,最大重复次数为 250 次,每一个分区中至少保留 2 个行动者,否则需降低分块水平。对"一带一路"纺织品贸易关系网络的分析一共分成 4 块,块内成员分布不均匀,但都有一定的共同特征,表 6-5 统计了各年的分块情况。

表 6-5 2006 年、2011 年、2017 年、2020 年"一带一路"
共建国家纺织品贸易网络分块情况表

2006 年 (55 国)	块 1	阿尔巴尼亚、格鲁吉亚、亚美尼亚、摩尔多瓦、黑山、马其顿、波黑、斯洛文尼亚
	块 2	斯洛伐克、匈牙利、巴林、捷克、拉脱维亚、立陶宛
	块 3	布隆迪、也门、克罗地亚、巴基斯坦、印度、印度尼西亚、保加利亚、叙利亚、哈萨克斯坦、吉尔吉斯斯坦、柬埔寨、菲律宾、伊朗、斯里兰卡、阿拉伯联合酋长国、泰国、阿塞拜疆、塞尔维亚、保加利亚、俄罗斯、以色列、马来西亚、越南、土耳其、乌克兰、罗马尼亚、新加坡、沙特阿拉伯
	块 4	塞浦路斯、波兰、卡塔尔、马尔代夫、不丹、蒙古国、巴林、约旦、阿曼、中国、爱沙尼亚、科威特、黎巴嫩
2011 年 (59 国)	块 1	阿富汗、布隆迪、老挝、阿曼
	块 2	阿塞拜疆、阿拉伯联合酋长国、马来西亚、伊朗、缅甸、卡塔尔、尼泊尔、吉尔吉斯斯坦、孟加拉国、埃及、菲律宾、哈萨克斯坦、拉脱维亚、越南、马尔代夫、也门、乌克兰、黑山、克罗地亚、斯里兰卡、约旦、黎巴嫩、以色列、印度、俄罗斯、中国、塞浦路斯、波兰、新加坡、泰国、印度尼西亚、斯洛文尼亚、柬埔寨、巴基斯坦、巴林、科威特、土耳其、沙特阿拉伯、爱沙尼亚
	块 3	伊拉克、罗马尼亚、格鲁吉亚、叙利亚、亚美尼亚、保加利亚、波黑、阿尔巴尼亚、摩尔多瓦、马其顿、匈牙利、捷克、斯洛伐克
	块 4	白俄罗斯、立陶宛、不丹

2017 年 （52 国）	块 1	阿尔巴尼亚、波黑、摩尔多瓦、阿塞拜疆、马其顿、保加利亚、塞尔维亚、格鲁吉亚、黑山、白俄罗斯、亚美尼亚
	块 2	斯洛伐克、捷克、匈牙利、罗马尼亚、克罗地亚、立陶宛
	块 3	巴林、马尔代夫、以色列、阿曼、尼泊尔、布隆迪、印度、阿拉伯联合酋长国、斯里兰卡、马来西亚、爱沙尼亚、波兰、科威特、伊朗、缅甸、蒙古国、约旦、中国、埃及、巴基斯坦、越南、沙特阿拉伯、印度尼西亚、新加坡、土耳其
	块 4	伊朗、俄罗斯、吉尔吉斯斯坦、斯洛文尼亚、乌兹别克斯坦、哈萨克斯坦、乌克兰、菲律宾、东帝汶、拉脱维亚
2020 年 （49 国）	块 1	阿尔巴尼亚、黑山、阿塞拜疆、摩尔多瓦、波黑、保加利亚、斯洛伐克、格鲁吉亚、塞尔维亚
	块 2	亚美尼亚、白俄罗斯
	块 3	黎巴嫩、布隆迪、柬埔寨、俄罗斯、塞浦路斯、印度尼西亚、以色列、约旦、哈萨克斯坦、中国、吉尔吉斯斯坦、缅甸、阿拉伯联合酋长国、乌兹别克斯坦、马来西亚、科威特、新加坡、巴基斯坦、菲律宾、塔吉克斯坦、卡塔尔、泰国、印度、斯洛文尼亚、沙特阿拉伯、蒙古国、土耳其、越南、斯里兰卡
	块 4	拉脱维亚、爱沙尼亚、捷克、匈牙利、克罗地亚、乌克兰、罗马尼亚、立陶宛、波兰

数据来源：UN-Comtrade。

经计算，2006 年、2011 年、2017 年以及 2020 年"一带一路"共建国家纺织品贸易网络整体网密度分别为 49 204、85 842、100 077、76 022 152，可以发现随着时间的推移，纺织品整体网密度逐步提升，说明"一带一路"共建国家间纺织品贸易网络联系愈发紧密。接下来，表 6-6 列出了 2006 年、2011 年、2017 年以及 2020 年整体网的密度矩阵，根据密度矩阵可得出 2006 年、2011 年、2017 年以及 2020 年"一带一路"共建国家纺织品贸易网络的像矩阵，像矩阵是整体网结构的简化，其中分块密度大于整体网密度时像矩阵中元素为 1，否则为 0。当两个经济体之间有较强的贸易联系时矩阵中元素为 1，否则为 0。本节使用 UCINET 中的 CONCOR 算法计算 2006 年、2011 年、2017 年以及 2020 年各区域的平均密度，简化后得到的像矩阵简化图，根据像矩阵简化图可得到各块之间关系的简化图，如图 6-4 所示。

表 6-6　2006 年、2011 年、2017 年和 2020 年"一带一路"纺织品贸易网络密度矩阵

2006 年			
	1	2	3	4
1	3702. 936	1685. 162	4265. 812	4338. 735
2	2145. 546	49 528. 023	18 098. 316	27 016. 123
3	4332. 802	11 574. 842	48 939. 777	80 878. 672
4	2670. 266	20 928. 498	145 655. 359	40 577. 316

2011 年			
	1	2	3	4
1	0. 685	7849. 67	59. 089	1. 3
2	8133. 24	152 325. 563	17 048. 018	14 759. 286
3	209. 767	18 224. 113	26 267. 102	5896. 821
4	4. 002	32 543. 773	4532. 748	77 015. 172

2017 年			
	1	2	3	4
1	4448. 681	11 797. 43	13 146. 69	19 588. 54
2	16 324. 04	111 778. 5	43 499. 63	24 516. 65
3	13 422. 82	38 769. 82	271 099. 9	118 754. 1
4	18 580. 76	17 518. 63	49 926. 29	43 526. 8

2020 年			
	1	2	3	4
1	5 196 803	2 981 117	3 594 909	19 594 966
2	1 658 628	979 847	23 728 322	12 207 583
3	14 647 579	27 504 452	16 747 9824	42 203 732
4	17 743 074	10 021 548	5 621 729	57 449 428

数据来源：UN-Comtrade。

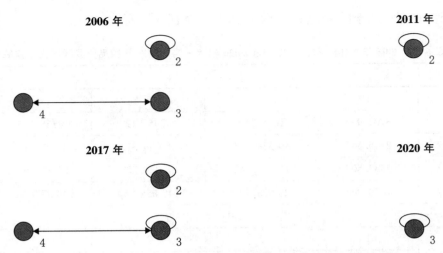

图 6-4 2006 年、2011 年、2017 年和 2020 年块模型各块之间关系的简化图

数据来源：UN-Comtrade。

2006 年各块之间关系的简化图显示：块 3 和块 4 之间相互进行纺织进出口贸易，块 3 出口到块 4，块 4 也出口到块 3，而块 2 是自反性关系，且为典型的内部型板块，即只在区域块内部发生关系，而不对外发生关系，块 2 内部国家纺织品贸易往来关系较为密切。中国处于块 4 之中，纺织品进口较多，而与中国中心性较近的印度、泰国、印度尼西亚、巴基斯坦均处于块 3 之中，说明中国在 2006 年虽然与这四国中心性指标较为相近，但贸易结构上是存在互补关系的。

2011 年各块之间关系的简化图显示：只有块 2 存在自反性关系，而其他块内部以及块之间纺织品贸易关系较弱，均未体现出明显的贸易联系，可能的原因在于 2008 年金融危机的冲击导致全球纺织品贸易低迷。中国处于块 2 之中，与中国中心性较近的印度、泰国、印度尼西亚也处于块 2 之中，说明中国在 2011 年与这四国之间不仅中心性指标相近，而且贸易结构相似，存在竞争关系。

2017 年各块之间关系的简化图显示：块 4 对块 3 是接收关系，块 2 和块 3 均是自反性关系。且块 2 为内部型板块，块 3 是纺织品的主要出口块，属于双向溢出板块，其成员国向其他板块成员国出口较多，且自身块内部也存在较多贸易往来，但没有或较少接收外来关系。中国就处于块 3 之中，说明中国纺织品出口关系较强，能够产生双向溢出效应。块 4 是纺织品的主要进口块，俄罗斯处于块 4 之中，说明俄罗斯纺织品进口关系较强。此简化图也说明了"一带一路"倡议提出的有效性，纺织品贸易网络关系展现出多元化。与中国中心性指标相近的印度、波兰和印度尼西亚均处于块 3 之中，与中国是竞争关系。

2020 年各块之间关系的简化图显示："一带一路"纺织品贸易关系路径只有一条，即块 3 的自反性关系，说明块 3 内部国家贸易往来关系较为密切。这可能是因为 2019 年年末受重大突发公共卫生事件的影响，使纺织品贸易量出现了萎缩，但中国处在块 3 之中，出口量较大，尤其是中国口罩等纺织品出口在 2020 年较为凸显。与中国中心性指标相近的印度、泰国处于块 3 之中，与中国是竞争关系，而波兰处于块 4 之中，与中国是互补关系，由于波兰在轻纺织品产业属于劣势地位，而中国却处于优势。

七、中国出口纺织品竞争互补关系分析

基于 Balassa（1965）与 Benedictis 和 Tamberi（2001）的方法，为了更好地表达本节所述的国家之间的竞争效应，我们令 $RTA_{sim} = | RCA_{ijt} - RCA_{jit} |$，$RCA_{sim}$ 越小，说明 i、j 两国产品越相似，竞争越强，竞争效应越大；RCA_{sim} 越大，说明 i、j 两国产品差距越大，竞争越弱，互补效应越大。

根据前文所述，无论是全球网络还是"一带一路"网络的中心国家均包含中国，说明中国的纺织品出口在世界是举足轻重的。当一国在生产纺织品行业拥有比较优势时，该国生产并出口纺织品就会节约成本，提高生产率。当两国在生产纺织品上拥有相似的优势时，两国是竞争关系；当两国在生产纺织品的比较优势上存在较大差距时，两国是互补关系。根据本节显性比较优势指标可明确列出与中国出口纺织品是竞争关系和互补关系的国家和地区有哪些（见表 6-7）。

由表 6-7 左栏可知，与中国出口纺织品保持竞争关系的国家和地区很多，而且随着年份的变化其分布较为分散，其中哥伦比亚和保加利亚是 1996 年～2006 年期间与中国保持竞争关系较为稳定的两个国家，对于竞争关系国家，中国要引起高度重视，调整出口结构，保持与竞争型国家的良性竞争，提高自身纺织品出口特色突出优势。由表 6-7 右栏可知，与中国出口纺织品保持

互补关系的国家和地区较为集中，包括：美国、新西兰、澳大利亚、蒙古国、喀麦隆、新西兰。对于互补关系国家，中国应充分抓住机遇，加强与互补型国家的友好合作关系，以达到互利共赢的局面。

表 6-7　与中国出口纺织品竞争关系和互补关系国家

年份	与中国是竞争关系的国家和地区	与中国是互补关系的国家和地区
1996	以色列、**哥伦比亚**、**保加利亚**、荷兰、瑞士	**美国**、日本、**新西兰**、**澳大利亚**
2001	纳米比亚、赞比亚、哥斯达黎加、**保加利亚**、希腊	**美国**、乌拉圭、**澳大利亚**、**新西兰**、委内瑞拉
2006	牙买加、马拉维、亚美尼亚、**哥伦比亚**、突尼斯	喀麦隆、贝宁、**美国**、**蒙古国**、**澳大利亚**
2011	克罗地亚、塞浦路斯、萨尔瓦多、哥斯达黎加、文莱	**澳大利亚**、**喀麦隆**、贝宁、马里
2016	波斯尼亚和黑塞哥维那、津巴布韦、格鲁吉亚、阿塞拜疆、巴拉圭	**蒙古国**、尼日尔、马尔代夫、**美国**、**澳大利亚**

注：表中加粗字体为不同年份重复的国家，带有下划线的是"一带一路"共建国家。数据来自 UN-Comtrade。

第五节　实证模型、数据来源与处理

一、变量选取

本节基于已有文献，将各国 FTA 网络（FTA_{ijt}）、两国 GDP 之和（GDP_{ijt_sum}）、GDP 之差（GDP_{ijt_sim}）、人均 GDP 之和（GDP_{ijt_sim}）、人口之和（PoP_{ijt_sum}）、两国之间地理距离（ln_distw_{ij}）、两国是否相邻（$Contig_{ij}$）、是否拥有共同的法律来源（$Comleg_{ij}$）以及是否使用共同语言（$Comlang_{ij}$）这九个变量作为影响纺织品贸易网络的因素。

　　传统的引力模型是学者们公认的解释双边贸易流动的经典模型，引力模型中解释变量不仅包含了两国 GDP 的大小也包含了双边地理距离等贸易成本变量，因此，本节将两国 GDP 之和、GDP 之差、人均 GDP 之和作为解释变量，通常认为两国经济规模越大，经济结构越相似越会促进贸易的发展。此外，也将两国人口之和、地理距离、两国文化近邻性等变量纳入模型进行分析，通常认为两国人口之和是用以衡量人力资本积累的变量，人口越多制造业产品的出口会增加，两国地理位置越相近越会促进贸易的增长，国与国之间法律来源相同、属于同一大陆板块、拥有共同的法律来源代表文化的近邻性，文化越相近贸易成本越低就越会促进贸易的发展。

　　此外，伴随区域经济一体化的持续推进，全球缔结的 RTA 数量以及"一带一路"共建国家签订的 RTA 均呈现了网络化发展态势，截至 2020 年，全球共缔结 RTA 306 个，"一带一路"共建国家与全球国家共签署了 168 个协定，"一带一路"内部国家之前共签署了 94 个协定，占总量的 56%。[1]根据区域经济一体"一带一路"化理论，两国是否签订区域贸易协定（RTA）也会影响两国贸易水平（Baier 和 Bergstrand，2007；丘东晓，2011；周念利，2012；林僖和鲍晓华，2018）。在控制其他变量不变的情况下，当两国在某一年已经缔结了 FTA 相比没有缔结 FTA 时，由于两国伙伴关系的加深以及关税等贸易成本的降低会使得出口增加。

二、数据来源及说明

　　书中所用贸易数据来自 UN-Comtrade 数据库，RTA 网络数据来自 WTO 数据库，与经济增长有关的变量，例如两国 GDP 之和、GDP 之差、人均 GDP 之和、人口之和的数据均来自 World Bank 数据库，两国地理距离、两国是否大陆相邻、是否有共同法律来源以及是否有共同语言的信息来自 CEPII 数据库。样本收集包括全球 193 个国家和地区，其中包括"一带一路"共建国家69 个，时间为 2020 年。

　　本节将纺织品贸易网络作为被解释变量，将 FTA 网络、GDP 和之网、GDP 差之网、人均 GDP 和之网、人口和之网、地理距离矩阵、陆地是否相邻0-1 矩阵、是否有共同法律来源 0-1 矩阵、共同语言 0-1 矩阵作为解释变量

---

　　〔1〕 RTA 数据均来自 WTO 网站，作者整理计算得出。

进行 QAP 回归。QAP 分析法被称为"测量关系之间关系的方法"（刘军，2007）。QAP 分析方法相比 OLS 分析法的优势在于，能够以重新抽样为基础，有效解决关系型数据存在的多重共线性和虚假相关等问题。

三、实证分析

本节进行 QAP 回归分析时，选择 5000 次随机置换，对国家间的贸易伙伴关系、文化差异、地理距离及国家间贸易关系进行回归分析。QAP 回归结果如表 6-8 所示，其中 A 栏为针对全样本进行的 QAP 回归分析，B 栏为针对"一带一路"共建国家进行的 QAP 分析。显著性概率反映了实际回归系数的显著性水平，$P \geq 0$ 与 $P \leq 0$ 分别表示随机置换得来的回归系数大于或小于实际值的概率。

表 6-8　QAP 回归分析法

	非标准化回归系数	标准化回归系数	显著性概率	$P \geq 0$	$P \leq 0$
A. 全球样本					
FTA_{ijt}	0.5726	0.0721	0.006	0.006	0.994
GDP_{ijt_sum}	0.1997	0.2395	0.002	0.002	0.998
$GDP\_per_{ijt\_sum}$	0.0001	0.1462	0.001	0.001	0.999
PoP_{ijt_sum}	0.0022	0.2242	0.002	0.002	0.998
ln_distw_{ij}	−1.2124	−0.3036	0.000	1.000	0.000
$Contig_{ij}$	1.016	0.0556	0.000	0.000	1.000
$Comleg_{ij}$	0.2022	0.0261	0.008	0.008	0.993
$Comlang_{ij}$	0.3227	0.0320	0.060	0.941	0.060
B. "一带一路"样本					
FTA_{ijt}	1.6196	0.2128	0.000	0.000	1.000
GDP_{ijt_sum}	0.3139	0.2777	0.000	0.000	1.000
$GDP\_per_{ijt\_sum}$	−0.0001	−0.0165	0.392	0.608	0.392
PoP_{ijt_sum}	0.0013	0.1886	0.007	0.007	0.993
ln_distw_{ij}	−0.2923	−0.0754	0.023	0.978	0.023

	非标准化回归系数	标准化回归系数	显著性概率	$P \geq 0$	$P \leq 0$
$Contig_{ij}$	1.9399	0.1612	0.000	0.000	1.000
$Comleg_{ij}$	0.3432	0.0479	0.059	0.059	0.941
$Comlang_{ij}$	−0.0989	−0.0070	0.400	0.600	0.400

数据来源：UN-Comtrade、WTO、WDI、CEDII。

表 6-8 中 A 栏回归结果显示：（1）FTA_{ijt} 的标准化回归系数为 0.0721，通过了 1% 的显著性检验，说明在控制其他因素不变的情况下，RTA 网络对贸易网络关系的影响依旧显著，验证了构建贸易协定伙伴关系对于"一带一路"共建国家贸易关系的正向显著的影响。（2）GDP_{ijt_sum} 的标准化回归系数为 0.2395，且均通过了 1% 的显著性检验，这说明当两国经济规模总量越大时越会有助于贸易关系的进一步发展。（3）$GDP\_per_{ijt\_sum}$ 的标准化回归系数为 0.1462，且通过了 5% 的显著性检验，说明经济的发达对贸易的影响是促进的。（4）PoP_{ijt_sum} 的标准化回归系数为 0.2242，且通过了 1% 的显著性检验，说明人口越多越会促进出口，因为人口可以作为生产要素中的劳动力生产要素，劳动力生产要素的提升会直接影响产品的产出效率进而影响贸易的发展。（5）ln_distw_{ij} 的标准化回归系数为 −0.3046，且通过了 1% 的显著性检验，说明国家之间地理距离越近越会促进贸易的发生。此外，综合距离因素和经济规模因素对贸易关系的影响，这充分验证了贸易的引力模型中所描述的，距离和经济规模是影响国际贸易的重要因素。（6）$Contig_{ij}$、$Comleg_{ij}$、$Comlang_{ij}$ 的标准化回归系数分别为 0.0556、0.0261 和 0.0320，并且分别通过了 1%、1% 和 10% 的显著性检验，这表明各国若使用共同语言、有共同的法律来源或处在同一大陆板块下更容易发生贸易，一方面，相同语言、相同法律来源和同一大陆板块代表着文化的相似性，文化差异越小越有利于贸易关系的加深；另一方面，这也降低了贸易成本，贸易成本的降低为建立更加稳固的贸易关系提供了便利。表 6-8 中 B 栏回归结果与 A 栏结果大体相同，不同之处在于，B 栏中 $GDP\_per_{ijt\_sum}$ 和 $Comlang_{ij}$ 两个变量的系数变为负向，但并不显著，其他变量的符号以及显著性并未发生显著改变，因此模型是稳健的。

第六节 结论及政策建议

在本章运用社会网络分析方法，结合 UN-Comtrade 提供的 1996 年～2020 年的贸易数据构建了全球纺织品贸易网络及"一带一路"纺织品贸易网络，并借助网络密度、网络中心性、显性比较优势和板块分析等指标对全球贸易关系网络的结构特征、"一带一路"共建国家在整个网络中的地位和作用进行了细致分析，从而全面揭示了全球以及"一带一路"共建国家纺织品贸易的竞争互补关系及其动态变化，并运用 QAP 回归分析方法探究"一带一路"共建国家纺织品贸易网络的影响因素。研究发现：（1）从全球纺织品贸易网络格局及其变化来看，1996 年，欧洲、美洲和亚洲地区的中心国分别为德国、美国和印度；2020 年，欧洲、美洲和亚洲地区的中心国或地区分别为欧盟、美国和中国。而从"一带一路"共建国家纺织品贸易网络格局及其变化来看，1996 年，"一带一路"共建国家的中心国依次为印度、中国、韩国和土耳其，2020 年，中国中心国地位赶超印度跃居第一位。（2）从"一带一路"共建国家与全球各国之间的贸易网络关系来看，"一带一路"共建国家出口纺织品的贸易额占世界出口比重随年份呈现上扬趋势。"一带一路"共建国家之间的纺织品贸易网络密度日益增加，贸易关系逐渐增强。从区位上看，中国、韩国和印度的主要出口目的国集中在亚洲地区，土耳其的主要出口目的国集中在欧洲地区。（3）从"一带一路"共建国家板块化角度来看，随着年份的增加，孤立型、内部型、外部型和兼顾型四大板块所包含的国家数量在扩充的同时也发生着动态变化，即四大板块之间存在着国家的转型。外部型板块国家的分布较为稳定，主要包括中国、印度、印度尼西亚等国。（4）通过对中国出口纺织品竞争互补关系的分析发现，与中国是竞争关系的国家不固定，而与中国是互补关系的国家和地区较为集中：美国、新西兰、澳大利亚、蒙古国。（5）QAP 回归分析所得结果显示，FTA 网络密度的增加、两国经济发展水平的提高、人均经济发展水平的提高、人口数量的增加以及两国拥有文化近邻性会促进纺织品贸易的增长，而两国经济规模差距大，地理距离远会抑制纺织品贸易的增加。

本章节的研究结论对于促进全球纺织品贸易网络的形成以及"一带一路"共建国家纺织品贸易网络的健康发展具有重要的政策含义。第一，充分发挥各区域中心国家的"集聚效应",在全球贸易网络中,尤其关注主要竞争对手个体网络的演变,细致分析竞争对手的策略选择以及对中国可能的潜在影响。在"一带一路"贸易网络中,在坚持合作共赢理念的基础之上,进一步深化中国与共建国家的纺织品贸易合作,形成"良性竞争,优势互补"的良好合作局面。特别是对于像印度、印度尼西亚、韩国和土耳其等"一带一路"网络的中心国家,既要保持好各国在网络中的凝聚作用,又要协调好各主体之间的关系问题。第二,调整各国产业结构和出口结构,优化出口目的地的布局,防止过度竞争,比如,在"一带一路"共建国家贸易网络中,中国、印度、韩国和土耳其这四个中心国家最大的出口目的地均为美国,这就加大了出口国之间的竞争力度。因此,积极探寻潜在的消费市场是摆脱过度竞争的优选方案。第三,在"一带一路"贸易网络中,外部型板块和兼顾型板块国家要带动孤立型板块以及内部型板块国家纺织品的出口,防止其在全球化分工中被边缘化,从而建立一个多层级的全球生产网络。加大对孤立型板块和内部型板块国家纺织品技术支持力度,促进各国出口产品质量的持续升级。第四,促进区域贸易协定的缔结,并在"一带一路"区域经济合作中引入负面清单解决纺织品贸易的市场准入问题,推动中国与世界各国的纺织品贸易往来,从而发挥核心经济体在全球纺织品贸易网络中的领头羊地位带动全球纺织品贸易联系的共同提升。

"一带一路"共建 RTA 网络的
棉花贸易效应

第一节　问题的提出

棉花是重要的农作物，也是纺织品的重要原料，更是世界主要棉花生产国与消费国主要关注的农产品，在各国经济发展过程中发挥着重要作用。中国依托独特的地理区位优势以及丰富的棉花资源，对外棉花贸易的广度和深度均持续增强，从贸易广度来看，中国地位最高独属第一梯队，印度、土耳其、巴基斯坦、意大利、法国、荷兰、西班牙、英国和美国属于第二梯队，巴西、加拿大、俄罗斯等国属于第三梯队。

从贸易深度来看，2001 年，中国加入 WTO 之初，中国向全球出口的棉花贸易额仅为 36.3 亿美元，到 2020 年，出口额增长至 111 亿美元，中国一跃成为澳大利亚、巴西、柬埔寨、埃塞俄比亚、印度尼西亚、日本、马来西亚、巴基斯坦、汤加、美国、乌兹别克斯坦以及越南的第一大棉花贸易伙伴国，同时成为贝宁、印度、爱尔兰以及以色列的第二大贸易伙伴国。棉花贸易是全球各国之间发展农业贸易的重要组成部分，近些年全球棉花产品出口市场不断扩展，特别是 2013 年"一带一路"倡议提出后，2020 年"一带一路"共建国家棉花出口占全世界各国棉花出口的比重达到 60%，"一带一路"共建国家棉花进口占全世界各国棉花进口的比重高达 68%。可见，区域经济一体化的持续推进对棉花贸易网络的动态演变发挥着重要作用，特别是中国加入WTO 以来缔结区域贸易协定数量不断增多，促使中国在棉花贸易网络中的地位不断提升但也面临着较多的贸易风险。

2001 年，上合组织成立之初，成员国向全球出口棉花贸易额仅为 59.3 亿美元，到 2020 年，出口额增长至 210 亿美元，[1]中国至此成为哈萨克斯坦、吉尔吉斯斯坦、塔吉克斯坦和乌兹别克斯坦的第一大棉花贸易伙伴国，同时成为印度和俄罗斯的第二大棉花贸易伙伴国、巴基斯坦的第三大棉花贸易伙伴国。棉花贸易是上合组织成员国之间发展贸易的重要组成部分，近些年上合组织棉花产品出口市场不断扩展，2020 年，上合组织棉花出口国际市场涵盖了全球 195 个国家和地区。2017 年上合组织向"一带一路"共建国家棉花出口占向全世界各国棉花出口的比重为 70.4%，受新冠疫情影响该比重到 2020 年下降至 48%。2020 年，上合组织从"一带一路"共建国家进口棉花占从全世界进口的比重为 51.4%。而上合组织成员国内部间棉花出口也占到了向"一带一路"国家出口的 32.2%，进口占到了 50.1%。

为此，整体上把握全球各国间棉花贸易格局变化、竞争互补关系以及如何选取合适的伙伴国进而提升一国在棉花贸易网络中的地位将对全球各国间农业合作顶层设计的优化具有重要的指导意义。本章以全球 151 个国家（地区）的棉花贸易网络为研究对象，运用社会网络分析方法，细致分析全球棉花贸易网络的整体结构特征，分析不同国家间的贸易关联及其所处的地位，和不同板块之间的竞争互补关系，探求影响棉花贸易网络地位提升的因素，并对中国棉花贸易发展提供可实施的策略。

第二节 相关文献综述

目前有关棉花贸易的相关文献，大致可分为三种主要研究类型，一是有关我国棉花空间效应、棉花贸易潜力以及棉花形势特点的研究（田银华和唐利如，2007；刘春香和朱丽媛，2015；杨静和刘艺卓，2015），主要利用趋势面分析方法研究我国棉花产业空间效应及其发展趋势；运用经典的贸易引力模型分析中国棉花进口的发展潜力；从国内棉花竞争力、国际市场供给以及关税保护政策三个角度来探寻我国棉花产业为何会陷入困境。二是聚焦对棉花国际价格走势的探讨，孙洁（2015）研究发现棉花价格对纺织出口企业的生存和发展起着决定性作用，市场供需和政策环境的冲击会使国内外的棉花

---

[1] 作者根据 UN-Comtrade 数据库整理得出。

价格出现大幅度的波动；王利荣（2021）基于中国 406 户棉农的调查数据，采用随机前沿生产函数模型，实证分析棉花目标价格政策和按面积补贴政策对棉花生产技术效率的差异化影响。三是从比较优势理论出发探讨中国棉花生产布局的比较优势（肖海峰和俞岩秀，2018），以及世界棉花供需调整对中国棉花产业竞争力的影响（崔小年，2018；翟雪玲和原瑞玲，2019）。

不过上述相关研究均存在前置条件，即假设贸易主体间完全独立，而没有考虑到第三国因素的影响。但 20 世纪 80 年代以来，全球各国间贸易编织成了一张巨大的网络，贸易活动成为国家间经济活动交互作用的关键渠道。越来越多的学者突破传统视角，将贸易变量定义为关系数据，将国家看作网络节点，将社会网络分析方法渗入国际贸易的研究领域，从而拓宽了国际贸易的研究视角（Kim and Shin，2002；Fagiolo 等，2010；Anderson，2015）。国内外已有不少学者将此方法应用于贸易网络关系的研究。Watts 和 Strogatz（1998）最早研究社会网络分析方法，他们通过构建网络模型用以揭示社会网络的"小世界效应"。Jackson（2010）将社会网络分析方法运用到贸易网络中，并构建了测量贸易网络中心性的各项指标。詹森华（2018）运用社会网络分析方法探析了"一带一路"共建国家农产品贸易的出口关系，并指出出口关系中的互补性大于竞争性。苏珊珊和霍学喜（2020）基于贸易网络和拓扑学原理探究了近 30 年全球苹果贸易网络特征和中国地位的变迁情况。魏素豪（2018）基于运用社会网络分析方法中的 QAP 模型检验了农业资源禀赋、消费人口等因素与农产品贸易网络结构特征的关系。韩冬和李光泗（2020）运用 2012 年~2017 年"一带一路"共建国家粮食贸易数据构建粮食贸易网络，从社会网络视角探析"一带一路"共建国家粮食贸易格局及演变机制。程中海和冯梅（2017）将社会网络分析方法动态化，测度了不同时间和空间的世界棉花贸易网络结构。姜文学和王妍（2020）研究了"一带一路"电子产品贸易格局演变特征和影响因素，发现其网络密度和互惠性均较高，人均收入水平差异、人口数量等会显著影响电子产品网络。周迪和李晓蕙（2020）运用社会网络分析方法探讨了"一带一路"贸易关联网络及其包容性增长效应。

关于上合组织问题的研究主要集中在三个方面，第一，有关上合组织自由贸易区的构想、命运共同体的建设以及上合组织安全合作的进程与前景问题探究（张猛和丁振辉，2013；李自国，2021；邓浩，2021）。这类文章主要围绕上合组织的构建，从经济和安全合作的角度出发去探讨命运共同体的建设。第二,中国与上合组织国家间经济因素以及贸易便利化等对农产品贸易的影响(马惠兰等,2014;张晓倩和龚新蜀,2015)。该类文章主要借助扩展的引力模型,探讨中国对上合组织成员国农产品出口贸易的潜力研究。第三,中国与上海合作组织成员国之间贸易竞争性与互补性的比较研究,霍伟东和路晓静(2014)指出要加强中国与其他成员国之间的紧密联系,加大对外直接投资、积极发展产业内贸易。

已有文献在全球棉花贸易网络领域做出了积极的探索和贡献,如刘婷婷等(2022)运用社会网络分析方法对 2001 年~2019 年全球棉花贸易格局进行了分析,冯梅(2017)探究了 2002 年~2014 年世界棉花贸易网络演变特征及影响因素。虽然此类研究都刻画了全球各国棉花贸易网络特征,但均未专门针对如何选取合适的伙伴国来提高一国在棉花贸易网络中的地位进行细致探索,若能探究出哪些因素会显著提升一国在棉花贸易网络中的地位对于一国选取合适的伙伴国、构建棉花贸易局域网络以及提升棉花行业的国际话语权均有较为重大的实践意义。

已有文献在全球棉花贸易网络领域做出了积极的探索和贡献,现有研究运用社会网络分析方法对 2001 年~2019 年全球棉花贸易格局进行了分析,分析发现棉花贸易集中化趋势明显且中国是贸易网络中的关键节点,会影响全球棉花贸易格局(刘婷婷等,2022)。也有研究基于 2002 年~2014 年的世界棉花贸易数据运用动态复杂网络分析方法揭示了各国经济发展水平、国家地理距离、各国棉花补贴额、一国人均耕地面积、两国是否相邻以及两国是否存在贸易协定对世界棉花贸易的影响(冯梅,2017)。已有文献对本章研究有积极的借鉴意义,同时也发现相关研究仍需不断深化。一是此类研究都刻画了全球各国棉花贸易网络特征,但均未专门针对如何选取合适的伙伴国来提高一国在棉花贸易网络中的地位进行细致探索;二是现有文献缺乏影响因素对提升一国的棉花贸易网络地位的影响机制分析。

本章试图从两方面对现有研究进行拓展:第一,丰富全球棉花贸易网络演化的实证分析,前期研究多侧重于考察全球棉花贸易网络特征描述以及传统的引力模型中的要素对棉花贸易网络的影响,本章侧重于考察如何选取合适的贸易伙伴来提升一国在棉花贸易网络中的地位。第二,拓展了有关贸易协定缔结、政治距离以及他国贸易网络地位变化对一国棉花贸易网络地位提升的机制分析,本章结合最新棉花数据,验证了这三种因素是通过提高出口国的技术创新水平、对外直接投资能力和国际竞争力来间接影响棉花贸易网络地位的。本章结论能够为各国寻找合适的伙伴国、提升棉花贸易网络地位、构建棉花贸易局域网络以及提升棉花行业的国际话语权提供较为重大的实践意义，对我国继续深入推进上合组织农业合作，对接"一带一路"倡议，寻求合适的贸易伙伴提供建议和政策参考。

因此，在已有文献的研究基础上，本章旨在对全球棉花贸易网络进行分析，梳理全球各国棉花贸易网络格局的演变过程以及哪些因素影响一国棉花贸易网络地位的提升。为了实现上述的研究目标，本章选取 2000 年~2020 年数据，对全球 151 个国家（地区）棉花贸易网络格局的动态变化进行细致梳理，运用社会网络分析方法，借助中心性指标对"节点"及"关系"特征进行分析，然后采用块模型分析方法将全球棉花贸易网络划分成功能不同的板块，考察各国的替代互补关系，最后采取 OLS 回归分析判断一国在棉花贸易网络地位的主要影响因素。对上述问题的分析，能够明确全球棉花贸易网络的当前特征，直观理解全球各国在网络中的角色与作用，了解影响棉花贸易网络地位的主要因素，对我国继续深入推进上合组织农业合作、对接"一带一路"倡议、寻求合适的贸易伙伴提供建议和政策参考。

研究采用联合国贸易数据库（UN-Comtrade Database，2021）棉花（HS2 = 52，产品描述：Cotton.）贸易数据。根据进出口贸易数据特征，选取 i 国对 j 国的棉花出口数据表征两国间棉花贸易关系，构建全球 151 个贸易国或地区出口棉花的有向二值网络。本章将 2001 年中国加入 WTO 之前的 2000 年作为棉花贸易的起点，将 2020 年定义为可获得的完整棉花贸易分析数据的截止年份。

第三节　理论机制与研究假设

根据比较优势理论，包含经济、政治、制度、技术等要素的成本优势是提高一国在棉花贸易网络地位的关键资源。以赫克歇尔-俄林的要素禀赋理论为代表的新古典贸易理论认为传统的要素禀赋包括土地、劳动、气候等。一国土地耕种面积越大、劳动人口越多、气候越适宜越促进棉花的贸易。伴随着制度和交易成本的变迁，逐步形成了一种新的比较优势——制度比较优势（Nicolini，2011），制度是影响国际贸易成本竞争力的主要因素（王涛生，

2010)。贸易协定的签订就是制度优势的体现，因为贸易协定的缔结降低了双方的信息成本以及沟通成本，为出口国学习棉花技术提供了便利条件，为获取更多的投资信息提供了甄别依据，同时也打破了棉花高关税束缚，这为一国棉花贸易网络地位的提升提供了有力的制度保障。从社会角度而言，交易成本是使用制度要素的代价，隐性交易成本与制度框架的形成、变迁有关（杨青龙，2013）。当两国之间的政治距离较远时，两国间的交易成本就越大，政治距离较远会导致双边贸易成本上升（Pollins，1989），这会抑制棉花技术的传播，阻碍在他国对棉花衍生品的投资，降低棉花产品出口成本优势，进而阻碍一国在棉花贸易网络中的地位。伴随着棉花贸易网络的出现，越来越多的学者发现他国贸易地位会显著影响一国在贸易网络中的地位，根据核心-边缘理论，处于核心位置的国家凭借其优势地位，掌控网络的能力较强，具有自强化效应，处于边缘位置的国家能够获取的技术信息和资源有限，抗风险能力差，对外直接投资的选址能力减弱，在市场上所获利益被分摊，导致边缘国家间竞争加剧，因此当他国在棉花贸易网络中处于核心位置时会削弱出口国在棉花贸易网络中的地位。

由此本章提出假说 H1：贸易协定的缔结，政治距离的缩短以及他国棉花贸易网络地位的下降可促进出口国棉花贸易网络地位的提升。

从技术外溢的角度，区域贸易协定的缔结能够降低技术传播成本，还能以较低的关税优势扩大市场份额，为出口国学习先进的棉花技术提供有利的环境。伴随各国参与区域经济一体化进程的加快，全球区域贸易协定的缔结也编织成了一张巨大的网络，贸易协定作为一种信息与资源的传播指引，既提高了技术传递效率，又降低了技术获取的成本，有助于出口国对棉花技术创新水平的提高，进而提升出口国在棉花贸易网络中的地位。与此同时，相关研究证明，政治网络是一种独特的社会资本，在市场不健全的环境下可作为一种市场替代机制（姚梅芳和宫俊梅，2022），对于政治距离较为相近的两国，其政策倾向较为相似，其所衍生的政策认同感可提高对棉花技术创新的流通速度，并且政治距离相近的国家间能够提供及时海量的信息和动态，技术的流通能够为贸易国带来更多的学习交流机会，与政治距离较远的国家相比，出口国面临的不确定性以及冲突较少，进而促进棉花技术的流通，提升出口国的贸易网络地位。但当伙伴国的棉花贸易网络地位较高时，由于竞争效应的存在，会侵蚀、削弱出口国对棉花种植生产的创新能力，因为处在棉花贸易网络较为中心位置的国家（地区）会相对全面地掌握棉花种植生产的核心要素，比如经验、知识、技能等，其对棉花贸易网络的控制能力也较强，这会限制其他国家间棉花技术的传播和流通，进而削弱其他国家的棉花贸易网络地位。

由此本章提出假说 H2：贸易协定的缔结、政治距离的缩短以及他国棉花贸易网络地位下降会通过提高出口国在技术创新水平间接影响出口国棉花贸易网络中的地位。

从社会资本获得的角度，贸易协定的缔结可以为出口国提供更多的对外投资机会。由于棉花不仅是农产品，更是纺织品的重要原材料，而在全球国际分工的大背景下，处于全球价值链底端的出口国要想选取合适的投资对象也面临着较大的难度，这种信息不对称间接形成了出口国对于投资选址经验积累的阻碍，而贸易协定的缔结可以促进出口国更好地识别和利用投资机会，包括棉花市场行情、棉花补贴政策的实施、棉花价格走势以及消费者偏好等，帮助一国更好地进行棉花投资决策，同时低成本，高效率地帮助其他潜在棉花出口市场挖掘潜在的棉花贸易机会，贸易协定的缔结为出口国棉花投资营造了有利的制度环境。相关研究表明一国倾向于对制度差距相对较小的国家进行投资（刁秀华和俞根梅，2017），与政治距离相对较远的国家相比，距离较近国家间发生军事冲突的概率较小，对投资的负面影响也相对小（Oneal 等，2003），因为政治距离远意味着两国间的投资成本较高，投资过程中面临较大的"沉没成本"导致出口国缺乏对政治关系变化改变投资行为的动力（Davis 和 Meunier，2011），因此政治距离的拉大会降低出口国对外直接投资。当进口国在棉花贸易网络中地位较高时，其网络优势地位可扩展对其他国家的棉花投资网络，多样性、多层次和大规模的投资网络帮助进口国获取较多的投资信息和识别投资机会，由于竞争效应的存在会抢夺出口国进行对外直接投资的机会，这种对社会资源的竞争进而会降低出口国在棉花贸易网络中的地位。

由此本章提出假说 H3：贸易协定的缔结、政治距离的缩短以及他国棉花贸易网络地位下降会通过提高出口国对外直接投资水平间接影响出口国在棉花贸易网络中的地位。

已有文献表明，贸易协定的缔结有助于加快一国对外贸易的开放程度，为一国在全球产业链中的竞争提供良好的保障基础（邢晓溪和徐野，2020）。贸易协定中涉及的关税减让、贸易便利化条款、非关税壁垒条目等均能够帮助出口国克服在全球棉花贸易网络中普遍存在的壁垒障碍，如果出口国与较多的国家缔结贸易协定，出口国能够拥有更多的话语权和控制权，因此能在棉花国际贸易规则制定的方面拥有一定的国际竞争力。此外，政治关系的变化会影响贸易成本的高低，当政治关系恶化时会导致双边贸易成本上升，促使双边贸易量下降，当两国间政治距离较远时，未来的商业风险和紧张的军事局势会使得出口国面临较大的不确定性，获取信息的能力减弱，因此出口国与他国政治距离越近其获取信息的成本优势越大，对国际竞争的提升作用越明显。已有研究显示，在核心-边缘的贸易网络模型中，核心国家所获福利是高于边缘国家所获福利的（Mukunoki 和 Tachi，2006），由于核心国拥有的棉花贸易伙伴较多，这为其扩展贸易伙伴，打开新的投资市场，加速信息技术的传播提供了很大的便利，而边缘国家会由于核心国家的强大竞争能力而失去获取资源的机会，因此他国棉花贸易网络地位的提升会削弱出口国棉花出口的国际竞争力，进而降低在棉花贸易网络中的地位。

由此本章提出假说 H4：贸易协定的缔结、政治距离的缩短以及他国棉花贸易网络地位下降会通过提高出口国国际竞争力间接影响出口国在棉花贸易网络中的地位。

第四节　棉花贸易网络的构建

一、全球棉花贸易网络的构建及总体特征

本节将 151 个国家（地区）作为棉花贸易网络的进出口节点，以相互之间的棉花贸易额为边，其中出口对应着流出，进口对应着流入，构建无权有向网络，即将边赋值为 0-1 变量，用来反映贸易流量方向和网络的拓扑结构。鉴于此，为了排除过小的棉花贸易额对无权有向网络带来的影响，我们首先计算出口国在每一年向所有国家出口棉花的贸易额的 75 分位 $Export\_75_{it}$，其中 i 代表出口国，t 代表年份；其次，当某一个出口国（i 国）在某一年（t 年）向伙伴国（j 国）出口的棉花贸易额大于或等于 $Export\_75_{it}$ 时，无权有向网络的边赋值为 1，代表两个国家之间存在棉花贸易，小于 $Export\_75_{it}$ 时，无权有向网络的边赋值为 0，代表两个国家之间不存在棉花贸易，因此得到了

无权有向网络的邻接矩阵——无权有向网络。具体表达式如下所示：

$$A_{n \times n} = \begin{bmatrix} a_{11} & a_{12} & \cdots & a_{1n} \\ a_{21} & a_{22} & \cdots & a_{2n} \\ \vdots & & \ddots & \vdots \\ a_{n1} & a_{n2} & \cdots & a_{nn} \end{bmatrix}$$

$$a_{ij} = \begin{cases} 1, & Export_{ij} \geq Export\_75_i \quad i = 1, 2, \cdots, 151 \\ 0, & Export_{ij} < Export\_75_i \end{cases}, j = 1, 2, \cdots, 282 \tag{7.1}$$

囿于数据的可获得性，尽管部分年份国家间棉花贸易流量存在缺失，本节构建了 2000 年~2020 年共 21 年的全球棉花产品贸易复杂网络。

在社会网络理论中，网络密度和连接性较好地反映了二值网络中整体网络的联结程度。本节根据无权有向网络 $A_{n \times n}$ 利用 Ucinet 6.0 软件对 2000 年~2020 年全球棉花贸易网络的密度值[1]和连线数[2]进行测算，结果如表 7-1 所示。总体来看，2000 年~2020 年全球棉花贸易网络各节点之间的连线数和网络密度分布较为均匀，随着时间的推移，全球棉花网络密度升高，但连线数走低，说明全球棉花贸易网络分布日趋紧密且集中。全球棉花贸易网络结构主要有如下两个特征：第一，从全球棉花贸易的连线数来看，2000 年~2020 年间棉花贸易连线数呈现出倒"U"型，连线数最高为 2006 年的 1481，最低为 2020 年的 1227，证明了 2008 年金融危机削弱了全球棉花贸易网络的连接，使得棉花贸易出现了"碎片化"，因为农产品市场对于金融危机所带来的负面影响较为敏感，由于金融危机的冲击使棉花贸易伙伴的广度变得更为集中，出现"抱团取暖"的社区化现象。第二，从全球棉花贸易的网络密度来看，2000 年~2020 年间棉花贸易的网络密度呈现出正"U"型，主要表现为受 2008 年金融危机影响，2012 年网络密度达到最低点，伴随着中国等发展中国家纺织品贸易的迅速崛起，使得全球棉花贸易重新走上正轨，并在 2020 年网络密度达到最高，即使存在新冠疫情的冲击也没降低全球棉花贸易网络密度，其原因在于，各国对棉花的需求增加，但由于要素禀赋的差异使得各国在进行棉花贸易合作中形成了优势互补。棉花贸易连线数的倒"U"和

---

[1] 网络密度值是指网络中实际存在的边的数量除以所有可能存在的边的数量。
[2] 连线数是指网络中实际存在的边的数量。

网络密度的正"U"说明全球棉花网络呈现出集中化。

表 7-1 全球棉花贸易连线数和网络密度

年份	2000 年	2006 年	2012 年	2017 年	2020 年
连线数	1338	1481	1385	1351	1227
网络密度	0.0515	0.0526	0.0491	0.0516	0.0548

注：表中连线数和网络密度均为作者用 Ucinet 软件测算得出。

数据来源：UN-Comtrade Database。

二、上合组织国家棉花贸易网络的构建

本小节将上合组织 8 个国家作为棉花贸易网络的出口节点以国家之间的棉花贸易额为边，其中出口对应着流出，进口对应着流入，构建无权有向网络，即将边赋值为 0-1 变量，用来反映贸易流量方向和网络的拓扑结构。鉴于此，为了排除过小的棉花贸易额对无权有向网络带来的影响，首先，我们计算出口国在每一年向所有国家出口棉花的贸易额的平均 $Export\_mean_{it}$，其中 i 代表出口国，t 代表年份；其次，当某一个出口国（i 国）在某一年（t 年）向伙伴国（j 国）出口的棉花贸易额大于或等于 $Export\_mean_{it}$ 时，无权有向网络的边赋值为 1，代表两个国家之间存在棉花贸易，小于 $Export\_mean_{it}$ 时，无权有向网络的边赋值为 0，代表两个国家之间不存在棉花贸易，因此得到了无权有向网络的邻接矩阵——无权有向网络。具体表达式如下所示：

$$A_{n \times n} = \begin{bmatrix} a_{11} & a_{12} & \cdots & a_{1n} \\ a_{21} & a_{22} & \cdots & a_{2n} \\ \vdots & & \ddots & \vdots \\ a_{n1} & a_{n2} & \cdots & a_{nn} \end{bmatrix}$$

$$a_{ij} = \begin{cases} 1, & Export_{ij} \geq Export\_mean_i \\ 0, & Export_{ij} < Export\_mean_i \end{cases}, \quad \begin{matrix} i = 1, 2, \cdots, 8 \\ j = 1, 2, \cdots, 181 \end{matrix} \tag{7.2}$$

囿于数据的可获得性，尽管部分年份国家间棉花贸易流量存在缺失，本节构建了 2000 年~2020 年共 21 年的上合组织成员国棉花产品贸易复杂网络。

在社会网络理论中，网络密度和连接性较好地反映了二值网络中整体网络的联结程度。本节根据无权有向网络 $A_{n \times n}$ 利用 Ucinet 6.0 软件对 2000 年 ~ 2020 年上合组织国家棉花贸易网络的密度值和连线数进行测算，结果如表7- 2 所示。从整体来看，上合组织成员国与世界所有国家棉花贸易的连线数和网络密度在 2000 年~2020 年间较为平均，2000 年网络连线数最低为 86，最高为 2020 年的 106，但 2020 年网络密度最低为 0.0683，最高为 2006 年的 0.0911。由此可知，上合组织国家与全球各国棉花贸易连接广度在加深，而随着时间的推移，其他国家之间棉花贸易联系加强得更快，导致上合组织与全球各国棉花贸易活动密度随时间变化呈现倒 U 型，虽然 2020 年棉花贸易连线数最多，但密度最低，说明上合组织成员国与世界各国之间构建的棉花贸易网络分布较为广泛，但密度不大（王晓卓，2023）。

表 7-2　上合组织棉花贸易连线数和网络密度

年份	2000 年	2006 年	2012 年	2017 年	2020 年
连线数	86	100	89	99	106
网络密度	0.081	0.0911	0.0843	0.0781	0.0683

注：表中连线数和网络密度均为作者用 Ucinet 软件测算得出。

数据来源：UN-Comtrade Database。

三、棉花贸易网络的中心性特征

（一）全球棉花贸易网络的中心性特征

在社会网络中比较常见的网络中心性的度量包括点度中心度[1]、中介中心度、接近中心度、特征向量中心度以及与之相应的中心势指数。中心度代表某一个节点在贸易网络当中所处核心地位的程度；中心势表示整个图向某

---

〔1〕　点度中心度按照方向来划分可分为点入度和点出度，点入度是进入该点的其他点的个数；点出度是该点直接发出的关系数。由于本节只考察上合组织国家棉花的出口，因此本节的点度中心度是指点出度。点度中心度按照衡量标准的不同可分为绝对点度中心度和相对点度中心度，本节考察的是绝对点度中心度。

个节点集中的程度。通过对无权有向网络 $A_{n×n}$ 的整理，得到全球各国的点度中心度、中介中心度、接近中心度、特征向量中心度以及度数中心势指数及其排序表。由表 7-3 可知：

第一，从点度中心度的角度来看，2000 年排在前五位的国家分别为印度、中国、英国、意大利和美国，印度一直在棉花贸易网络中居于前列，原因在于印度借助棉花的价格优势以及劳动密集型要素优势占据了棉花出口市场，因此其出口广度较大。2006 年巴基斯坦上升至第一位，可能的原因在于 2004 年~2005 年间，巴基斯坦同经合组织国家签订了多项自由贸易协定，与此同时巴基斯坦同国家银行合作，固定财政利率，为纺织单位提供了让步信贷，此外，2005 年 1 月 1 日针对纺织品配额限制的取消，这均降低了巴基斯坦棉花的出口成本，促进了巴基斯坦在棉花贸易网络中的地位提升。而在 2012 年~2017 年间，中国一跃而上超过印度和巴基斯坦稳居全球棉花贸易网络的第一位，原因在于，中国的棉花产业形成了棉花内需和外需均较大的"双需"格局，中国的棉花贸易的伙伴国广度也在持续扩大。美洲的美国和欧洲的英国、法国、荷兰、意大利、德国以及土耳其得益于其强大的技术优势，因此在全球棉花贸易网络中始终居于前列。

第二，从中介中心度上来看，在 2000 年~2012 年间印度居于第一位，说明印度在棉花贸易网络中发挥了"桥"的作用，对其他国家的控制能力较强，中国在 2017 年~2020 年间上升到了第一位，可能的原因在于，"一带一路"倡议的提出，为区域内各国搭建了共商共建共享平台，也提升了中国在棉花网络中的中介地位。美国和英国在 2012 年~2020 年间中介地位有所削弱，可能的原因在于 2012 年~2020 年以英美为首的发达国家保护主义抬头，英国脱欧，中美贸易摩擦等逆全球化趋势盛行，这也削弱了其在棉花贸易网络中的中介地位。

第三，从接近中心度上来看，接近中心度与点度中心度的各国排名较为相似，一国接近中心度越小说明该国越不依赖于其他国家，与大部分的棉花贸易国都存在较为密切的贸易往来，2012 年~2020 年间，中国的接近中心度均排在第一位，紧随其后的分别为印度和巴基斯坦，因此，中国应密切关注印度和巴基斯坦的棉花贸易政策变化动向，因为这些国家贸易政策的改变会影响到棉花贸易网络的布局进而对中国造成一定的影响。

第四，从特征向量中心性上来看，印度、巴基斯坦、土耳其、西班牙、法国等位居棉花网络中的前列，说明这些国家的伙伴国在棉花网络中处于要位，因为特征向量中心性的大小是由伙伴国的网络地位所决定的。而中国在2000年~2020年间徘徊在第六位到第七位的位置，说明中国的棉花贸易伙伴国的选取还需通过方式调整来巩固自身的中心地位，与此同时也要关注竞争对手的贸易网络布局，防止自身陷入"辐条国陷阱"。

表7-3　全球棉花贸易网络中心性特征

C_i	2000年		2006年		2012年		2017年		2020年	
1	印度	42	巴基斯坦	41	中国	43	中国	45	中国	44
2	中国	39	中国	40	印度	41	印度	42	印度	42
3	英国	38	印度	40	法国	34	荷兰	41	土耳其	35
4	意大利	36	意大利	37	巴基斯坦	34	意大利	34	巴基斯坦	33
5	美国	35	德国	34	德国	33	法国	33	意大利	32
BC_i	2000年		2006年		2012年		2017年		2020年	
1	印度	2268	印度	2094	印度	2670	中国	3269	中国	2983
2	美国	1923	中国	2006	中国	2511	印度	2615	印度	2506
3	塞浦路斯	1864	美国	1869	荷兰	1656	阿联酋	2147	阿联酋	1875
4	英国	1661	巴基斯坦	1644	意大利	1458	荷兰	1884	新西兰	1784
5	特立尼达和多巴哥	1573	荷兰	1641	巴基斯坦	1373	南非	1597	巴基斯坦	1522
CC_i	2000年		2006年		2012年		2017年		2020年	
1	印度	21 726	巴基斯坦	22 799	中国	24 832	中国	19 766	中国	17 887
2	英国	21 740	印度	22 805	巴基斯坦	24 832	印度	19 768	印度	17 889
3	美国	21 756	意大利	22 815	印度	24 836	巴基斯坦	19 784	巴基斯坦	17 899
4	中国	21 756	中国	22 821	西班牙	24 840	印度尼西亚	19 798	土耳其	17 911
5	意大利	21 758	德国	22 831	土耳其	24 844	荷兰	19 808	意大利	17 915
EC_i	2000年		2006年		2012年		2017年		2020年	
1	印度	815	巴基斯坦	961	巴基斯坦	834	印度	746	土耳其	687

2	意大利	767	印度	886	印度	811	意大利	731	巴基斯坦	661
3	英国	750	意大利	845	西班牙	796	西班牙	723	西班牙	643
4	法国	727	法国	805	土耳其	770	巴基斯坦	717	意大利	632
5	印度尼西亚	706	英国	780	法国	745	土耳其	707	印度	613
C	2000 年		2006 年		2012 年		2017 年		2020 年	
	31.7		30.4		33.2		34.8		33.4	

注：表格中数据为作者运用 Netdraw-Ucinet 软件计算整理得出。

数据来源：UN-Comtrade database。

（二）全球棉花贸易网络中关键节点的动态演化

为更好地阐释 2000 年、2006 年、2012 年、2017 年以及 2020 年全球棉花贸易网络动态演化，本节测算了 2000 年~2020 年平均出口量排名前五位的国家棉花贸易网络中心性指标。由该指标可知：

第一，从棉花出口国在贸易网络中的位置变动来看，中国、美国和印度在 2000 年~2020 年始终处于棉花出口网络中的重要位置，2000 年~2006 年中国主要出口伙伴国（地区）为孟加拉国、贝宁、韩国、印度尼西亚，2012 年~2020 年中国主要出口伙伴国为孟加拉国，越南，菲律宾，印度尼西亚，柬埔寨。由此可见，中国棉花出口伙伴国主要的变化在于新增了越南、菲律宾以及柬埔寨，其原因在于，一方面，从地理位置上来看，越南，菲律宾以及柬埔寨距离中国较近。另一方面，伴随着中国-东盟自贸区互贸的持续推进，各国棉花产业形成优势互补，打开了双方棉花市场。

第二，美国在 2000 年~2012 年间，出口伙伴国排在前五位的始终为中国、墨西哥、土耳其、洪都拉斯和多米尼加，而在 2017 年~2020 年间，出口伙伴国越南和巴基斯坦越居到了前五位，与此同时结合进口网络可知，越南从 2012 年~2020 年始终处于中国之后的第二位，这一方面说明中美在棉花出口目的地的选择上存在竞争。另一方面说明越南在进口棉花网络中占有重要地位。因此，中国应在出口上注意防范同美国的过度竞争，同时避免在进口方面与越南的替代。

第三，印度在 2000 年～2006 年间，出口伙伴国排在前五位的始终有中国、孟加拉国、韩国、意大利，而在 2012 年～2020 年间，出口伙伴国巴基斯坦、斯里兰卡和越南越居到了前五位。原因在于，一方面，印度生产棉花成本较低；另一方面，从地缘上来看，印度与巴基斯坦、斯里兰卡和越南均相对较近。因此，印度无论是在地缘上还是在出口成本上均与中国构成较大竞争。

第四，意大利、澳大利亚、巴基斯坦、越南以及巴西在棉花出口网络中也占据重要位置，2000 年～2006 年，意大利的中心地位相对突出，其伙伴国主要为德国、法国、西班牙、突尼斯和罗马尼亚的欧洲国家，而在 2012 年～2017 年，意大利的中心地位有所下滑，取而代之的是澳大利亚和巴基斯坦。澳大利亚 2005 年开始启动与中国的自贸协定谈判，2015 年正式生效，这极大地促进了澳大利亚的棉花贸易，提升了其在棉花贸易网络中的地位，但 2019 年的森林火灾降低了澳大利亚的棉花产量，使得 2020 年澳大利亚棉花出口不再处于世界前五位。随着纺织业的发展，越南棉花消费量不断增加，新冠疫情加速了越南棉纱的出口，此外，越南签订的跨太平洋贸易协定促使纺织业投资持续扩张使得越南棉花不仅在进口网络中地位凸显，在出口网络中也占据了重要位置。巴西地处南半球，得天独厚的地理优势使该国每年可收获两季棉花，全程机械化管理的运作模式极大地降低了劳作成本，这促使巴西在 2020 年棉花出口网络中排名第四位，中国和越南是巴西棉花最主要的进口国。因此，中国在防范其他国家棉花出口竞争的同时也要学习他国的先进技术，提高中国棉花出口的国际竞争力。

综上所述，可归纳得出中国本身虽然在全球棉花贸易网络中处于重要地位，但面对美国、印度、越南等国的竞争，也应注意风险的防范，尤其是棉花贸易伙伴的选择会影响到中国棉花贸易网络地位。那么在全球棉花贸易竞争加剧的背景下，如何合适地选择伙伴国进而提升中国在棉花贸易网络中的地位呢？接下来本节将进行影响因素的分析。

（三）上合组织棉花贸易网络的中心性特征

通过对无权有向网络 $A_{n \times n}$ 的整理，得到上合组织成员国的点度中心度、中介中心度、接近中心度、特征向量中心度以及度数中心势指数及其排序表。

从表 7-4 中可以看到,2000 年至 2006 年印度棉花出口地位始终在上合组织成员国中排第一位,而 2012 年至 2020 年中国棉花出口地位赶超印度成为上合组织成员国中的最核心地位。从表 7-4 还可以发现,点度中心度(C_i)和中介中心度(BC_i)的国家排序较为相近;接近中心度(CC_i)和特征向量中心度(EC_i)的国家排序基本保持一致,说明本节中心度的度量保持了较好的稳健性;度数中心势(C)在 2000 年是最高,为 32.5,2017 年次之,为 27.8,排在第三位的是 2020 年的 25,说明 2000 年印度以及 2017 年和 2020 年中国的网络集中性较大。

表 7-4 上合组织棉花贸易网络中心性特征

C_i	2000 年		2006 年		2012 年		2017 年		2020 年	
1	印度	36	印度	31	中国	29	中国	34	中国	32
2	中国	25	巴基斯坦	28	巴基斯坦	24	印度	25	印度	28
3	俄罗斯	10	中国	26	印度	23	巴基斯坦	21	巴基斯坦	19
4	塔吉克斯坦	6	俄罗斯	11	俄罗斯	7	乌兹别克斯坦	8	乌兹别克斯坦	7
5	吉尔吉斯斯坦	5	哈萨克斯坦	3	哈萨克斯坦	4	俄罗斯	5	哈萨克斯坦	6
6	哈萨克斯坦	4	吉尔吉斯斯坦	1	吉尔吉斯斯坦	2	哈萨克斯坦	4	俄罗斯	6
7							吉尔吉斯斯坦	2	塔吉克斯坦	5
8									吉尔吉斯斯坦	3

BC_i	2000 年		2006 年		2012 年		2017 年		2020 年	
1	印度	1143	印度	645	中国	638	中国	903	中国	878.6
2	中国	578	巴基斯坦	552	巴基斯坦	456	印度	337	印度	660.974
3	俄罗斯	281	中国	514	印度	315	巴基斯坦	336	巴基斯坦	400.119
4	塔吉克斯坦	141	俄罗斯	381	俄罗斯	297	俄罗斯	176	俄罗斯	207.489

续表

	2000年		2006年		2012年		2017年		2020年	
5	吉尔吉斯斯坦	86	哈萨克斯坦	58	哈萨克斯坦	153	乌兹别克斯坦	137	哈萨克斯坦	143.816
6	哈萨克斯坦	26	吉尔吉斯斯坦	0	吉尔吉斯斯坦	2	哈萨克斯坦	117	乌兹别克斯坦	84.173
7							吉尔吉斯斯坦	3	塔吉克斯坦	71.117
8									吉尔吉斯斯坦	22.714

CC_i	2000年		2006年		2012年		2017年		2020年	
1	印度	17 320	印度	19 147	中国	18 026	中国	19 025	中国	28 395
2	中国	17 346	巴基斯坦	19 153	巴基斯坦	18 036	印度	19 049	印度	28 403
3	俄罗斯	17 372	中国	19 157	印度	18 046	巴基斯坦	19 057	巴基斯坦	28 421
4	塔吉克斯坦	17 380	俄罗斯	19 193	俄罗斯	18 080	乌兹别克斯坦	19 077	乌兹别克斯坦	28 445
5	哈萨克斯坦	17 384	哈萨克斯坦	19 219	吉尔吉斯斯坦	18 094	俄罗斯	19 085	哈萨克斯坦	28 447
6	吉尔吉斯斯坦	17 402	吉尔吉斯斯坦	19 223	哈萨克斯坦	18 098	吉尔吉斯斯坦	19 097	俄罗斯	28 453
7							哈萨克斯坦	19 107	塔吉克斯坦	28 457
8									吉尔吉斯斯坦	28 461

EC_i	2000年		2006年		2012年		2017年		2020年	
1	印度	65	印度	76	中国	68	中国	76	中国	73
2	中国	44	巴基斯坦	70	巴基斯坦	61	印度	66	印度	67
3	俄罗斯	20	中国	60	印度	59	巴基斯坦	57	巴基斯坦	56
4	塔吉克斯坦	17	俄罗斯	20	俄罗斯	10	乌兹别克斯坦	26	乌兹别克斯坦	28

	2000		2006		2012		2017		2020	
5	哈萨克斯坦	15	哈萨克斯坦	9	吉尔吉斯斯坦	8	俄罗斯	10	哈萨克斯坦	23
6	吉尔吉斯斯坦	13	吉尔吉斯斯坦	5	哈萨克斯坦	7	吉尔吉斯斯坦	9	塔吉克斯坦	21
7							哈萨克斯坦	9	吉尔吉斯斯坦	15
8									俄罗斯	11
C	2000 年		2006 年		2012 年		2017 年		2020 年	
	32.5		21.5		21.3		27.8		25	

注：囿于数据可得性，2000 年缺少巴基斯坦和乌兹别克斯坦的数据，2006 年和 2012 年缺少乌兹别克斯坦和塔吉克斯坦的数据，2017 年缺少塔吉克斯坦的数据。表格中数据为作者运用 Ucinet 软件计算整理得出。

数据来源：UN-Comtrade database。

（四）上合组织棉花贸易网络中关键节点的动态演化

为更好地阐释 2000 年、2006 年、2012 年、2017 年以及 2020 年上合组织成员国棉花贸易网络动态演化，本节运用点度中心度进行对比分析，对比发现：首先，从时间维度上看，中国、印度和巴基斯坦始终是上合组织棉花出口网络的中心节点，中国从 2000 年的第二位，到 2006 年的第三位，再攀升到 2012 年、2017 年、2020 年的第一位；中亚五国在上合组织棉花进口网络中处于中心地位，特别是吉尔吉斯斯坦和哈萨克斯坦的点度中心度始终处于前三的位置。其次，从空间布局上看，中国、印度以及巴基斯坦的棉花出口目的地均较为集中，共同连线较多，目的地均为美国、韩国、土耳其等，从 2000 年至 2020 年出口目的地个数均少于 47 个，说明中国、印度和巴基斯坦三国在棉花出口上较为集中，存在竞争关系。中亚五国的棉花进口来源较为分散，从 2000 年至 2020 年进口来源国个数均超过了 115 个。最后，从网络密度上看，棉花进口网络相比出口网络更加密集，说明上合组织成员国对棉花的需求量较大，对棉花的差异化要求较高。

第五节　棉花贸易网络的块模型分析

一、全球棉花贸易网络的区域块模型分析

块模型可以应用于诸多领域，如果用一个整体网来表征各国之间的出口行为，那么如何分析其整体的结构，不同国家间竞争互补关系如何？首先，我们可以计算该整体网络在"出口"上存在多少个子群（位置）[1]，然后总结得出各个位置之间的密度表、网络分块图、像矩阵，最后绘制出简化图，从中可以清楚地看出出口关系网络分为多少个区，通常认为同一块内部国家间存在竞争关系，而不同块之间是互补关系。此部分是运用全球各国棉花行业（HS2 码为 52 的行业）[2]贸易数据进行块模型分析，为动态考察块模型演变过程，我们将采用比较分析法来进行对比验证，我们选取 2000 年、2012 年以及 2020 年的数据进行了块模型分析，但囿于数据的原因，2000 年、2012年以及 2020 年出口国家（地区）数量分别为 130、137 和 115 个。

本节使用 UCINET 软件中的 CONCOR 算法对 2000 年、2012 年以及 2020年的全球棉花贸易的进出口关系进行分块。最大切分深度为 2，最大重复次数为 250 次，每一个分区中至少保留 2 个行动者，否则需降低分块水平。对全球棉花贸易关系网络的分析一共分成 4 块，块内成员分布不均匀，但都有一定的共同特征，表 7-5 统计了各年的分块情况，且列出了棉花贸易排在前列的代表性国家。

表 7-5　全球 2000 年、2012 年、2020 年棉花出口关系的分块情况

	2000 年	2012 年	2020 年
块 1	意大利、西班牙、土耳其、比利时、希腊等 23 国	奥地利、丹麦、西班牙、法国等 31 国	英国、西班牙、爱尔兰、芬兰、丹麦等 22 国

---

　　〔1〕　分析步骤如下：在 UCINET 中，沿着 Nerwork—Roles&Positions—Structral—CONCOR 这条路径展开，然后在 CONCOR 中对"出口关系表"进行分析即可得到块模型分析结果。
　　〔2〕　数据来源：UN-Comtrade。

续表

	2000 年	2012 年	2020 年
块2	中国、美国、印度、韩国、澳大利亚、泰国、日本、俄罗斯、以色列等 10 国	印度、老挝、马里共和国等 26 国	捷克、斯洛伐克、奥地利等 12 国
块3	巴西、阿根廷、智利、乌拉圭、古巴等 83 国	中国、墨西哥、土耳其、加拿大、秘鲁、巴基斯坦等 21 国	中国、美国、印度、巴基斯坦、越南、巴西、加拿大、澳大利亚、土耳其、日本、墨西哥、印度尼西亚等 25 国
块4	印度尼西亚、新西兰、新加坡、冰岛等 14 国	美国、韩国、智利、日本、以色列、新加坡等 59 国	智利、希腊、泰国、挪威等 56 个国家

数据来源：UN-Comtrade database，中国用下划线标记出。

根据表 7-5 的分块情况可知，中国从 2000 年~2020 年分属不同的区域块，这也意味着其竞争对象与互补对象也是处于动态变化中的，具体地，为更显著看出各国的竞争互补关系，在图 7-1 根据分块模型所得出的像矩阵绘制了各块之间棉花贸易关系的简化图。图 7-1 中的每一个点代表一个子群，点上面的椭圆形圆圈表示的是关系从该点出发，又回到本点，在各个点之间有箭头的连线，表示在各个子群之间存在出口关系，点 2 指向点 1 代表块 2 对块 1 的出口相对密集。

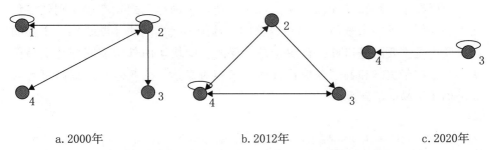

a. 2000年   b. 2012年   c. 2020年

图 7-1　全球 2000 年、2012 年和 2020 年出口关系简化图

数据来源：UN-Comtrade database。

图 7-1 中 a 栏所呈现的 2000 年简化图特征：块 1、块 2 均为自反的，且块 2 可传递到块 1，块 3 和块 4 属于中心化趋势和核心-边缘的像矩阵[1]，由此可得到 2000 年棉花网络块模型如下结论：（1）欧洲地区内部国家棉花贸易较为活跃，意大利、西班牙以及比利时等传统西方国家参与区域经济一体化时间较早，棉花自产自销，但为满足消费者的差异化需求也存在行业内进口。（2）中国、美国、印度等 10 国所处的块 2 是棉花的主要出口国，说明块 2 内部国家在棉花出口上存在一定程度的竞争，中国纺织业的迅猛发展带动了中国棉花贸易，特别是新疆棉出口占比较大，美国和印度是棉花生产大国，对中国出口构成一定程度威胁。（3）中国是棉花的主要进口国，与此同时，以巴西、阿根廷和智利为代表的块 3 以及以印度尼西亚、新西兰和新加坡为代表的块 4 均只存在棉花的进口，说明块 3 和块 4 国家对棉花需求较多，而供给存在不足。由于 2000 年中国还未加入 WTO，其棉花贸易地位还存在较多不确定性，面临的风险也较大。

图 7-1 中 b 栏所呈现的 2012 年简化图特征：块 1 与其他块之间的关系较为淡薄，块 1 内部的棉花贸易往来也较为稀疏，而块 2、块 3 和块 4 之间互动频繁，三个块之间相互出口，展现出等级层次的像矩阵[2]，由此可得到 2012 年棉花网络块模型如下结论：（1）以印度等国为代表的块 2 是明显的"中间商"，因为块 2 从块 4 进口再出口到块 3，原因在于，印度、老挝等国种植棉花种子种类较多，包括长绒棉、细绒棉以及草棉，这对于促进棉花上下游产业的发展有较好的推动作用，进而起到明显的"中间商"的效果。（2）以中国、巴基斯坦等国为代表的块 3 是主要的棉花需求方，虽然块 3 也向块 4 出口。原因在于，2008 年金融危机的冲击，使得中国等国棉花产业受到较多负面影响，但需求并未减弱。（3）以美国、韩国为代表的块 4 既是棉花主要的出口商也是主要的进口商，且块 4 是自反的，即块 4 内部国家间棉花贸易频繁。原因在于美国和韩国等棉花种植技术相对发达，生产效率的提高可有效促进棉花贸易的活跃度。

---

[1] 中心化趋势的像矩阵是指：若一共只有三个块，块 2 传递到块 1，块 3 传递到块 1，块 1 也传递到块 1。核心边缘像矩阵是指：核心节点相互之间联系紧密，构成凝聚子群；处于边缘地位的节点相互之间不存在关系或存在较小关系，因而不构成凝聚子群，但是它们与核心节点之间有关系（刘军，2019）。

[2] 完全的等级层次的像矩阵是指：若一共只有三个块，块 1 传递到块 2，块 2 传递到块 3。

图 7-1 中 c 栏所呈现的 2020 年简化图特征：棉花贸易竞争关系变得尤为突出，全球划分为四个区域块后保持紧密联系的仅剩以中国、美国、印度为代表的块 3 和以智利、泰国、希腊为代表的块 4，由此可得到 2020 年棉花网络块模型如下结论：（1）以中国、美国、印度为代表的块 3 是棉花的主要出口国，且块 3 内部也存在进口强国。由此可知，中国、美国、印度等国再次成为出口竞争对象。原因在于，伴随着中国缔结贸易协定数量的增多，对棉花技术的不断改善，中国在棉花贸易网络中的地位逐渐攀升，但也面临着美国、印度等国的较大竞争。（2）以智利、泰国和希腊为代表的块 4 是棉花的主要进口国，主要从块 3 进口。原因在于，智利近年参与区域经济一体化的进程加快，缔结贸易协定数量持续增加，这促进了智利棉花地位的提升，且进口需求大于出口供给。

综上，对比全球 2000 年、2012 年以及 2020 年棉花行业块模型可知，全球棉花贸易竞争加剧，贸易关系从 2000 年四个区域块之间的核心-边缘像矩阵转变为 2012 年三个区域块之间的等级层次像矩阵再到 2020 年两个区域块之间的进口-出口关系像矩阵，不同块之间的棉花贸易关系日趋简单化、集中化，各国棉花贸易的风险也在上升。

二、上合组织棉花贸易网络的区域块模型分析

以上是将上合组织成员国作为棉花出口国、全球国家作为棉花进口国进行的贸易网络构建以及特征性分析，事实上，鲜有文献研究上合组织成员国内部棉花贸易网络结构如何。此部分是运用上合组织成员国内部棉花行业（HS2 码为 52 的行业）[1]贸易数据进行块模型分析，为动态考察块模型演变过程，我们将采用比较分析法来进行对比验证，其一，我们对上合组织 2000 年的数据进行了块模型分析，即在 2001 年上合组织成立之前观察一下各国的贸易关系。其二，我们对上合组织 2017 年以及新冠疫情暴发后 2020 年的数据进行了块模型分析，进而对比 2000 年、2017 年以及 2020 年上合组织块模型的动态演变过程。具体地，2000 年囿于数据的原因，样本中只有上合组织成员国中的五国数据：中国、俄罗斯、哈萨克斯坦、吉尔吉斯斯坦、塔吉克斯坦。2017 年，印度和巴基斯坦已加入上合组织，但囿于数据原因，样本中

---

[1] 数据来源：UN-Comtrade。

只有上合组织成员国中的七国数据：中国、俄罗斯、哈萨克斯坦、吉尔吉斯斯坦、乌兹别克斯坦、印度和巴基斯坦。

　　块模型可以应用于诸多领域，如果用一个整体网来表征各国之间的出口行为，那么如何分析其整体的结构？首先，我们可以计算该整体网络在"出口"上存在多少个子群（位置）[1]，然后总结得出各个位置之间的密度表、网络分块图，像矩阵，最后绘制出简化图，从中可以清楚地看出出口关系网络分为多少个区。2000年块模型将上合组织成员国分为3块，哈萨克斯坦和俄罗斯为块1，中国为块2，吉尔吉斯斯坦和塔吉克斯坦为块3。整个网络的密度值经过计算为5.158，得到的像矩阵如表7-6的a栏所示。2017年块模型将上合组织成员国分为4块，中国、印度和巴基斯坦为块1，乌兹别克斯坦为块2，哈萨克斯坦和吉尔吉斯斯坦为块3，俄罗斯为块4。整个网络的密度值经过计算为7.018，得到的像矩阵如表7-6的b栏所示。2020年块模型将上合组织成员国分为4块，中国为块1，印度、乌兹别克斯坦为块2，哈萨克斯坦、塔吉克斯坦和巴基斯坦为块3，俄罗斯、吉尔吉斯斯坦为块4。整个网络的密度值经过计算为6.763，得到的像矩阵如表7-6的c栏所示。

表7-6　上合组织2000年、2017年、2020年出口关系的像矩阵

a. 2000年	块1：哈萨克斯坦、俄罗斯	块2：中国	块3：吉尔吉斯斯坦、塔吉克斯坦	
块1：哈萨克斯坦、俄罗斯	1	0	0	
块2：中国	1	0	1	
块3：吉尔吉斯斯坦、塔吉克斯坦	1	0	0	
b. 2017年	块1：中国、印度和巴基斯坦	块2：乌兹别克斯坦	块3：哈萨克斯坦、吉尔吉斯斯坦	块4：俄罗斯
块1：中国、印度和巴基斯坦	1	0	0	1
块2：乌兹别克斯坦	1	0	1	1

[1]　分析步骤如下：在UCINET中，沿着Nerwork—Roles&Positions—Structral—CONCOR这条路径展开，然后在CONCOR中对"出口关系表"进行分析即可得到块模型分析结果。

续表

	块 1：中国	块 2：印度、乌兹别克斯坦	块 3：哈萨克斯坦、塔吉克斯坦和巴基斯坦	块 4：俄罗斯、吉尔吉斯斯坦
块 3：哈萨克斯坦、吉尔吉斯斯坦	0	0	0	1
块 4：俄罗斯	0	0	1	0
C. 2020 年	块 1：中国	块 2：印度、乌兹别克斯坦	块 3：哈萨克斯坦、塔吉克斯坦和巴基斯坦	块 4：俄罗斯、吉尔吉斯斯坦
块 1：中国	0	1	1	1
块 2：印度、乌兹别克斯坦	1	0	0	0
块 3：哈萨克斯坦、塔吉克斯坦和巴基斯坦	1	0	0	0
块 4：俄罗斯、吉尔吉斯斯坦	0	0	0	0

数据来源：UN-Comtrade database。

表 7-6 中 a 栏的像矩阵类似于等级层次的像矩阵和中心化趋势的像矩阵[1]，因为块 2 传递到块 3，块 3 传递到块 1，与此同时，块 2 传递到块 1，块 3 传递到块 1，块 1 也传递到块 1。由此得到如下结论：2000 年上合组织 5 国的出口网络可分为 3 个子群（subgroup），总体上，棉花出口出现在块 1 的内部成员之间，而各个子群之间的出口关系不是很密切，而是呈现类似等级层次性的像矩阵和中心化趋势的像矩阵，其中块 1 是中心，其简化图如图 7-2 中 a 图所示。

表 7-6 中 b 栏的像矩阵是块 1 可传递到块 1 和块 4，而块 2 可传递到块 1、块 3 和块 4，块 3 与块 4 可相互传递。由此得到如下结论：2017 年上合组织 7 国的出口网络可分为 4 个子群（subgroup），总体上，块 1 内部国家之间棉花出口较为频繁；块 2 是主要的棉花出口国，块 3 与块 4 之间棉花贸易较为活跃，互为出口国，且块 4 为棉花的主要进口国。其简化图如图 7-2 中 b 图

---

〔1〕 完全的等级层次的像矩阵是指：若一共只有三个块，块 1 传递到块 2，块 2 传递到块 3；中心化趋势的像矩阵是指：若一共只有三个块，块 2 传递到块 1，块 3 传递到块 1，块 1 也传递到块 1。

所示。

表7-6中c栏的像矩阵显示块2可传递到块1，块1传递到块4，块2与块1之间以及块1与块3可相互传递。由此得到如下结论：2020年上合组织8国的出口网络可分为4个子群，总体上，块1接近核心-边缘像矩阵[1]，块1与块2，块1与块3，块1与块4之间无论是进口还是出口均较为频繁，而块2与块3和块4相互之间没有联系。其简化图如图7-2中c图所示。

图7-2中的每一个点代表一个子群，点上面的椭圆形圆圈表示的是关系从该点出发，又回到本点，在各个点之间有箭头的连线，表示在各个子群之间存在出口关系，点2指向点1代表块2对块1的出口相对密集。

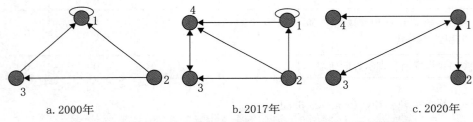

| a. 2000年 | b. 2017年 | c. 2020年 |

图7-2 上合组织五国2000年、2017年和2020年出口关系简化图

数据来源：UN-Comtrade database。

结合表7-6中a栏2000年分块情况与图7-2中a图2000年出口关系简图可知：（1）2000年哈萨克斯坦与俄罗斯相互之间棉花出口较为频繁；（2）中国向哈萨克斯坦、俄罗斯、吉尔吉斯斯坦以及塔吉克斯坦出口相对较多，而进口则相对较少；（3）吉尔吉斯斯坦和塔吉克斯坦向哈萨克斯坦与俄罗斯出口的棉花较多，进口的相对较少。因此，在2000年上合组织国家中，哈萨克斯坦与俄罗斯是棉花的主要进口国，中国是棉花的主要出口国，吉尔吉斯斯坦和塔吉克斯坦起到了"中间商"的作用。

结合表7-6中b栏2017年分块情况与图7-2中b图2017年出口关系简图可知：（1）2017年中国、印度和巴基斯坦国家内部之间棉花出口较为频繁，

---

〔1〕 核心边缘像矩阵是指：核心节点相互之间联系紧密，构成凝聚子群；处于边缘地位的节点相互之间不存在关系或存在较小关系，因而不构成凝聚子群，但是它们与核心节点之间有关系（刘军，2019）。

且主要进口来源国为块2的乌兹别克斯坦，块1各国生产的棉花也较多地出口到俄罗斯，因此，中国、印度和巴基斯坦在棉花贸易上起到了"中间商"的作用；（2）乌兹别克斯坦主要是棉花的出口国；（3）哈萨克斯坦和吉尔吉斯斯坦与俄罗斯的棉花贸易较为活跃，互为出口国；（4）俄罗斯是棉花的主要进口国。

结合表7-6中c栏2020年分块情况与图7-2中c图2020年出口关系简图可知：（1）2020年上合组织棉花贸易网络呈现核心-边缘结构，中国是网络的核心；（2）印度、乌兹别克斯坦与中国的进出口贸易频繁，哈萨克斯坦、塔吉克斯坦、巴基斯坦与中国的进出口贸易也较为频繁，但除中国外剩余上合组织成员国间棉花贸易联系较少；（3）俄罗斯与吉尔吉斯斯坦是棉花的主要进口国。

综上，对比上合组织成员国2000年、2017年以及2020年棉花行业块模型可知，（1）2020年上合组织棉花贸易网络呈现明显的核心-边缘结构。中国在上合组织棉花贸易网络中的地位是动态演变的，中国从2000年的"出口商"演变为2017年的"中间商"再到2020年的"核心国"；（2）俄罗斯始终是棉花的主要进口国；（3）哈萨克斯坦、吉尔吉斯斯坦与俄罗斯在棉花贸易上互动一直较为频繁；（4）虽然印度与巴基斯坦加入上合组织的时间相对较晚，但与中国在棉花贸易网络中的位置较为相近，存在竞争关系。

第六节　棉花贸易网络地位的影响因素分析

一、全球棉花贸易网络地位的影响因素分析

（一）变量选择与模型构建

根据前文所述，本节接下来聚焦于探讨如何选取合适的伙伴国进而提升一国在棉花网络中的出口地位，故本节选用全球各国在2000年~2020年间棉花贸易点度中心度指标作为被解释变量，反映一国在棉花贸易网络中的地位，选择区域贸易协定（Regional Trade Agreement，RTA）网络、文化距离、政治距离、伙伴国点度中心度、两国经济发展水平、两国间地理距离以及出口国的地理面积作为解释变量，在探讨哪些因素影响一国贸易网络地位提升实证

研究领域中使用扩展的引力模型，建立如下实证模型（Anderson J E，2011；Mangelsdorf A，2012）：

$$Degree_{it} = \alpha_0 + \alpha_1 RTA_{ijt-1} + \alpha_2 Political_{ijt-1} + \alpha_3 Degree_{jt-1} + \alpha_4 Culture_{ijt-1} + \alpha_5 GDP_{it-1} + \alpha_6 GDP_{jt-1} + \alpha_7 Distance_{ij} + \alpha_8 Product_{it-1} + \alpha_9 Export_{ijt-1} + \alpha_{10} Price_{it-1} + \alpha_{11} Subsidy_{it-1} + \delta_i + \delta_j + \delta_t + \varepsilon_{ij} \tag{7.3}$$

式（7.3）中，i 为出口国，j 为进口国，t 为年份。被解释变量为 $Degree_{it}$，为 i 国在 t 年的棉花贸易网络中的点度中心度，地位较高的国家其点度中心度较大，代表该国与其他国家的棉花贸易往来较为密切。解释变量包括：RTA_{ijt-1}，表示两国截止到 t-1 年签订贸易协定状况，若截止到 t-1 年两国签订过贸易协定，则 RTA_{ijt-1} 为 1，否则为 0。$Political_{ijt-1}$ 为两国之间的政治距离，政治距离越远，两国之间的外交政策导向差异越大。$Degree_{jt-1}$ 为进口国 j 的贸易网络地位，用点度中心度衡量。控制变量包括：$Culture_{ijt-1}$ 为两国之间的文化距离，文化距离越大代表文化差异越大。出口国的 GDP（GDP_{it-1}）、进口国的 GDP（GDP_{jt-1}）、进出口国之间的地理距离（$Distance_{ij}$）、出口国的棉花产值（$Product_{it-1}$）、出口国棉花出口额（$Export_{ijt-1}$）、出口国棉花出口价格（$Price_{it-1}$）、出口国棉花补贴（$Subsidy_{it-1}$）。δ_i 为出口国的固定效应，吸收了不随时间改变的出口国的国家特征，比如出口国的地理面积、农业耕种面积等，δ_j 为进口国的固定效应，吸收了不随时间改变的进口国的国家特征，如贸易国相关的比较优势，δ_t 为年份的固定效应，控制时间趋势，以吸收一些周期性冲击给模型带来的影响，ε_{ij} 是随机扰动项。本节模型均采用解释变量滞后一期的做法，以此降低反向因果关系带来的内生性问题（李兵和颜晓晨，2018）。α_0 为总体均值的截距项，α_1、α_2、α_3、α_4、α_5、α_6、α_7 至 α_{11} 分别为各个解释变量的回归系数，为降低模型内生性问题，本节采用所有解释变量滞后一期的做法。各变量的含义及其预期系数符号说明详见表 7-7 和表 7-8。

表 7-7　模型变量含义及预期符号

变量	含义	预期符号	变量的理论含义
RTA_{ij}	全球国家内部是否缔结区域贸易协定，缔结为 1，否则为 0	+	当一国签订贸易协定数量越多时，贸易成本降低，促进该国贸易网络地位的提升

续表

变量	含义	预期符号	变量的理论含义
$Culture_{ij}$	两国之间文化距离,即两国之间文化之差的绝对值	+	当两国之间文化距离越远,差异化需求越容易被满足,进而提升出口国贸易网络地位
$Political_{ij}$	两国之间政治距离	−	当两国之间政治距离越远,两国产生的隔阂越大,越不利于贸易地位的提升
$Degree_j$	目的国贸易网络地位	−	当出口伙伴国的贸易网络地位较高时,由于竞争效应,会削弱出口国贸易网络地位
GDP_i	出口国经济发展水平	+	当出口国经济发展水平越高,出口供给能力越强,越会促进一国网络地位的提升
GDP_j	目的国经济发展水平	+	当目的国经济发展水平越高,进口需求能力越强,越会促进出口国贸易网络地位的提升
$Distance_{ij}$	两国之间地理距离	−	根据引力模型,地理距离越远代表两国贸易成本越大,因而阻碍两国贸易,抑制一国贸易网络地位的提升
$Area_i$	出口国的国土面积	+	当出口国国土面积较大时,可种植更多棉花,对该国贸易网络地位的提升有促进作用

数据来源:RTA 数据来源于 WTO 数据库;文化距离数据来自 Geert Hofstede 主页:https://geert-hofstede.com;政治距离数据来自 The Worldwide Governance Indicators(WGI)数据库:https://www.govindicators.org;GDP 数据来源于 World Bank 数据库;Distance 和 Area 数据来自 CEPII 数据库。

表7-8　模型变量描述性统计

变量	定义	均值	标准差	最小值	最大值
Ln_degree_{it}	出口国点度中心度	23.46	12.17	2	45
RTA_{ijt}	贸易协定	0.19	0.39	0	1
$Political_{ijt}$	政治距离	1.04	0.71	0.01	3.03
Ln_eegree_{jt}	进口国点度中心度	17.9	12.42	1	108
$Culture_{ij}$	文化距离	38.94	27.86	0.34	148.75
Ln_GDP_{it}	出口国经济发展水平	27.18	1.51	23.52	30.49
Ln_GDP_{jt}	进口国经济发展水平	26.52	1.62	22.15	30.49
$Ln\_distance_{ij}$	地理距离	8.71	0.83	5.31	9.88
$Ln\_product_{it}$	出口国棉花总产值	11.22	4.21	0	15.85
Ln_export_{ijt}	出口国棉花出口额	6.82	3.23	0	15.1
$Price_{it}$	出口国棉花价格	82.36	35.48	14	228
$Subsidy_{it}$	出口国棉花生产补贴额	108.8	540.74	0	5491

（二）样本选取和数据来源

1. 样本选取

本节选取 2000 年~2020 年的全球 151 个国家（地区）棉花行业（HS2 编码为 52）数据，由于文化距离、政治距离数据的缺失，最终样本量为 26 756 个。

2020 年全球出口棉花贸易额排名前列的国家和地区分别为中国、美国、印度、巴西、越南、巴基斯坦、土耳其、乌兹别克斯坦和意大利，其中上合组织成员国就有中国、印度、巴基斯坦和乌兹别克斯坦四个，在上合组织成员国样本中，中国对乌兹别克斯坦棉花出口位居第一位，占中国出口到上合组织成员国总额的 38%，对塔吉克斯坦出口位居第二位，占中国出口到上合组织成员国总额的 34.6%，对巴基斯坦出口位居第三位，占中国出口到上合组织成员国总额的 18.1%。

2. 数据来源

棉花贸易数据来源于 UN-Comtrade。RTA 数据来源于 WTO 数据库。文化距离数据来自 Geert Hofstede 主页 https：//geert-hofstede.com，通过 Hofstede 的最新研究数据，计算出两国之间的文化距离，距离越大代表文化差异越大。政治距离数据来自 The Worldwide Governance Indicators（WGI）数据库 https：//www.govindicators.org，本节运用政治距离来衡量两国之间外交政策导向的差异程度，政治距离越远，两国之间的外交政策导向差异越大。GDP 数据来自 World Bank 数据库。Distance 和 Area 数据来自 CEPII 数据库。

对于上合组织数据，考虑到数据的可获得性和数据来源的一致性，样本数据全部选择 2020 年，其中 RTA 网络关系数据来自 WTO 数据库，外国直接投资关系以及经济发展的数据来自 World Bank，两国间地理距离以及衡量两国文化相邻性的网络数据来自 CEPII。

3. 模型检验

本节使用 OLS 的回归分析方法来探究贸易协定的缔结、文化距离、政治距离、伙伴国的棉花贸易网络地位、两国经济发展水平、两国间地理距离以及出口国的国土面积对出口国棉花网络地位的影响。表 7-9 呈现了以上实证模型（7.3）的回归结果。第（1）列呈现了本节的核心解释变量：i、j 两国缔结贸易协定、两国间政治距离以及进口国 j 的棉花贸易网络地位对 i 国棉花贸易网络地位的影响，第（2）列在第（1）列的基础上控制住两国间文化距离以及标准的引力模型中的变量：出口国 GDP、进口国 GDP 以及两国间地理距离，第（3）列在第（2）列的基础上控制住 i 国棉花产出以及 i 国向 j 国出口棉花的出口额，第（4）列在第（3）列的基础上控制住 i 国棉花的生产价格和棉花补贴。第（5）列对模型中每个变量都进行了标准化处理，因此每个变量前系数可比较大小。为了控制与贸易国、年份相关的特征，本节在所有回归中加入了出口国、进口国以及年份固定效应。

表 7-9 OLS 回归分析结果

出口国棉花贸易网络地位（点度中心度）					
变量	（1）	（2）	（3）	（4）	（5）
贸易协定	0.879***	0.729***	0.827***	0.796***	0.221***
	(21.63)	(17.36)	(13.36)	(12.13)	(12.13)
政治距离	−0.225***	−0.140***	−0.199***	−0.232***	−0.125***

续表

变量	(1)	(2)	(3)	(4)	(5)
出口国棉花贸易网络地位（点度中心度）					
	(-7.69)	(-5.03)	(-4.83)	(-5.39)	(-5.39)
进口国棉花地位	-0.044***	-0.026*	-0.059***	-0.049**	-0.049**
	(-3.06)	(-1.88)	(-3.12)	(-2.50)	(-2.50)
文化距离		0.002***	0.002*	0.004***	0.097***
		(3.75)	(1.86)	(3.45)	(3.45)
出口国经济发展		0.012***	0.008***	0.001	0.003
		(15.87)	(5.14)	(0.14)	(0.14)
进口国经济发展		-0.025	-0.024	-0.040	-0.063
		(-0.38)	(-0.21)	(-0.31)	(-0.31)
地理距离		-0.197***	-0.078**	-0.108***	-0.078***
		(-9.36)	(-2.53)	(-3.24)	(-3.24)
出口国棉花产出			0.035***	0.044***	0.121***
			(4.86)	(5.85)	(5.85)
出口国棉花出口			-0.010	-0.018**	-0.040**
			(-1.29)	(-2.03)	(-2.03)
出口国棉花价格				0.008***	0.204***
				(15.05)	(15.05)
出口国棉花补贴				0.001***	0.020***
				(4.46)	(4.46)
常数项	2.753***	4.742***	3.343	3.366	0.140
	(48.47)	(2.67)	(1.09)	(0.99)	(1.47)
N	26 792	26 756	12 518	10 936	10 936
R^2	0.377	0.444	0.436	0.447	0.447
F	144.184	162.095	44.127	61.559	61.559
出口国固定效应	是	是	是	是	是

出口国棉花贸易网络地位（点度中心度）					
变量	（1）	（2）	（3）	（4）	（5）
进口国固定效应	是	是	是	是	是
年份固定效应	是	是	是	是	是

注：括号内显示的是 t 值，*、**、*** 分别表示在 10%、5% 及 1% 的显著性水平上通过检验；标准误差均为聚类在国家对层面的稳健标准误差。

数据来源：UN-Comtrade，WTO，WGI，WDI，CEPII。本章以下各表同。

4. 结果分析

根据表 7-9 列（1）~列（5）的回归结果可知，第一，区域贸易协定。区域贸易协定（RTA_{ijt-1}）均在 1% 的显著性水平上通过检验，系数为正，说明 i 国与 j 国缔结过贸易协定可显著促进 i 国棉花贸易网络地位的提升，因为贸易协定缔结数量越多代表一国参与区域经济一体化的程度越深，棉花在贸易过程中享受特惠关税待遇的概率就越大，进而为本国打开棉花贸易市场提供了契机；第二，政治距离。政治距离（$Political_{ijt-1}$）均在 1% 的显著性水平上通过检验，系数为负，说明当出口国与进口国之间政治距离越远越会抑制出口国棉花网络地位，政治距离越远，两国间外交政策就会存在较大不同，很难达成共识，这也增加了政治风险，因此会抑制一国棉花贸易网络地位的提升；第三，进口国棉花地位。进口国 j 的棉花地位（$Degree_{jt-1}$）均在 1% 的显著性水平上通过检验，系数为负，说明当进口国棉花贸易网络地位提升时会抑制出口国本身的棉花贸易网络地位，原因在于，在寻求棉花贸易伙伴的过程中，应遵循优势互补的原则，若进口国棉花贸易网络地位较高这会给出口国带来较大的竞争压力，进而抑制出口国棉花贸易网络地位的提升。

由表 7-9 列（2）~列（4）结果可知，在加入一系列控制变量后，核心解释变量的系数并未发生显著的改变，且控制变量的系数是较为符合预期的，例如，文化距离（$Culture_{ijt-1}$）均在 10% 的显著性水平上通过检验，系数为正，说明当出口国与进口国之间文化差异越大越会促进出口国棉花贸易网络地位提升，原因在于，文化差异大代表两国间对棉花的消费需求不同，根据产业内贸易理论，为满足消费者对差异化产品的需求，出口国会出口不同种类的棉花到文化差异较大的国家，这也会提升出口国的棉花贸易网络地位；i国的经济发展水平（GDP_{it-1}）的提高会显著促进出口国棉花贸易网络地位的提升，因为经济发展水平代表出口国的供给能力和进口国的需求，经济发展水平越高，其市场规模和市场潜力越大，这会带动出口国棉花贸易网络地位的提升。而进口国j的经济发展水平（GDP_{jt-1}）的系数不显著，可能的原因在于进口国j经济发展水平的度量不仅包含棉花产业还包含其他非棉花产业，因此对i国棉花贸易网络地位的提升作用并不直接。两国间地理距离$Distance_{ij}$的系数均显著为负，说明出口国选取地理位置较近的进口国会更容易提升自身的棉花贸易网络地位，因为地理位置近意味着贸易成本低。i国的棉花产出额（$Product_{it-1}$）的系数显著为正，说明出口国棉花产出越多越会促进i国棉花贸易网络地位，原因在于，棉花产出多说明棉花供给充裕，这为i国寻求更多的棉花贸易伙伴打下了坚实基础，进而可促进其地位的提升。i国向j国出口棉花的贸易额（$Export_{ijt-1}$）的系数在列（4）是负向显著的，即当出口国i向进口国j出口棉花较为集中时会抑制i国在棉花贸易网络中的地位，说明出口国向进口国出口棉花的深度与出口国棉花出口的广度之间是替代的关系。i国棉花生产价格（$Price_{it-1}$）的系数在列（4）是1%水平上正显著的，由于棉花价格影响棉花贸易，这会促进一国棉花贸易网络地位的提升。i国棉花补贴（$Subsidy_{it-1}$）的系数在列（4）是1%水平上正显著，棉花补贴政策的事实有助于推动一国棉花的种植和出口，保证其棉农利益进而提高该国在棉花贸易网络的地位（钱静斐和李辉尚，2020）。

此外，表7-9列（5）中每个变量都进行了标准化处理，因此每个变量前系数可比较大小，各核心解释变量对出口国棉花网络地位的影响从大到小排列依次为RTA> Political> $Degree_j$。在控制变量的影响中，影响最大的为出口国棉花价格，其次是出口国棉花产出，最后是贸易两国间的文化距离以及地理距离。因此，出口国在选取进口国时可根据此顺序进行参考进而提升本国棉花贸易网络地位。

5. 稳健性检验

值得注意的是，在模型估计的过程中往往遇到内生性问题，因此，本节有必要对上述计量模型可能存在的内生性问题进行详细的探讨。导致上述计量模型存在内生性问题的可能原因有以下三个方面：

第一，遗漏变量问题。如果上述计量模型中缺少了与i国棉花贸易网络地位提升的相关变量，就会造成遗漏变量问题，从而导致模型估计出现偏误。本节根据已有的文献，认为与 i 国棉花贸易网络地位相关的变量主要包括：经济发展水平、i 国与他国之间的地理距离、i 国的棉花产出额、i 国对其他国家的棉花出口额、i 国棉花生产价格以及 i 国实施的棉花补贴政策、i 国的棉花耕种面积等，本节在上述模型中，对这些变量都予以控制。除此之外，为了排除那些不随时间改变的国家对（出口国–进口国交叉类）的固定特征给模型带来的影响，例如，两国之间是否使用共同的语言，两国是否拥有共同的法律来源，两国是否接壤等特征，本节在表 7-10 列（1）控制了国家对的固定效应，由于文化距离只有 2015 年的数据，因此被国家对的固定效应所吸收，此种固定效应的控制大大降低了由此引发的内生性问题。

第二，测量误差的问题。如果上述模型中 i 国棉花网络地位以及核心解释变量等存在测量误差，那么模型的估计结果会产生系统性偏误，因此需要尽量较少变量的测量误差问题。为解决此担忧，本节从三个角度出发尽可能地考虑测量误差的影响。（1）采取修正变量设置的措施，例如，表 7-10 列（2）将被解释变量 i 国棉花贸易网络地位的度量换成用中介中心度[1]来进行衡量，结果显示，更换被解释变量的度量方式并不会对回归结果产生显著的影响；（2）更换计量方法，本书之前的计量方法均为多维固定效应 OLS 的方法，由于被解释变量为计数变量，因此可以将计量方法更换为多维固定效应泊松估计（PPML）的方法，此方法可解决对数线性模型中存在的异方差问题，表 7-10 列（3）将计量方法更换为多维固定效应泊松估计后发现核心解释变量的系数均未发生显著改变；（3）采取多维聚类标准误差，在之前的模型中我们将标准误差聚类在国家对的层级上，标准误差的聚类可纠正 OLS 估计在面板数据中对标准误差的低估，根据 Cameron 和 Miller（2015），处理标准误差的经验法则是将标准误差聚类在解释变量的层级上，因此为了考察不同聚类标准误差的影响，表 7-10 列（4）将标准误差聚类在出口国–年份以及进口国–年份层级上，结果显示核心解释变量的系数以及显著性均没有发生改变，说明本节的模型是稳健的。

---

　　[1]　中介中心度是指某节点出现在其他节点间的最短路径数，表示式：$BC_i = \sum_i \sum_k g_{jk}(i)/2$，$i \neq j \neq k$，其中，$g_{jk}(i)$ 表示 j 点和 k 点之间存在的经过第三个点 i 的捷径数目，一国的中介中心性越带代表该国所发挥的"桥"的作用越明显，其在网络中的地位越高。

第三，反向因果问题。反向因果问题在上述模型中主要表现在贸易协定的缔结对 i 国棉花贸易网络地位的影响，但一国贸易网络地位也可能影响贸易协定的缔结[38]，解决反向因果问题的关键是如何剔除贸易网络地位对贸易协定缔结的潜在影响，本节基准模型通过将解释变量均滞后一期的做法一定程度上解决了反向因果问题，因为在构建模型之初就假设了是贸易协定的缔结等解释变量发生在先，而棉花贸易网络地位的改变发生在后。为了进一步解决反向因果问题，表 7-10 列（5）采用 IV-GMM 的方法，并且控制了国家对的固定效应，核心解释变量的结果均显著符合预期。因此，通过上述分析处理和讨论，相信能够在很大程度上避免了内生性问题给模型带来的干扰。

表 7-10　稳健性检验

出口国棉花贸易网络地位

变量	（1）	（2）	（3）	（4）	（5）
	Pair	betweeness	PPML	Clusterit+jt	IV-GMM
贸易协定	0.174***	0.117***	0.285***	0.796***	0.909***
	（7.71）	（4.30）	（29.04）	（11.84）	（17.48）
政治距离	−0.129***	−0.045**	−0.102***	−0.232***	−0.032**
	（−4.48）	（−2.36）	（−14.85）	（−6.45）	（−2.26）
进口国棉花地位	−0.055***	−0.142**	−0.028**	−0.049***	−0.063***
	（−3.15）	（−2.19）	（−2.55）	（−3.61）	（−8.58）
文化距离		0.001***	0.002***	0.004***	
		（2.85）	（9.63）	（4.25）	
出口国经济发展	0.106	0.016***	0.001	0.001	0.006***
	（1.15）	（22.54）	（0.12）	（0.09）	（3.61）
进口国经济发展	−0.226	−0.234**	0.032	−0.040	0.105***
	（−1.21）	（−2.36）	（0.65）	（−0.49）	（3.66）
地理距离		−0.001***	−0.047***	−0.108***	
		（−23.17）	（−8.37）	（−3.30）	
出口国棉花产出	0.186***	0.201***	0.020***	0.044***	0.026***

变量	出口国棉花贸易网络地位				
	（1）	（2）	（3）	（4）	（5）
	Pair	betweeness	PPML	Clusterit+jt	IV-GMM
	（4.54）	（80.39）	（13.69）	（2.75）	（10.55）
出口国棉花出口	−0.013	−0.001***	−0.008***	−0.018	−0.005***
	（−0.93）	（−4.69）	（−4.78）	（−1.62）	（−3.13）
出口国棉花价格	0.049***	0.004***	0.004***	0.008***	0.001***
	（7.98）	（3.68）	（27.17）	（5.52）	（25.76）
出口国棉花补贴	0.027***	0.117***	0.001***	0.001*	0.001***
	（11.01）	（4.30）	（5.84）	（1.96）	（5.49）
上一年出口国棉花地位					0.599***
					（76.18）
常数项	0.147	31.822***	−0.864	3.366	−1.463
	（1.53）	（3.09）	（−0.60）	（1.63）	（−0.71）
N	10 845	12 518	10 936	10 936	20 084
R^2	0.859	0.440	0.408	0.447	／
F	49.337	794.108	4873.517	33.953	25 353.08
出口国固定效应	否	是	是	是	否
进口国固定效应	否	是	是	是	否
国家对固定效应	是	否	否	否	是
年份固定效应	是	是	是	是	是

注：括号内显示的是 t 值，*、**、*** 分别表示在 10%、5% 及 1% 的显著性水平上显著；标准误差除列（4）均为聚类在国家对层面的稳健标准误差。

6. 机制检验

本节在进行上述贸易协定缔结、政治距离以及进口国棉花贸易网络地位对 i 国棉花贸易网络地位的实证研究后，进一步探究了其作用机制。具体而言，文章将从核心解释变量入手，分别从技术创新、对外直接投资以及生产国际竞争力三个方面分析了它们对 i 国棉花贸易网络地位的间接影响。在每一个机制分析中，我们采用了最为严格的国家对固定效应和 IV-GMM 两种回归分析方法，以消除绝大部分潜在的不随时间变化的不可观测因素的影响。

（1）核心解释变量与出口国棉花技术创新

随着全球各国参与区域经济一体化进程的加速，越来越多的国家加入区域贸易协定的缔结中。根据 WTO 的统计数据，截至目前，全球共缔结并生效的贸易协定数量已达 356 个。这些协定构成了全球区域贸易协定网络的节点，使得成员国（地区）之间能够降低棉花关税和贸易壁垒，同时防止过度竞争或使用保护主义政策（陈紫若和盛伟，2022）。这种协定网络为技术研发的溢出创造了良好的环境，因此贸易协定的缔结促进了出口国棉花的技术研发。

一国政治关系网络越强，代表其获取关键信息和资源的可能性越大。该国运用和调配可利用的知识、资源和信息的能力也就越强。政治网络是一种独特的社会资本，在市场不健全的环境下可作为一种替代机制。当两国之间的政治距离较近时，意味着两国进行资源和信息交换所面临的政策阻碍相对较小。这为一国棉花种植的创新提供了更有效的资源，增强了一国从他国获取棉花种植技术的信息和资源能力，从而推动了棉花种植技术的研发。

一些国家凭借其先天的自然条件、地理位置等要素禀赋优势成为棉花贸易网络中的关键节点。根据核心-边缘理论，成为核心国的国家可掌握更多信息，获取更多棉花种植技术，并对技术的流动拥有较强的掌控权。这使得较少的技术能够传播到其他辐条国家，创新起源于网络内少数的"变革中心"，并由这些中心向外扩散。边缘地区依附于中心而获得发展。

从表 7-11 列（1）和列（2）可知，若 i 国与 j 国缔结过贸易协定、两国之间政治距离较近、j 国棉花贸易网络地位较低时会显著促进 i 国对棉花的技术研发投入，进而对 i 国棉花贸易网络地位的提升起到显著的促进作用。

（2）核心解释变量与出口国对外直接投资

针对贸易协定中有关投资的专门协定，从生产成本不对称的角度来看，外国直接投资背后存在规避反倾销壁垒的动机。棉花出口的成本优势主要体现在劳动力和原材料等特有成本上，这种优势很难通过投资东道国来进行补偿。但如果双方缔结了双边投资协定，则可以显著促进出口国的投资活动。相关研究表明，中国更偏向于与制度差距较小的国家进行投资，并且暴力型风险与投资呈显著负相关（刘文革等，2019）。因此，当两国之间的政治距离越接近，其政策导向也越相似，进行棉花贸易所面临的阻力越小，这将促进投资的发生。如果进口国 j 在棉花贸易网络中地位较高，该国可以获得更便宜的产品，吸引更多辐条国的投资，从而增加 j 国的资本，提高闲置资源的利用率，这将对出口国 i 产生替代效应。

从表 7-11 列（3）和列（4）可知，若 i 国与 j 国缔结过贸易协定、两国之间政治距离较近且 j 国棉花贸易网络地位较低时会显著促进 i 国对棉花的投资，对外投资的增加会带动其出口，进而提升该国在棉花贸易网络中的地位。

（3）核心解释变量与棉花出口国际竞争力

棉花出口国际竞争力可用显性比较优势作为代理变量，显性比较优势是经济体在贸易结构中表现出来的优势，一国在棉花产业的出口上是否存在优势可通过显性比较优势指数来体现，具体如下：

$$RCA_{cotton,\ i} = (X_{cotton,\ i}/X_{ti})/(X_{cotton,\ w}/X_{tw}) \qquad (7.4)$$

其中，$X_{cotton,\ i}$ 为国家 i 出口棉花产品的出口额，X_{ti} 为 i 国出口农产品的总值；$X_{cotton,\ w}$ 为世界出口棉花的出口值，X_{tw} 为世界农产品的总出口值。当 $RCA_{cotton,\ i}$ 大于 1，表示该国（地区）在棉花出口上相对集中，具有比较优势。

根据比较优势理论，从成本角度出发，一个国家会出口具有比较优势的产品。然而，贸易保护措施如配额等的实施对棉花产品的进出口施加了较多限制，进而阻碍了棉花产业比较优势的显现。缔结贸易协定可以打破高关税的束缚，降低棉花贸易成本，提高国际竞争力。研究表明，当两国之间的政治距离较接近时，贸易规模会比敌对国家间的更大。通常认为，"贸易追随国旗"，即一个国家倾向于与政治利益相似的国家进行更多的贸易。政治关系的恶化会导致双边贸易成本上升，因此，政治关系可以视为"冰山成本"的一部分。政治距离越小，出口国的棉花出口国际竞争力越大。根据核心-边缘理论，在贸易、投资和获取资源方面，核心国拥有较强的优势，因此，区域发展过程会出现不平衡。中心区的增长会拉大与边缘区之间的发展差距。当一个国家在棉花贸易网络中处于较高的地位时，其特殊的网络位置可能会削弱其他国家的国际竞争力。

从表 7-11 列（5）和列（6）可知，若 i 国与 j 国缔结过贸易协定、两国之间政治距离较近、j 国棉花贸易网络地位较低时会显著提升 i 国棉花出口的国际竞争力，进而提升该国在棉花贸易网络中的地位。

表 7-11　机制分析

变量	(1)	(2)	(3)	(4)	(5)	(6)
	R&D		FDI		RCA	
	FE	GMM	FE	GMM	FE	GMM
贸易协定	24.955***	14.985***	0.183**	0.405***	0.504***	0.072***
	(4.93)	(10.29)	(2.39)	(6.72)	(4.24)	(3.45)
政治距离	-24.769***	-7.351***	-0.442***	-0.446***	-0.649**	-0.381***
	(-4.51)	(-4.35)	(-3.77)	(-5.71)	(-2.22)	(-12.65)
进口国棉花地位	-3.850***	-2.860***	-0.011**	-0.124***	-0.009***	-0.002***
	(-2.86)	(-4.34)	(-2.33)	(-3.79)	(-3.47)	(-7.86)
出口国经济发展	3.140***	0.831***	0.086***	0.292***	0.117***	0.089***
	(2.69)	(4.15)	(8.47)	(29.79)	(16.12)	(168.42)
进口国经济发展	-1.779	10.303**	-0.064	2.161***	-0.326	1.594***
	(-0.17)	(2.34)	(-0.34)	(8.41)	(-0.90)	(17.67)
出口国棉花产出	7.748***	10.876***	0.085***	0.198***	0.091***	0.198***
	(4.81)	(42.05)	(3.05)	(20.94)	(3.18)	(23.48)
出口国棉花出口	0.458	0.450***	-0.007	0.043***	0.052**	0.005**
	(0.82)	(2.97)	(-0.53)	(4.45)	(2.51)	(2.04)
出口国棉花价格	0.163***	0.145***	0.005***	0.001***	0.003**	0.001***
	(6.47)	(32.99)	(9.08)	(8.50)	(2.19)	(4.50)
出口国棉花补贴	0.003	0.053***	0.001**	0.001***	0.001***	0.001***
	(0.16)	(8.43)	(2.09)	(18.77)	(19.09)	(3.76)
上一年技术创新		0.772***				
		(344.63)				
上一年对外投资				0.183***		
				(93.54)		
上一年国际竞争						0.970***
						(360.15)

续表

变量	(1)	(2)	(3)	(4)	(5)	(6)
	R&D		FDI		RCA	
	FE	GMM	FE	GMM	FE	GMM
常数项	279.102	−224.406	2.967	−57.957***	20.464**	−49.730***
	(1.02)	(−1.43)	(0.60)	(−6.71)	(2.15)	(−13.26)
N	3803	5661	10845	9903	10 845	9903
R^2	0.990	\	0.538	\	0.995	\
F	22.043	634 182.88	19.128	67 383.57	180.168	227 468.81
国家对固定效应	是	是	是	是	是	是
年份固定效应	是	是	是	是	是	是

二、上合组织棉花贸易网络地位的影响因素分析

(一) 变量选择与模型构建

本节选用上合组织国家棉花出口网络和进口网络作为被解释变量,反映棉花产品出口供给能力和对棉花的需求,选择区域贸易协定(Regional Trade Agreement,RTA)网络、外国直接投资(Foreign Direct Investment,FDI)流入网络、FDI 流出网络、两国间地理距离、两国 GDP 之和以及两国是否拥有共同法律来源的 0-1 矩阵作为解释变量,建立扩展的棉花农产品对外进出口贸易引力模型:

$$Ln\_export_{ij} = \alpha_0 + \alpha_1 RTA_{ij} + \alpha_2 FDI\_inflow_{ij} + \alpha_3 FDI\_outflow_{ij} + \alpha_4 Distance_{ij} + \alpha_5 GDP_{ij} + \alpha_6 Comleg_{ij} + \varepsilon_{ij} \tag{7.5}$$

其中,i 为上合组织国家出口国,j 为上合组织国家出口贸易伙伴国,Ln_export_{ij} 为 i 国对 j 国棉花出口贸易额,α_0 为总体均值的截距项,α_1、α_2、α_3、α_4、α_5、α_6 分别为各个解释变量的回归系数,ε_{ij} 是随机扰动项。当考察棉花进口网络时,将模型中 Ln_export_{ij} 替换为 Ln_import_{ij},各变量的含义及其预期系数符号说明详见表 7-12。

表 7-12　模型变量含义及预期符号

变量	含义	预期符号	变量的理论含义
RTA_{ij}	上合组织国家内部是否缔结区域贸易协定,缔结为1,否则为0	+	若两国签订过区域贸易协定,贸易壁垒降低,这将促进双边贸易额提升
FDI_inflow_{ij}	外国直接投资的净流入占GDP的比重	+	外国直接投资净流入的增加会促进东道国产业结构调整,带动生产者供给,进而促进贸易
$FDI\_outflow_{ij}$	外国直接投资的净流出占GDP的比重	−	外国直接投资净流出的增加,会产生竞争效应,形成对母国产品的替代,抑制贸易的发生
$Distance_{ij}$	上合组织成员国之间地理距离	−	根据引力模型,地理距离越远代表两国贸易成本越大,因而阻碍两国贸易
GDP_{ij}	上合组织成员内部 i 国与 j 国的 GDP 之和	+	代表成员国内部贸易伙伴国的经济发展水平,经济发展水平越高,进口需求能力越强,越会促进双边贸易的发展
$Comleg_{ij}$	0-1矩阵,表示成员国内部贸易伙伴国家之间是否有共同的法律来源,有为1,没有为0	+	若两国拥有共同的法律来源,代表两国文化具有近邻性,会促进贸易

数据来源:RTA 数据来源于 WTO 数据库;FDI 数据和 GDP 数据来源于 World Bank 数据库;Distance 和 Comleg 数据来源于 CEPII 数据库。

(二)样本选取和数据来源

1. 样本选取

2020 年全球出口棉花贸易额排名前九的国家分别为中国、美国、印度、巴西、越南、巴基斯坦、土耳其、乌兹别克斯坦和意大利,其中上合组织成员国就有中国、印度、巴基斯坦和乌兹别克斯坦四个。在上合组织成员国样本中,中国对乌兹别克斯坦棉花出口位居第一位,占中国出口到上合组织成员国总额的 38%，对塔吉克斯坦出口位居第二位，占中国出口到上合组织成员国总额的 34.6%，对巴基斯坦出口位居第三位，占中国出口到上合组织成员国总额的 18.1%。

2. 数据来源

考虑到数据的可获得性和数据来源的一致性，样本数据时间全部选择 2020 年，其中 RTA 网络关系数据来自 WTO 数据库，外国直接投资关系以及经济发展的数据来自 World Bank，两国间地理距离以及衡量两国文化相邻性的网络数据来自 CEPII。

（三）模型检验

本节使用 Ucinet 软件，采用 QAP 回归分析方法，QAP 分析方法相比 OLS 回归分析法的优势是能够通过随机置换来解决数据存在的多重共线性等问题。本研究选择 5000 次随机置换，用贸易网络关系矩阵对国家间的区域贸易协定（RTA）关系、对外直接投资关系、地理距离、经济发展水平以及文化近邻性进行回归分析。$P \geq 0$ 和 $P < 0$ 分别表示随机置换下的相关系数大于或小于实际值的概率。结果如表 7-13 所示，结果显示，出口网络中，RTA 网络和对外直接投资关系在 1% 显著性水平下显著，地理距离和经济发展水平在 5% 显著性水平下显著，文化近邻性不显著但符号为正向。进口棉花网络与出口棉花网络所得结论类似。

表 7-13 QAP 回归分析结果

出口棉花网络					
变量	非标准化回归系数	标准化回归系数	显著性概率	$P \geq 0$	$P \leq 0$
截距	−16.219	0.000			
RTA_{ij}	3.623	0.485	0.001	0.001	1.000
FDI_inflow_{ij}	0.604	0.332	0.007	0.007	0.993
$FDI\_outflow_{ij}$	−1.196	−0.415	0.002	0.998	0.002
$Distance_{ij}$	−2.734	−0.476	0.013	0.987	0.013
GDP_{ij}	0.200	0.277	0.027	0.027	0.974

出口棉花网络					
变量	非标准化回归系数	标准化回归系数	显著性概率	$P \geq 0$	$P \leq 0$
$Comleg_{ij}$	1.025	0.145	0.109	0.109	0.891
进口棉花网络					
截距	3.299	0.000			
RTA_{ij}	2.766	0.370	0.011	0.011	0.990
FDI_inflow_{ij}	0.541	0.297	0.013	0.013	0.988
$FDI\_outflow_{ij}$	−0.896	−0.311	0.006	0.994	0.006
$Distance_{ij}$	−0.811	−0.331	0.091	0.910	0.091
GDP_{ij}	0.209	0.290	0.071	0.071	0.929
$Comleg_{ij}$	0.381	0.060	0.337	0.337	0.663

数据来源：UN-Comtrade database。

（四）结果分析

中国与上合组织成员国签订区域贸易协定、外国直接投资的净流入、外国直接投资的净流出、国与国之间的地理距离、两国经济发展水平之和这5个因素对中国与上合组织成员国棉花出口的影响显著，且分别在1%、1%、1%、5%和5%的显著性水平上通过 t 检验。其中，两国是否签订 RTA 的 0-1 矩阵、外国直接投资的净流入矩阵、两国经济发展水平之和的矩阵对中国与上合组织成员国间棉花贸易流量的影响是正向显著；贸易伙伴之间的地理距离矩阵、外国直接投资的净流出矩阵对中国与上合组织成员国间棉花贸易流量的影响呈负向显著：（1）中国与上合组织成员国缔结区域贸易协定对中国与上合组织成员国间棉花出口影响正显著，显著性水平达到1%，标准化回归系数0.485，说明在控制其他因素不变的情况下，中国与上合组织成员国缔结 RTA 相比没有缔结 RTA 会促进0.485%的贸易增加，这代表伴随区域经济一体化的进程加快，RTA 网络密度的增加，使得国与国之间贸易成本降低，相应的消费者需求增加，从而对棉花产品出口起到显著的推动作用。（2）中国与上合组织成员国直接投资净流入的标准化回归系数为 0.332,在 1%的置信水平上通过 t 检验,表明在控制其他变量不变时,外国直接投资净流入增加 1%,将刺激东道国产业结构调整,带动国内供给增加 0.332%,预示伴随着外国直接投资净流入的增加,新技术的引进提高劳动生产效率,进而对贸易有显著促进作用。(3) 中国与上合组织成员国直接投资净流出对贸易起着明显的阻碍作用,在 1%的水平上显著,外国直接投资净流出的标准化回归系数为-0.415,说明中国与上合组织国家间外国直接投资净流出与贸易是存在替代关系的,外国直接投资净流出增加 1%,对东道国的竞争产生显著增加的效应,进而对贸易产生 0.415%的负影响。(4) 中国与上合组织成员国之间的距离对中国与上合组织成员国棉花出口贸易起着明显的阻碍作用,在 1%显著性水平上,距离的标准化回归系数为-0.476,中国与上合组织棉花贸易对距离和运输成本较为敏感,运输成本是抑制棉花贸易的主要影响因素。此结论与马惠兰等人的结论保持一致。(5) 中国与上合组织成员国的经济发展水平 GDP 的标准化回归系数为 0.277,且在 5%显著性水平下显著,表明在其他条件保持不变的情况下,两国经济发展水平每提高 1%,对棉花进口需求将增加 0.277%。这说明若贸易伙伴国经济发展向好,相应的棉花产品需求和自给能力提高,对棉花出口的正向影响就越大,因此,距离因素和经济发展水平对贸易的影响作用充分验证了贸易引力模型。(6) 代表两国之间文化近邻性的两国是否拥有共同法律来源的 0-1 矩阵对棉花贸易网络影响不显著。说明文化近邻性不显著影响中国与上合组织成员国间棉花贸易。

对于进口棉花网络的 QAP 回归结果与出口棉花网络的 QAP 回归结果保持一致,区域贸易协定、外国直接投资的净流入、外国直接投资的净流出、国与国之间的地理距离、两国经济发展水平之和五个因素对中国与上合组织成员国棉花进口的影响显著,且分别在 5%、5%、1%、10%和 10%的显著性水平上通过 t 检验,由于外国直接投资的净流入、净流出、GDP 水平均为两国之和,区域贸易协定关系,两国地理距离以及两国是否有共同法律来源也均为双边关系,因此进口棉花网络回归系数的经济含义与出口棉花网络回归系数的经济含义保持一致,也说明了模型的稳健性。

值得注意的是,由于表 7-13 中列 (3) 均为标准化回归系数,因此各变量系数可比,由此可知,无论对于出口棉花网络还是进口棉花网络来说,中国与上合组织成员国间构建 RTA 网络对棉花贸易的促进效应最大,外国直接投资净流入对棉花贸易的促进影响次之，经济发展水平对棉花贸易的促进作用排第三位，而两国是否有共同法律来源对棉花贸易没有显著影响，对中国与上合组织成员间棉花贸易起到主要抑制作用的是两国间地理距离，随后是外国直接投资的净流出。

第七节　结论及政策建议

一、全球棉花贸易网络的结论及建议

（一）结论

本章基于 2000 年~2020 年全球多个国家（地区）的棉花贸易网络数据，考察区域贸易协定缔结，政治距离以及进口国棉花贸易网络地位对出口国棉花贸易网络地位的影响，并对其机制进行了探讨，研究结论如下。

第一，当出口国与进口国签订过区域贸易协定，两国之间政治距离较近，进口国棉花贸易网络地位较低时有助于提升出口国在棉花贸易网络中的地位，而且三者对出口国棉花网络地位的影响从大到小排列依次为区域贸易协定＞政治距离＞进口国棉花网络地位。

第二，区域贸易协定的缔结、政治距离的缩短，进口国棉花贸易网络地位的下降通过影响出口国棉花技术创新水平间接影响出口国棉花贸易网络地位提升。以区域贸易协定为纽带，以政治制度相似性为制度保障，以进口国棉花贸易网络地位为竞争加速了出口国棉花的技术创新水平，奠定了出口国在棉花贸易网络中的中心地位。

第三，区域贸易协定的缔结、政治距离的缩短，进口国棉花贸易网络地位的下降通过影响出口国对外直接投资水平间接影响出口国棉花贸易网络地位提升。借助区域贸易协定的伙伴关系为投资选址提供可识别机制，通过降低政治距离带来的"冰山成本"以促投资，避免与棉花网络地位较高的国家过度竞争以抢夺投资机会，均可以显著提高出口国在棉花贸易网络中的地位。

第四，区域贸易协定的缔结、政治距离的缩短，进口国棉花贸易网络地位的下降通过影响出口国国际竞争力间接影响出口国棉花贸易网络地位提升。贸易协定的缔结，政治距离的缩短，以及进口国棉花网络地位的下降为出口国拓展棉花贸易提供了很大便利，降低关税成本的同时，能够通过扩大贸易网络获取更多的信息资源。

（二）政策启示

新冠疫情加剧了全球贸易摩擦，在贸易保护主义抬头的背景下，如何防控贸易风险布局好棉花贸易网络是当前各国面临的重要课题。针对本章上述研究结论我们提出如下四点关于提升中国在棉花贸易网络中地位的策略：（1）全球棉花贸易网络快速成长，意味着具有良好的国际市场机遇但也面临较大的外部国家竞争风险，中国在所处的棉花贸易网络的中心地位持续提升，应借助上合组织[1]、"一带一路"等合作机制平台，加强与互补板块的合作潜力，处理好棉花产品贸易竞争关系，应优先加强与地理距离和政治距离接近、文化差异较大、经济发展水平较高、棉花贸易网络地位相对弱的国家开展棉花贸易政策互动，进而借助核心国家在棉花贸易网络中的凝聚作用，带动全球各国棉花贸易联系的共同提升。（2）重视加大技术研发力度，提高中国棉花行业的"含金量"，做好全产业链布局，协调好棉花的种植、加工、销售以及经营等各环节可能出现的问题，注重对棉花行业的投资力度，合理引入外资进而有效提高中国棉花在全球棉花价值链中的位置。（3）加强对外直接投资水平建设，借助区域贸易协定为投资选址提供决策性参考。维护良好的政治关系，为对外直接投资营造有利的制度环境。防止与竞争对手的过度竞争以获取更多的社会资源。（4）提升棉花贸易国际竞争力，需要关注不同板块在棉花贸易中的地位和作用，并有针对性地综合考虑贸易协定、政治距离、经济规模、地理距离、文化差异等对棉花贸易关系的影响。棉花贸易能力受棉花生产能力的重要影响，目前中国在全球棉花贸易网络中属于兼顾型板块，且中国处于核心国控制地位，应与进口型板块中各国展开积极合作，充分挖掘全球各国巨大的棉花贸易潜力，此外，需注重拓展印度尼西亚、新西兰等纺织品贸易占比较大国家市场，构建更为广泛的棉花贸易"朋友圈"网络的同时让棉花产业成为连接上下游产业的重要纽带。

---

[1] 事实上，在不同的棉花贸易网络中，中国所发挥的作用是不同的，例如，中国在上合组织成员国所构成的棉花贸易网络中，中国从上合组织建立前的主要"出口商"演变为2017年的"中间商"再到2020年的"核心国"。2020年，中国与吉尔吉斯斯坦和哈萨克斯坦等国是互补关系，可展开棉花贸易合作。

二、上合组织棉花贸易网络的结论及建议

(一) 结论

本章从社会网络学视角，基于 2000 年、2006 年、2012 年、2017 年以及 2020 年上合组织多国棉花贸易数据，运用整体网络分析以及中心性分析刻画了中国与上合组织国家棉花贸易网络的结构特征；利用块模型分析不同板块内部贸易和外部贸易的关系对内外溢出的方向；运用 QAP 回归分析方法验证了不同因素对中国与上合组织国家棉花贸易网络形成的影响。研究结果表明：

第一，就整体网络结构特征而言，相比于 2000 年，2006 年~2020 年上合组织国家与世界各国的棉花贸易网络中节点连线数有明显提升，上合组织的建立扩大了成员国与世界各国进行贸易联系的广度，初步实现了"互联互通"的政策目标。但随着时间推移，除上合组织国家之外剩余其他国家间棉花贸易联系频率加快，导致上合组织和全球各国棉花贸易网络密度呈现出倒 U 型。

第二，从网络中心度分析来看，上合组织成员国棉花贸易网络呈现出明显的核心–边缘结构，在出口关系网络中，从 2012 年开始中国始终处于网络中的第一位，印度和巴基斯坦紧随其后在棉花贸易网络中也占据重要地位。相比之下，进口关系网络比出口关系网络更为密集，而吉尔吉斯斯坦和哈萨克斯坦始终处于进口网络中的核心地位。因此，中国与印度、巴基斯坦在棉花出口上存在竞争关系，与吉尔吉斯斯坦和哈萨克斯坦存在互补关系。

第三，从贸易网络的块模型分析来看，对比 2000 年、2017 年以及 2020 年的分块情况发现，各国在贸易网络中的地位以及竞争互补关系是动态演变的，特别是中国从 2000 年的主要"出口商"演变为 2017 年的"中间商"再到 2020 年的"核心国"，而俄罗斯始终是棉花的主要进口国，中心度较大的印度与巴基斯坦在 2017 年与中国同属于一个板块，该板块不仅内部成员间贸易频繁，而且对外进出口密度也较为密集，因此，中国与印度、巴基斯坦存在显著的贸易竞争关系，而与吉尔吉斯斯坦和哈萨克斯坦等国是互补关系，可展开棉花贸易合作。

第四，从进出口网络影响因素的 QAP 分析来看，中国与上合组织成员国间文化近邻性对棉花贸易网络的影响不显著，而贸易协定关系、外国直接投资净流入和净流出、经济发展规模以及地理距离均会对国家间棉花贸易网络

的形成产生显著影响。

（二）政策启示

结合上合组织"互利共赢"为基础的多边合作新理念，针对上述研究结论提出如下三点中国与上合组织国家棉花贸易的策略：（1）中国与上合组织成员国所处的棉花贸易网络快速成长，意味着良好的国际市场机遇但也面临较大的外部国家竞争，中国在所处的棉花贸易网络的中心地位持续提升，因此，应借助上合组织、"一带一路"等合作机制平台，加强与互补板块的合作潜力，处理好棉花产品贸易竞争关系，应优先加强与吉尔吉斯斯坦、哈萨克斯坦等核心国家的棉花贸易政策互动，进而借助核心国家在棉花网络中的凝聚作用，带动上合组织国家棉花贸易联系的共同提升。（2）需要关注不同板块在棉花贸易中的地位和作用，并有针对性地综合考虑贸易协定、投资情况、经济规模、地理距离、文化差异等对棉花贸易关系的影响。棉花贸易能力受棉花生产能力的重要影响，目前中国在上合组织棉花贸易网络中属于兼顾型板块，且中国处于核心国控制地位，应与上合组织成员国展开积极合作，充分挖掘上合组织成员国巨大的棉花贸易潜力，此外，需注重拓展印度尼西亚、土耳其等纺织品贸易占比较大国家市场，构建更为广泛的棉花贸易"朋友圈"网络的同时让棉花产业成为连接上下游产业的重要纽带。（3）重视加大技术研发力度，提高中国棉花行业的"含金量"，做好全产业链布局，协调好棉花的种植、加工、销售以及经营等各环节可能出现的问题，注重对棉花行业的投资力度，合理引入外资进而有效提高中国棉花在全球棉花价值链中的位置。

第四部分

RTA 深度之关税与贸易网络关系

RTA 深度之关税与贸易网络关系

前一章节探讨了区域贸易协定网络形成的机制以及区域贸易协定网络对贸易网络的影响，且均是基于社会网络分析中的中心度指标或轮轴-辐条结构展开分析，本章主要从区域贸易协定中所提及的主要内容——关税入手，并从微观视角揭示 RTA 深度的关税网络与贸易网络之间的关系。

第一节　问题的提出

自 1995 年 WTO 成立以来，全球贸易进入了新的自由化阶段。作为此阶段的主要特征之一，最惠国（MFN）关税水平逐年下降。数据显示，全球平均而言，MFN 关税水平从 1995 年的 11.8% 下降至 2015 年的 6.8%，降幅高达 42.3%（王晓卓和杨光，2020）。此外，全球各国的出口额和出口产品数量也都呈现迅猛增长的趋势，表明关税大幅下降使发展中国家以及新兴经济体的出口得到了极大的扩张。然而，一些发达国家却认为贸易自由化会拉大国内收入不平等差距，因此开始采用关税措施来保护本国产业，甚至上升至贸易摩擦。如何避免"贸易条件下的囚徒困境"的发生，以及如何缓解贸易摩擦为各国带来的负面影响成为重要的学术课题和政策要点。

在政策建议方面，我们认为应继续推进自由贸易的发展，但同时也必须考虑到一些国家可能会采取保护主义的政策倾向。为应对这种情况，可以采取一些政策措施来缓解贸易摩擦的影响。例如，应加强多边贸易协议的协商和达成，同时加强 WTO 等多边机构的作用，加强国际合作与沟通。此外，通过国内结构性改革来提高本国竞争力和适应性，以更好地应对全球贸易自由化的挑战和机遇。这包括促进科技进步和创新、完善产业政策和支持服务、加强教育和培训、改善营商环境等方面。通过这些措施，可以更好地应对当前国际贸易的挑战和机遇，同时维护全球贸易体系的稳定和繁荣。

在当前全球贸易摩擦频发的背景下，本章旨在通过已有文献研究，探讨关税对出口国贸易和进口国福利的影响，并考察产品替代性对关税影响的缓解作用。具体而言，本章采用古诺竞争模型进行比较静态分析，结果发现关税的上升会导致出口国向进口国的出口下降，但产品替代性的提高可以缓解这种影响。这是因为，产品替代性的提高既可以促进竞争、提高生产率，又可以降低贸易成本，从而减轻关税上升对贸易带来的负面影响。此外，当关税较小时，关税的上升会对本国产业起到保护作用，从而提高进口国福利水平；但当关税较大时，关税上升反而会损害进口国的福利水平。基于这些发现，政策制定者可以考虑采取措施，推进产品替代性的提高，从而缓解关税对贸易的负面影响；同时，对于关税较大的情况，应慎重考虑采取关税措施的影响。

本章使用了 1988 年~2020 年的关税和进出口贸易数据，采用 Finger 和 Kreinin（1979）提出的出口竞争力指数作为产品替代性的代理变量，对其进行实证检验，并从出口产品竞争性指标、贸易指标等方面进行稳健性检验。本章还根据国家差异和产品差异，进一步识别和验证了产品替代性对贸易的作用机制。研究结果表明，当伙伴国之间的产品替代性提高时，可以在一定程度上缓解关税对出口国贸易的影响。

综上所述，本章的边际贡献有以下三点：首先，在理论方面，已有文献大多基于完全竞争市场的假设进行研究，而本章则通过构建古诺竞争模型，考虑产品替代性对贸易的影响，探究关税对贸易产生的负向影响，并从福利效应的角度进行分析。这一理论研究框架的丰富，为关税与国际贸易问题的研究提供了更全面的视角。其次，在实证方面，本章结合全球 160 个国家 1988 年~2020 年的产品-国家-年份层级细分数据，验证了理论部分所得假说，并从出口竞争性指标等方面进行了稳健性检验。同时，从国家和产品异质性的角度出发，对关税以及产品替代性对贸易的影响机制进行了识别验证，为关税和产品替代性对贸易的相互影响提供了初步的识别方法。最后，在政策建议方面，本章通过理论与实证部分的结论，提出了针对出口国和进口国的不同政策建议。对于出口国，优化出口产品结构，提升产品竞争力是最优策略，可以缓解进口国对出口国实施高关税带来的贸易负面影响。而对于进口国，当关税制定较高时，适宜降低关税以改善本国福利，过高的关税会损害本国产业。在贸易争端频发的现实背景下，这些政策建议有助于促进出口国贸易和进口国福利的提升。

第二节　相关文献综述

在国际贸易领域，关税被认为是制约贸易自由化的主要因素之一（Bown 和 Crowley，2007；Chevassus-Lozza 等，2013；Alessandria 和 Choi，2014；Thomas，2018；王晓卓和杨光，2020）。已有文献侧重从实证的角度利用引力模型来考察贸易的决定因素，但是这些文献大多只考虑了关税的影响，而忽略了其他因素的影响。实际上，显性比较优势和进口替代弹性等因素也会影响到贸易。

一些学者认为，显性比较优势理论是解释贸易发生的主要理论。此外，当两个国家在国际贸易市场上是紧密竞争对手时，竞争的加剧也会对贸易产生显著影响（Deardorff，2014；French，2017；王晓卓和杨光，2020）。替代性是衡量竞争的一种方式。进口替代弹性大，意味着消费者更愿意在不同来源的产品之间进行选择。这种替代意愿也代表着贸易成本较小。替代性越大，对贸易量产生的影响就越大。因此，在存在贸易壁垒的情况下，需要考虑关税和两个伙伴国之间产品替代性对两国之间贸易的相互影响。

此外，对于通过加征关税来保护本国产业的举措是否真正对进口国福利起到提升作用的问题也备受关注。一些研究表明，虽然加征关税可以保护本国产业，但同时也会对消费者和其他产业造成损失，导致整体福利下降。因此，需要深入研究关税的影响，并探讨在贸易壁垒存在的条件下，产品替代性如何影响关税对贸易的负面影响以及关税对进口国福利的影响。总之，在国际贸易领域，关税是一个极其重要的课题，对贸易的影响也十分复杂。因此，有必要基于实证研究，深入探讨关税与显性比较优势、进口替代弹性等因素之间的相互作用，以及通过征收关税保护本国产业是否真的能提升进口国福利这一问题。

第三节　理论模型

一、模型假定

本节理论模型借鉴 Bown 和 Crowley（2007）以及 Hur 和 Qiu（2016）的古诺竞争模型的假设。假设世界上有三个国家，为了简化分析，假设其他行业均为自由贸易，只有一个行业与其他每一个国家的单独企业进行行业内贸易，每个企业只生产一种产品，每个国家的市场是古诺竞争状态，假设线性需求函数为 $p_i = a_i - Q_i$，在 i 国的市场中，p_i 是产品价格，Q_i 是所有企业的供给量，a_i 为 i 国生产产品 i 的最大保留价格。假设每个企业的边际成本为 0，没有生产的固定成本。具体来看，三个企业的供给量分别为：

$$Q_1 = \alpha_1 q_{11} + \alpha_2 q_{21} + \alpha_3 q_{31}$$
$$Q_2 = \beta_1 q_{12} + \beta_2 q_{22} + \beta_3 q_{32} \qquad (8.1)$$
$$Q_3 = \gamma_1 q_{13} + \gamma_2 q_{23} + \gamma_3 q_{33}$$

因此，根据需求函数我们可以得到三种产品的价格：

$$p_1 = a_1 - \alpha_1 q_{11} - \alpha_2 q_{21} - \alpha_3 q_{31}$$
$$p_2 = a_2 - \beta_1 q_{12} - \beta_2 q_{22} - \beta_3 q_{32} \qquad (8.2)$$
$$p_3 = a_3 - \gamma_1 q_{13} - \gamma_2 q_{23} - \gamma_3 q_{33}$$

其中，α_1 为产品 1 的需求量对产品 1 价格的影响系数，α_2 为产品 2 的产量变化对产品 1 价格的影响系数，α_3 为产品 3 的产量变化对产品 1 价格的影响系数，因此，α_2 可以表达产品 2 对产品 1 的替代程度，α_3 可以表达产品 3 对产品 1 的替代程度。类似地，可以解释 β_1、β_2 以及 β_3，γ_1、γ_2 以及 γ_3。q_{21} 为 2 国出口到 1 国的量，q_{31} 为 3 国出口到 1 国的量。

二、古诺竞争下的市场均衡

三个国家从上文所述的特定行业进口产品时，会面临不同的关税，令 t_i 为 i 国的关税，所以所有国家只在两个维度上是异质的，即产品的替代程度和关税水平。下面我们通过求利润函数，并通过利润最大化的一阶条件求各国均衡产量，利润函数：

$$\pi_{11} = (a_1 - Q_1) q_{11} = (a_1 - \alpha_1 q_{11} - \alpha_2 q_{21} - \alpha_3 q_{31}) q_{11}$$

$$\pi_{21} = (a_1 - Q_1 - t_1) q_{21} = (a_1 - \alpha_1 q_{11} - \alpha_2 q_{21} - \alpha_3 q_{31} - t_1) q_{21} \quad (8.3)$$

$$\pi_{31} = (a_1 - Q_1 - t_1) q_{31} = (a_1 - \alpha_1 q_{11} - \alpha_2 q_{21} - \alpha_3 q_{31} - t_1) q_{31}$$

其中，π_{11} 是指 1 国市场从国内所获利润，π_{21} 为 2 国出口到 1 国，2 国所获利润，π_{31} 为 3 国出口到 1 国，3 国所获利润，将上述利润函数式子分别对 q_{11}、q_{21} 和 q_{31} 求导可得均衡产量：

$$q_{11} = \frac{a_1 + 2 t_1}{4 \alpha_1}$$

$$q_{21} = \frac{a_1 - 2 t_1}{4 \alpha_2} \quad (8.4)$$

$$q_{31} = \frac{a_1 - 2 t_1}{4 \alpha_3}$$

三、比较静态分析

利用上述的 q_{11}、q_{21} 和 q_{31} 对 t_1 以及 α_2、α_3 求导可得：

1. $\frac{\partial q_{11}}{\partial t_1} = \frac{1}{2 \alpha_1} > 0$，说明 1 国通过提高关税保护了本国产业，使得本国产品需求量提升。$\frac{\partial q_{21}}{\partial t_1} = -\frac{1}{2 \alpha_2} < 0$，$\frac{\partial q_{31}}{\partial t_1} = -\frac{1}{2 \alpha_3} < 0$，说明 1 国通过提高关税增加了 2 国和 3 国的出口成本，进而使得 2 国和 3 国出口到 1 国的量下降，我们将此效应称为"成本效应"。据此，我们提出假设 1：

当 i 国提高对 j 国的进口关税时，会降低 j 国出口到 i 国的出口量，我们将此影响称为关税的"成本效应"。

2. $\frac{\partial q_{21}}{\partial \alpha_2} = \frac{a_1 - 2 t_1}{4} (-\frac{1}{\alpha_2^2})$，$\frac{\partial q_{21}}{\partial \alpha_2}$ 的符号不能确定，其符号是随 1 国的关税水平 t_1 的变化而变化：当 $a_1 - 2 t_1 > 0$ 时，即 $t_1 < \frac{a_1}{2}$ 时，$\frac{\partial q_{21}}{\partial \alpha_2} < 0$，那么随着 α_2 的上升，2 国出口到 1 国的量是下降的；当 $a_1 - 2 t_1 < 0$ 时，即 $t_1 > \frac{a_1}{2}$ 时，

$\dfrac{\partial q_{21}}{\partial \alpha_2} > 0$，那么随着 α_2 的上升，2 国出口到 1 国的量是上升的。说明 1 国关税的征收会使得 2 国和 3 国出口到 1 国的量下降，而出口产品替代性对出口量的影响却是受到关税的改变而改变：当 1 国关税较小时，出口成本较低，产品越相似，出口竞争加剧，导致恶性竞争，会使得 2 国和 3 国出口到 1 国的量下降更多；当 1 国关税较大时，虽然出口成本较高，但产品越相似，产品替代性越强，当同类产品市场潜在需求增加时，增加了出口国的出口动力，产品竞争性增强，一方面提高了生产率，另一方面降低了贸易成本，进而缓解了 2 国和 3 国对 1 国出口的下降。我们将 α_2 对出口的影响效应称为"竞争效应"。综上，我们提出假设 2：

当 i 国提高对 j 国的进口关税时，虽然"成本效应"会使得 j 国出口到 i 国的量下降，但 j 国产品与 i 国产品替代性越大，越会缓解关税上升给贸易带来的"成本效应"。

四、福利分析

以上均是考虑 i 国关税提高如何影响其他国对 i 国的出口，接下来我们探讨 i 国关税的提高对 i 国的福利会产生何种影响。由上述（4）式均衡可知，1 国的消费者剩余：

$$CS_1 = \frac{1}{2}(a_1 - p_1)Q_1 = \frac{1}{2}Q_1^2 = \frac{(3a_1 - 2t_1)^2}{32}$$

1 国的关税收入：

$$TR_1 = q_{21}t_1 + q_{31}t_1 = \frac{a_1 - 2t_1}{4\alpha_2}t_1 + \frac{a_1 - 2t_1}{4\alpha_3}t_1$$

1 国所获利润（包括从本国市场所获利润和从外国市场所获利润）[1]：

---

［1］ 根据（4）式中求均衡产量的方法，我们可求得均衡产量 $q_{12} = \dfrac{a_2 - 2t_2}{4\beta_1}$，$q_{22} = \dfrac{a_2 + 2t_2}{4\beta_2}$，$q_{32} = \dfrac{a_2 - 2t_2}{4\beta_3}$，$\pi_{12} = (a_2 - \beta_1 q_{12} - \beta_2 q_{22} - \beta_3 q_{32})q_{12} = \dfrac{a_2^2 - 4t_2^2}{16\beta_1}$。均衡产量 $q_{13} = \dfrac{a_3 - 2t_3}{4\gamma_1}$，$q_{23} = \dfrac{a_3 - 2t_3}{4\gamma_2}$，$q_{33} = \dfrac{a_3 + 2t_3}{4\gamma_3}$，$\pi_{13} = (a_3 - \gamma_1 q_{13} - \gamma_2 q_{23} - \gamma_3 q_{33})q_{13} = \dfrac{a_3^2 - 4t_3^2}{16\gamma_1}$。

$$\pi_1 = \pi_{11} + \pi_{12} + \pi_{13} = p_1 q_{11} + p_2 q_{12} + p_3 q_{13} = \frac{(a_1 + 2 t_1)^2}{16 \alpha_1} + \frac{a_2^2 - 4 t_2^2}{16 \beta_1} +$$

$$\frac{a_3^2 - 4 t_3^2}{16 \gamma_1}$$

因此，1 国的福利水平：

$$W_1 = CS_1 + TR_1 + \pi_1 = \frac{(3 a_1 - 2 t_1)^2}{32} + \frac{a_1 - 2 t_1}{4 \alpha_2} t_1 + \frac{a_1 - 2 t_1}{4 \alpha_3} t_1 +$$

$$\frac{(a_1 + 2 t_1)^2}{16 \alpha_1} + \frac{a_2^2 - 4 t_2^2}{16 \beta_1} + \frac{a_3^2 - 4 t_3^2}{16 \gamma_1}$$

我们用 1 国的福利对关税 t_1 求导可得：

$$\frac{\partial W_1}{\partial t_1} = \left(-\frac{3}{8} + \frac{1}{4 \alpha_2} + \frac{1}{4 \alpha_3} + \frac{1}{4 \alpha_1} \right) a_1 + \left(\frac{1}{4} - \frac{1}{\alpha_2} - \frac{1}{\alpha_3} + \frac{1}{2 \alpha_1} \right) t_1$$

因此，当 $t_1 < \bar{t}$ 时，$\frac{\partial W_1}{\partial t_1} > 0$，当 $t_1 > \bar{t}$ 时，$\frac{\partial W_1}{\partial t_1} < 0$. 其中，$\bar{t} =$

$$\frac{\left(-\frac{3}{8} + \frac{1}{4 \alpha_2} + \frac{1}{4 \alpha_3} + \frac{1}{4 \alpha_1} \right) a_1}{\left(\frac{1}{4} - \frac{1}{\alpha_2} - \frac{1}{\alpha_3} + \frac{1}{2 \alpha_1} \right)}$$，当 $\left(\frac{1}{4} - \frac{1}{\alpha_2} - \frac{1}{\alpha_3} + \frac{1}{2 \alpha_1} \right) > 0$，这说明当 i 国

关税较小时，随着关税水平的提高，使得 i 国福利水平提高，但一旦关税水平超出临界值，即当 i 国关税较大时，随着关税水平的提高，"成本效应"发挥主导作用，使得 i 国福利水平下降。

综上，我们提出假设 3：当 i 国对 j 国征收的进口关税较小时，随着关税的上升 i 国福利水平上升；当 i 国对 j 国征收的进口关税较大时，随着关税的上升 i 国福利水平下降。

第四节　模型设定、数据来源与变量说明

一、数据描述和变量说明

本节样本包括了 1988 年~2020 年 160 个国家及地区。

核心解释变量关税（tariff）的数据来自 TRAINS，TRAINS 数据库提供了

较为细分 HS6 位产品数据，并根据关税类型分为有效应用关税（Effectively applied rates）、MFN 应用关税（MFN applied rates）、MFN Bound 关税（MFN bound rates）以及特惠关税（Preferential rates）。鉴于本节研究对象国均为 WTO 成员方，最终选取 MFN 应用关税作为核心解释变量。

被解释变量贸易的数据来自 UN-Comtrade，UN-Comtrade 数据库提供了 HS6 位产品进出口数据，包括贸易量（ln_ quantity）和贸易额（ln_ value）。本节根据 WITS 数据库提供的 HS1988/1992-HS1996-HS2002-HS2007-HS2012 转换码对 HS6 位的产品进行了统一处理，并利用贸易量数据测算本节的调节变量出口竞争性指标（ESI）。

引力模型的经典控制变量，包括国与国之间的距离（ln_ distw），两国是否有共同的法律来源（comleg），是否相邻（contig）以及是否使用共同语言（comlang_ off）等控制变量，此类数据来自 CEPII 数据库。表 8-1 为各变量的描述性统计。

表 8-1 变量的描述性统计

variable	mean	p50	sd	min	max
ln_ quantity	8.776	9.163	4.267	0	33.2
ln_ value	4.894	4.883	2.98	0	17.644
tariff	7.61	5	11.054	0	1502.5
ESI	0.027	0	0.564	0	55.006
ln_ distw	8.256	8.318	1.001	4.123	9.886
comlang_ off	0.345	0	0.475	0	1
contig	0.194	0	0.395	0	1
comleg	0.431	0	0.495	0	1

孙浦阳等（2013）在中观层面上研究了产品替代性对行业生产率分散化程度的影响。他们选用了 Syverson（2004）研究中的方法，从地理运输障碍、功能和广告投入等方面度量了产品替代性的行业特征。然而，本节研究的是不同国家之间产品替代性对出口的影响。因此，我们采用 Finger 和 Kreinin（1979）的方法，选用出口竞争性指标来度量国家之间的产品替代性特征。Finger 和 Kreinin（1979）最早提出了双边出口竞争性指标（ESI），该指标主

要用于衡量两个国家在出口产品方面的竞争广度。与其理论部分相契合，本节中的式（8.2）中，α_2 表示产品 2 相对于产品 1 的替代程度，反映了出口产品的竞争程度。如果两个出口产品越相似，那么它们之间的竞争就越激烈。本节从产品和国家两个维度，采用修正的 Clich-Rose 出口竞争性指标来度量所有双边国家在第三方市场（或世界市场）上的出口相似度。出口竞争性指标的计算公式如下：

$$ESI_{ij} = \left\{ \sum \left[\left(\frac{X_{im}^k / X_{im} + X_{jm}^k / X_{jm}}{2} \right) * \left(1 - \left| \frac{X_{im}^k / X_{im} - X_{jm}^k / X_{jm}}{X_{im}^k / X_{im} + X_{jm}^k / X_{jm}} \right| \right) \right] \right\} * 100$$

$$(8.5)$$

　　在上述（8.5）式中，ESI_{ij} 表示 i 国与 j 国出口到 m 市场的产品相似度指数。i 和 j 分别表示所要比较的两个国家，m 表示除了 i、j 之外的第三方市场。X_{im}^k 表示 i 国出口到 m 市场的第 k 种商品的总量，X_{im} 表示 i 国出口到 m 市场的所有商品的总量，X_{im}^k / X_{im} 表示 i 国出口到 m 市场的第 k 种产品占所有产品的份额，类似的，X_{jm}^k / X_{jm} 表示 j 国出口到 m 市场的第 k 种产品所占比例。出口竞争性指标 ESI_{ij} 的取值范围为 0~100，指数越大，说明两国出口商品的结构越相似，j 国对 i 国产品（或者 i 国对 j 国产品）的替代性越强，那么两国产品的竞争程度越大。相对于其他出口竞争性指标，修正的 Glick-Rose 出口竞争性指标具有以下几个优势。首先，它使用出口份额来代替出口额，从而缓解了因国家规模相差过大而导致的问题。其次，假设贸易不平衡的影响在各国是相应成比例的，这种调整可以去除贸易不平衡造成结果偏差的影响。最后，该指标较好地利用了细分数据，比如使用 HS6 位产品数据来计算贸易规模。本研究针对出口竞争性指标进行了统计描述。可以归纳得出与中国 ESI 指数最相近的前十个国家，与美国 ESI 指数最相近的前十个国家。结果显示，与中国 ESI 指数最相近的国家大多为亚洲地区的发达或新兴经济体，如新加坡、日本和泰国等。原因是，在中国加入 WTO 之前，主要以劳动密集型产品出口为特色，中国与泰国等发展中国家在第三方市场上的竞争激烈。但随着中国加入 WTO 并推进工业化改革以及进行产业升级，技术含量较高的产品出口增多，带动了中国经济的发展，使得中国出口产品与新加坡、日本等国家相似度较高。与美国 ESI 指数最相近的国家为加拿大、韩国和墨西哥等，原因在于 NAFTA 的成立加速推进了美加墨三国之间的贸易，进而也展现出较为相似的出口竞争性指标。与中国 ESI 指数最不相近或者与美国 ESI 指数最不相近的国家大都是欠发达的国家，原因在于这些国家本身出口占世界出口比重较小，出口产品范围狭窄，进而与中国或美国等其他国家的出口竞争性指标较低。（王晓卓和杨光，2020）。

以上分析都是从宏观层面来观察哪些国家与中国或美国的 ESI 指数相似。然而，本节的关注点是关税和贸易量之间的关系，以及出口竞争性指标在这一过程中起到的促进或抑制的作用。为了初步回答这个问题，我们使用公式（8.5）绘制了样本期间（1988 年~2015 年）关税和贸易量，以及关税 * ESI 和出口量之间的散点图。在图 8-1 中，横轴表示关税水平，纵轴表示出口量。在图 8-2 中，横轴表示经过 ESI 调整后的关税水平，纵轴表示贸易量。从图 8-1 可以看出，关税水平和出口量呈负相关关系，使用 Spearman 等级相关系数检验得到相关系数为 -0.0012，伴随概率为 0.0113。这反映出，关税水平越高，出口量就越受到抑制，初步验证了本节理论部分的假设 1。但是当关税较高时，随着 ESI 的上升，关税对出口量的下降影响会有所减轻，如图 8-2 所示。经过 ESI 调整后的关税水平和出口量呈正相关关系，Spearman 等级相关系数检验得到相关系数为 0.0808，伴随概率为 0.0000。这说明当关税和 ESI 已经确定时，ESI 的上升会减轻关税上升对出口量下降的影响，验证了本节理论部分的假设 2。

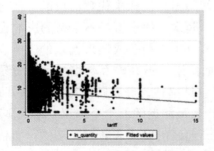 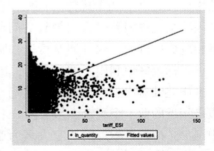

图 8-1　关税水平与出口量的关系　　图 8-2　关税 * ESI 与出口量的关系

数据来源：TRAINS，UN-Comtrade。

二、模型设定

本节的计量模型设置如下：

$$ln\_quantity_{ijpt} = \alpha + \beta_0\, tariff_{ijp,\,t-1} + \beta_1\, ESI_{ijp,\,t-1} + \beta_3\, tariff_{ijp,\,t-1} * ESI_{ijp,\,t-1} +$$

$$FE_{it} + FE_{jt} + FE_{pt} + \varepsilon_{ijpt} \tag{8.6}$$

其中，下标 i 代表出口国，j 代表进口国，p 代表出口产品，为 HS6 层级，t 为年份。$ln\_quantity_{ijpt}$ 表示 i 国在 t 年出口到 j 国的 p 产品的出口量。为了一定程度上降低模型由于逆向因果所导致的内生性问题，本节解释变量均滞后一期。$tariff_{ijp,\,t-1}$ 为在 t–1 年 j 国对 i 国针对 p 产品征收的 MFN 关税。$ESI_{ijp,\,t-1}$ 为 t–1 年 i 国与 j 国出口到 m 市场的产品相似度，$ESI_{ijp,\,t-1}$ 越大，代表 j 国产品对 i 国产品的替代性越大，竞争越强。另外，出口国–年份和进口国–年份固定效应 FE_{it} 和 FE_{jt} 也被纳入计量模型以控制出口国的供给冲击以及进口国的需求冲击，例如 i 国的 GDP 和 j 国的 GDP 等因素均被固定效应 FE_{it} 和 FE_{jt} 所吸收。最后，我们还加入产品–年份的固定效应 FE_{pt}，以控制产品随年份变化的因素（如产品重组）可能带来的内生性问题。

第五节　实证分析

一、基准回归

表 8–2 的第（6）列呈现了对式（8.6）进行估计后的结果。研究发现，即使控制了一系列固定效应，进口国上一期关税的上升也对出口国的出口量产生了显著的负面影响。需要注意的是，当出口国的产品与进口国的产品相似度较高时，竞争效应将发挥主导作用。也就是说，出口国的产品相似度越高，其产品的竞争性就越强，从而出口到目的国的数量也就越多。这与进口国关税提高对出口国出口表现的影响恰好相反。因此，我们在这里估计的结果是成本效应和竞争效应相互抵消后的结果。如果一国的关税水平为 0，那么成本效应将不存在，因此我们预期出口产品相似度对出口国出口表现的影响将为正（Lag_ ESI 前的系数）。研究结果表明，竞争效应不仅存在，而且其足够强大，以至于超过了成本效应的负面影响。

表 8–2 列出了三列数据，分别是在控制不同固定效应的基础上，仅将关税纳入模型进行分析的结果。第（1）列控制了进口国、产品、出口国和年份的固定效应，第（2）列在第（1）列的基础上又控制了进口国、出口国以及产品–年份交叉的固定效应。通过对比第（1）列和第（2）列的结果，我们

发现第（2）列 Lag_ tariff 前面的系数绝对值相比第（1）列有所下降。我们推测这是因为，产品-年份的交叉固定效应吸收了那些与产品重组等因素相关的贸易成本。一般而言，贸易成本越高，对国家的出口表现越不利，因此第（1）列可能会高估了关税对出口量的影响。

经过对不同固定效应的控制，表 8-2 第（3）列对关税与出口量之间的关系进行了更为准确的估计。在第（2）列的基础上，第（3）列进一步控制了进口国-年份交叉和出口国-年份交叉的固定效应。这些固定效应可以吸收那些随年份变化的进口国和出口国特征，比如 GDP，当两国 GDP 越大，经济规模越大时越会促进出口。回归结果表明，第（3）列所得的关税对出口量的影响系数相比第（2）列是下降的，这意味着进口国-年份和出口国-年份的交叉固定效应降低了经济规模带来的内生性问题。通过控制更多的固定效应，我们得到了更加准确的估计结果。

在表 8-2 中，第（4）~（6）列是在第（1）~（3）列的基础上加入出口竞争性指数（ESI）以及 ESI 与关税的交乘项。相较于第（1）~（3）列，第（4）~（6）列 Lag_ tariff 的系数绝对值均更大。这是因为第（4）~（6）列 Lag_ tariff 的系数是在控制住 ESI，并且当 ESI = 0 时得到的。当 i、j 两国出口产品极为不相似时，进口国对产品征收关税升高，市场需求不足导致出口国的出口量下降，从而关税对出口量的影响为负显著。此外，Lag_ ESI 的系数均显著为正，说明当 ij 两国出口产品较为相似时，伴随着进口国进口需求的上升，出口国会出口大量相似产品，从而挤占进口国市场。交乘项 Lag_ tariff_ ESI 的系数均显著为正，这说明出口国的竞争效应强大到超过关税上升带来的成本效应，使得关税对出口量的负向影响会因为出口产品相似度的提升而减弱。

为研究关税和 ESI 对产品出口的经济显著性，本章对每个变量进行了标准化处理（减去样本均值并除以样本标准差）并进行回归分析，以得到可直接比较的回归系数。在表 8-2 的第（7）列中，我们发现，当关税提高一个标准差时，产品出口量会下降 0.062 35 个标准差；而当 ESI 提高一个标准差时，产品出口量则会提高 0.136 15 个标准差。这表明，ESI 对产品出口的影响明显大于关税对出口的影响。这也说明竞争效应在影响产品出口表现时具有相当重要的经济意义，特别是在考虑到关税对出口量影响的成本效应后。

表 8-2　基准回归结果

	(1)	(2)	(3)	(4)	(5)	(6)	(7)
	ln_ EXquan-tity	ln_ EXquan-tity	ln_ EXquan-tity	ln_ EXquan-tity	ln_ EXquan-tity	ln_ EXquan-tity	ln_ EXquan-tity
Lag_ tariff	-0.655 89 ***	-0.655 09 ***	-0.558 50 ***	-0.678 41 ***	-0.676 90 ***	-0.580 15 ***	-0.062 35 ***
	(-7.75)	(-7.86)	(-10.57)	(-8.06)	(-8.15)	(-10.96)	(-10.96)
Lag_ ESI				0.257 68 ***	0.257 71 ***	0.255 26 ***	0.136 15 ***
				(23.14)	(23.47)	(23.61)	(23.61)
Lag_ tariff_ ESI				1.085 31 ***	1.002 62 ***	1.016 34 ***	0.029 46 ***
				(3.17)	(3.04)	(3.05)	(3.05)
I+E+P+Y	yes			yes			
I+E+P * Y		yes			yes		
I * Y+E * Y+ P * Y			yes			yes	yes
N	3 632 652	3 630 895	3 630 826	3 632 652	3 630 895	3 630 826	3 630 826
r2	0.483 34	0.498 42	0.518 22	0.484 62	0.499 63	0.519 41	0.519 41
r2_ a	0.482 60	0.486 32	0.506 21	0.483 88	0.487 56	0.507 43	0.507 43
F	60.132 34	61.747 12	1.1e+02	2.3e+02	2.4e+02	2.4e+02	2.4e+02

注：（1）ln_ EXquantity 表示出口量；Lag_ tariff 表示上一期 MFN 关税水平；Lag_ ESI 表示上一期出口竞争性指标；Lag_ tariff_ ESI = Lag_ tariff * Lag_ ESI 为上一期关税与出口竞争性指标的交乘项。（2）I+E+P+Y 表示进口国、出口国、产品、年份固定效应，I+E+P * Y 表示进口国、出口国、产品-年份固定效应，I * Y+E * Y+P * Y 表示进口国-年份、出口国-年份、产品-年份固定效应。（3）***、**、*分别表示在 1%、5% 和 10% 水平上显著。（4）标准误差均在 country-pair 层级进行 cluster，下同。

数据来源：TRAINS，UN-Comtrade，CEPTT。本章以下各表同。

二、稳健性检验

1. 将被解释变量更换为出口额。

上述基准回归均是考察关税和 ESI 对出口量的影响，事实上，关税提高不仅对出口量产生影响，而且还会影响产品价格，进而影响出口额。在出口一定数量产品的前提下，关税提高使得出口额会下降。ESI 指数的提升，优化了出口国产品结构，提升了本国产品的比较优势，促进出口额的提高。表 8-3 第（1）列呈现了当被解释变量为出口额时，关税和 ESI 对出口额的影响，结果均显著符合预期。

2. 将解释变量 ESI 更换另一种度量方式。

Finger 和 Kreinin（1979）最早提出了出口竞争性指标，该指标主要用来衡量任意两国在第三市场上的出口产品的相似性程度，除（8.5）式外衡量出口相似度的另一种方式如下：

$$ESI\_\ new_{ij} = \left[\sum\nolimits_k Min(X_{iw}^k / X_{iw}) , (X_{jw}^k / X_{jw}) \right] * 100 \qquad (8.7)$$

上式中 i、j 表示所要比较的任意两个国家，w 为除 i、j 之外的第三国，X_{iw}^k / X_{iw} 表示 i 国出口到 w 市场的第 k 种产品占 i 国出口所有产品的份额，X_{jw}^k / X_{jw} 为 j 国出口到 w 市场的所有产品中第 k 种产品所占的份额。该指标的变动范围在 0~100。$ESI\_\ new_{ij}$ 越大，两国出口产品结构越相似。表 8-3 列（2）是针对 $ESI\_\ new_{ij}$ 回归所得结果，结果显示是稳健的。

3. 将解释变量 ESI 在行业层级加总。

由于之前的 ESI 的测量均是按照（8.5）式在 HS6 层级上进行回归检验，为了考察行业竞争是否会影响到产品出口，表 8-3 第（3）列是将（8.5）式中的 ESI 加总到 HS2 层级[1]，回归结果显示，加总到 HS2 层级的 ESI 依旧对出口量会产生促进作用，而且竞争效应强于成本效应，由计量结果发现，行业层面的竞争不会对结果产生显著影响，由此排除了可能行业竞争对出口影响的内生性问题。

4. 将解释变量 ESI 换为显性比较优势指数之差。

依据 Balassa（1965）与 Benedictis 和 Tamberi（2001）的方法，我们可知 i 国第 k 种产品的显性比较优势指数为：

$$RCA_{ikt} = (X_{ikt} / X_{it})(X_{wkt} / X_{wt}) \qquad (8.8)$$

上式中，RCA_{ikt} 表示 i 国第 k 种产品在 t 年的显性比较优势指数，X_{ikt} 表示 i 国第 k 种产品在 t 年的出口额；X_{it} 表示 i 国在 t 年所有产品的出口额；X_{wkt} 代表世界第 k 种产品在 t 年的出口额，X_{wt} 代表世界在 t 年所有产品的出口额。如果 $RCA_{ikt} > 1$，说明 i 国第 k 种产品在 t 年是具有显性比较优势的，反之，如果

---

〔1〕 本节所包含的 HS6 产品共 4971 种，HS2 行业共有 96 个。

$RCA_{ikt} < 1$，则说明 i 国在第 k 种产品上在 t 年是没有显性比较优势的。为了更好地表达本节所述的出口产品相似度，我们令 $RTA_{sim} = | RCA_{ikt} - RCA_{jkt} |$，$RCA_{sim}$ 越小，说明 i、j 两国产品越相似，竞争越强，竞争效应越大。表 8-3 第（4）列就是用 RTA_{sim} 以及关税进行回归，结果显著符合预期。说明更换解释变量的度量方式不会改变我们的预期，结果是稳健的。

5. 控制住经典引力模型中的控制变量。

Anderson（1979）首先在产品差异假设前提下推导出了引力方程，并且贸易引力模型在双边贸易量影响因素问题上是具有较强的解释力的，而且在很多应用和实践中取得了成功。大量的已有文献表明，无论是从国家层面看，还是从行业层面上看，贸易伙伴的经济规模（GDP）、伙伴国之间的距离、伙伴国之间的文化、相邻程度等都是显著的影响因素。一国经济规模大，一国生产的产品就会相对较多，根据供需理论，产品供给增多出口量上升；伙伴国之间的距离越远，贸易成本越大，越会抑制出口；贸易伙伴之间若拥有共同的法律来源、使用相同的语言、彼此相邻，通常认为存在上述关系的国家之间具有某种亲近性，一定程度上降低了贸易成本，因而会促进出口。为了解决本节可能存在遗漏变量问题而导致的内生性问题，表 8-3 第（5）列是将经典引力模型中的控制变量纳入模型进行分析，结果显示不仅控制变量显著符合预期，而且感兴趣变量也是显著符合预期的，这说明两国之间的影响因素不会显著影响核心解释变量对被解释变量的显著作用。

6. 解释变量的滞后影响。

考虑到关税和 ESI 对出口量影响的滞后期数可能不止一期，本章节将滞后一期的关税和 ESI 分别替换为滞后两期、滞后三期以及前三期（滞后一期、滞后两期和滞后三期）的平均。表 8-3 第（6）~（8）列分别是解释变量滞后两期、滞后三期以及前三期平均。结果显示，关税对出口的影响依然显著为负，ESI 对出口的影响显著为正，关税与 ESI 交乘项对出口的影响也显著为正。对比表 8-3 第（6）列和第（7）列可发现，关税系数的大小、关税与 ESI 交乘项系数的大小随着滞后期的延伸而变大，这说明关税作为贸易政策对出口国出口量的影响具有滞后性和持续性，而且出口产品的出口相似度对此影响的调节作用也存在滞后性和持续性。表 8-3 中第（8）列用解释变量前三期平均所得结果依旧稳健。

表 8-3 稳健性检验

	(1)	(2)	(3)	(4)	(5)	(6)	(7)	(8)
	ln_ Exvalue	ESI_ new	hs2	RCA_{sim}	ln_ distw	lag_ 2	lag_ 3	Mean_ 3
lag_ tariff	−0.580 15***	−0.548 67***	−0.578 36***	−0.186 96***	−0.569 44***	−0.728 92***	−0.830 40***	−0.693 93***
	(−10.96)	(−10.68)	(−11.11)	(−5.54)	(−10.74)	(−11.96)	(−12.16)	(−10.39)
lag_ ESI	0.255 26***	0.266 78***	0.081 65***		0.245 81***	0.245 84***	0.233 77***	0.260 11***
	(23.61)	(23.53)	(18.83)		(23.57)	(21.92)	(20.08)	(21.34)
lag_ tariff_ ESI	1.016 34***	0.914 87***	0.266 40***		1.060 76***	1.131 51***	1.747 20***	2.108 39***
	(3.05)	(2.85)	(6.27)		(2.88)	(2.73)	(5.65)	(4.81)
lag_ RCA_ sim				0.006 46***				
				(7.32)				
lag_ tariff_ RCA				−0.006 21**				
				(−2.04)				
ln_ distw					−0.713 54***			
					(−25.78)			
contig					1.061 66***			
					(28.41)			
comleg					0.140 58***			
					(4.05)			
comlang_ off					0.512 20***			
					(13.67)			
I * Y+E * Y+P * Y	yes	yes	yes	yes	yes	yes	yes	yes
N	3 630 826	3 337 374	3 633 064	1 560 610	3 630 826	3 032 348	2 560 920	2 560 690
r2	0.519 41	0.515 71	0.506 28	0.509 42	0.521 71	0.533 71	0.547 12	0.547 23
r2_ a	0.507 43	0.502 92	0.505 19	0.488 95	0.520 65	0.521 05	0.534 05	0.534 17
F	2.4e+02	2.4e+02	2.9e+02	31.826 25	3.4e+02	2.20E+02	2.00E+02	2.0e+02

注：(1) 变量 lag_ RCA_ sim 代表 i、j 两国显性比较优势的相似程度；lag_ tariff_ RCA＝lag_ tariff * lag_ RCA_ sim 代表进口国进口关税与 i、j 两国显性比较优势的相似程度的交乘项；ln_ distw 代表 i、j 两国的地理距离；contig 代表两国是否相邻，若相邻，则为 1，否则为 0；comleg 代表两国是否有相同的法律来源，若有则为 1，否则为 0；conlang_ off 代表两国是否使用共同语言，若是则为 1，否则为 0。(2) 此表的固定效应均为最严格的固定效应，I * Y+E * Y+P * Y 代表进口国－年份、出口国－年份、产品－年份。

第六节　模型的拓展：国家差异和产品差异

一、基于国家异质性的拓展性分析

伴随着经济全球化进程的不断推进，发展中经济体迅速崛起，自 WTO 成立以来，发展中国家进入了新一轮快速的贸易自由化阶段，期间各国的平均 MFN 关税水平由 1995 年的 14.76% 下降至 2015 年的 8.03%，降幅高达 45.6%[1]。发展中国家在全球贸易中的份额在 1995 年仅为 22.5%，2015 年则上升至 45.1%。新一轮的贸易自由化促进了贸易的扩张，但容易令人忽视的一个问题是，在此进程中有些国家的出口结构改变却进展缓慢。例如，中国从 2001 年以来，出口商品的规模不断扩大，然后出口结构总体偏低，中国出口贸易量虽然可以与发达国家相比，但出口商品结构与许多发展中国家相似。尤其在贸易摩擦频发的现实背景下，面临较高的关税威胁，中国应如何通过调整出口产品结构来缓解关税上升带来的成本效应是急需解决的现实问题。本节按照国家的异质性分为两类：按照国家发展水平和按照全球区域贸易协定（RTA）来划分三大板块。

首先，表 8-4 第（1）~（3）列是按照国家发展水平分别划分为北-北型、南-南型和南-北型国家组合。回归结果显示北-北型和南-北型国家组合回归结果与基准回归结果保持一致，但南-南型国家组合中出口竞争性指标与关税的交乘项不显著，说明出口竞争性指标并不会减缓关税提高所带来的成本效应，原因在于，发展中国家关税水平通常较高，当发展中国家 A 对发展中国家 B 征收更高关税时，一方面，原本经济发展水平相对较低的 B 国会因为 A 国的高关税而产生"寒蝉效应"（Prusa，2001）；另一方面，由于发展中国家之间出口产品相似度较为相近，且均属于附加值较低的产品，当 A 国对 B 国实施保护时，使得 A 国对 B 国产品需求降低，进而导致从 B 国进口下降，因此，即使 B 国产品与 A 国产品的出口竞争性指标较为接近，也挤占不了 A 国市场，从而抵消不掉较高关税带来的成本效应。由于美国是最具代表性的发

---

［1］　此时统计的发展中经济体的贸易占比包括南南贸易，南北贸易，发达经济体的贸易占比包括北北贸易，南北贸易。

达国家，中国是最具代表性的发展中国家，在中美贸易摩擦频发的现实背景下，考察中国如何应对美国进口的高关税是学者们普遍关注的现实问题，因此本节保留了中国和美国子样本进行回归，所得结果与基准回归所得结果保持一致，这说明，美国对中国征收关税增高，由于成本效应，中国出口到美国的产品量会下降，而中国出口产品与美国产品越相似，伴随着美国市场对中国产品需求的上升，中国产品竞争性的提高使得中国产品会挤占美国市场，进而减缓关税上升带来的成本效应（回归结果详见附录1）。

其次，表8-4 第（4）~（6）列是按照全球区域贸易协定（RTA）三大板块划分后所得结果，回归结果显示，在 NAFTA 和 ASEAN 子样本下，出口竞争性指标对关税的成本效应会产生减缓的作用，而对于 EU 的子样本却不存在此效果，原因在于，从一体化程度的角度来看，欧盟成员国内部签署的贸易协定为关税同盟，而 NAFTA 和 ASEAN 签署的贸易协定为自由贸易协定，形成关税同盟的一体化程度较深，成员国对外实行共同关税政策；而 FTA 的签订具有灵活性高、跨区域性强的特点（Lake 和 Yildiz，2016），因此，对于表8-4 第（6）列来说，关税同盟内部已取消了贸易壁垒，相当于 lag_ tariff = 0 的情形，结果显示 lag_ ESI 前系数为正显著，说明两国产品相似度越高越会促进出口。

表 8-4 国家的异质性

	developing level			RTA		
	（1）	（2）	（3）	（4）	（5）	（6）
	NN	SS	SN	NAFTA	ASEAN	EU
lag_ tariff	−1. 345 95 ***	−0. 246 68 ***	−1. 104 19 ***	−0. 521 59 ***	−0. 842 96 ***	−2. 621 02 ***
	（−11. 72）	（−3. 44）	（−11. 75）	（−7. 84）	（−13. 10）	（−11. 65）
lag_ ESI	0. 151 90 ***	0. 240 64 ***	0. 307 16 ***	0. 371 04 ***	0. 172 28 ***	0. 234 67 **
	（15. 87）	（9. 53）	（13. 88）	（12. 43）	（16. 62）	（2. 24）
lag_ tariff_ ESI	2. 067 08 ***	0. 296 59	5. 243 07 ***	1. 011 07 *	4. 268 22 ***	0. 233 44
	（2. 89）	（1. 26）	（2. 91）	（1. 65）	（4. 70）	（0. 48）
I * Y+E * Y+P * Y	yes	yes	yes	yes	yes	yes
N	1 172 986	915 258	798 822	1 434 486	2 018 665	117 744
r2	0. 326 75	0. 536 26	0. 603 87	0. 576 80	0. 588 40	0. 598 76

续表

	developing level			RTA		
	(1)	(2)	(3)	(4)	(5)	(6)
	NN	SS	SN	NAFTA	ASEAN	EU
r2_ a	0.326 71	0.508 68	0.572 41	0.553 60	0.572 58	0.522 71
F	1.3e+02	50.440 44	1.2e+02	71.604 63	1.8e+02	48.687 56

二、基于产品异质性的拓展性分析

伴随着全球市场依存度的加深，全球国际分工不断深化，中间产品出口的比重越来越大，那么中间产品关税的提高会对贸易产生何种影响呢？出口中间产品相似度会产生贸易的促进作用吗？表 8-5 第（1）~（3）列是按照 BEC 分类法对样本进行了分类，将贸易数据中 HS6 产品与 BEC 分类法进行 merge 才可区分进口中间品的贸易量，BEC 包括 19 个基本类型，即 111、112、121、122、21、22、31、321、322、41、42、51、521、522、53、61、62、63 和 7。BEC 的分类是按照《标准国际贸易分类》订正 3 中的各部、组、分组以及基本标题来进行的界定。按照联合国 BEC 分类的方法，将代码为 111、121、21、22、31、322、42 和 53 的产业类别归为中间产品（我们标记为 bec1），代码为 61、62、63、112、122 和 522 的产业类别归为最终消费品（我们标记为 bec2），将代码 41 和 521 的产业类别归为资本品（我们标记为 bec3）（陈雯和苗双有，2016）。回归结果显示，当 A 国对 B 国的中间产品提高关税时，B 国对 A 国的出口量会下降，但由于中间产品通常为原材料或燃料等，是用于生产下游产品的必需品，因此即使关税较高，当 B 国与 A 国出口产品较为相似时，就会挤占 A 国市场，从而促进 B 国中间产品的出口［表 8-5 第（1）列］。当 A 国对 B 国的最终消费品提高关税时，成本效应会出现，但当两国产品出口竞争性指标较为接近时，会加剧成本效应［表 8-5 第（2）列］，原因在于，最终消费品通常为居民直接购买的用于生活消费的，此类产品由于 A 国关税的提高已经带来了成本，加之进口国的"家乡情结"（home bias），会使得出口国 B 国即使生产相似产品，A 国的需求也不会大幅上升，甚至下降，因此会降低 B 国出口。当 A 国对 B 国的资本品关税提高时，由于资本品本身成本就较高，关税的提高会产生成本效应，而资本品较难复制，核心技术难以模仿，故在他国生产出类似产品的概率相对较小，所以出口资本品相似度指数对成本效应不会起到减缓作用［表8-5第（3）列］。

本章节依据OECD提供的行业技术密集程度划分标准，将HS2行业划分为低技术行业（k_l_0）、中低技术行业（k_l_1）、中高技术行业（k_l_2）以及高技术行业（k_l_3）。回归结果显示，在低技术行业组中，出口竞争性指标的上升会加剧关税上升带来的成本效应，原因在于，低技术行业通常为服装、食品行业，低技术含量水平代表着可复制性较高，因此当关税水平的上升会带来成本效应的同时，出口产品相似度越高，越会使得低技术行业的产品被国内产品所复制和替代，进而降低从他国的进口［表8-5第（4）列］。而对于技术相对较高的行业来说，由于技术水平高，行业竞争力强，比较容易挤占进口国市场，因此出口竞争性指标越大，越会缓解关税上升带来的成本效应［表8-5第（5）~（7）列］。

表8-5　产品的异质性

	按BEC划分产品			按行业的技术密集程度划分			
	(1)	(2)	(3)	(4)	(5)	(6)	(7)
	bec1	bec2	bec3	k_l_0	k_l_1	k_l_2	k_l_3
lag_tariff	-0.795 62***	-0.236 97***	-2.647 13***	-0.379 15***	-0.362 40***	-0.265 77***	-0.126 27***
	(-7.59)	(-3.46)	(-15.88)	(-5.28)	(-10.86)	(-13.87)	(-4.17)
lag_ESI	0.391 74***	1.435 99***	0.488 01***	1.147 49***	0.617 56***	0.390 16***	29.588 64***
	(25.71)	(8.80)	(6.70)	(12.31)	(7.51)	(27.55)	(13.50)
lag_tariff_ESI	2.699 37**	-2.812 06***	1.149 28	-1.583 54***	0.354 18**	1.088 16***	9.587 75***
	(2.05)	(-4.27)	(0.91)	(-5.62)	(2.15)	(4.59)	(3.27)
I*Y+E*Y+P*Y	yes	yes	yes	yes	yes	yes	yes
N	2 038 698	1 059 059	644 142	1 334 051	900 430	850 040	546 382
r2	0.290 39	0.293 41	0.367 67	0.284 25	0.286 23	0.320 02	0.225 30
r2_a	0.290 28	0.293 21	0.367 38	0.284 09	0.285 99	0.319 78	0.224 87
F	2.8e+02	33.563 90	1.1e+02	60.559 81	85.995 80	3.2e+02	1.2e+02

第七节　进一步的福利分析

关税提高除了会抑制出口国的贸易之外，对进口国的福利也会产生影响，即关税的福利效应[1]。通常来看，一国关税的提高是为了保护本国的产业免受来自其他国家进口产品的竞争，但关税征收过高依旧会起到保护本国产业的效果吗？为验证关税对福利的影响，本节采用 Jones 和 Klenow（2016）测算的 128 个国家的福利数据。Jones 和 Klenow（2016）利用消费等价测算方法（consumption equivalent measure）衡量了 128 个国家的福利水平，消费等价测算方法综合了四个指标，包括消费、闲暇、死亡率和不平等。具体地，该方法首先对传统的福利函数进行扩展，将预期寿命和消费不平等两项纳入模型进行分析，然后引入 λ 因子对个人消费水平进行修正，最后通过计算不同国家的 λ 因子来比较福利水平的差异[2]。福利数据中 welfaregrowth 是指不同国家在 1980 年~2007 年间福利的增长，gdp_ per_ growth 是指不同国家在 1980 年~2007 年间人均 GDP 的增长，而且福利的增长与人均 GDP 增长的相关系数为 0.79，为高度相关。由于本节选择关税数据的起始年份为 1988 年，因此本节采用两种方法来检验关税对福利的影响。首先，利用 1988 年~2007 年的关税与福利的面板数据进行回归，结果详见表 8-6 第（1）~（2）列。其次只截取 2007 年一年的横截面数据来考察不同国家的关税水平对福利的影响，结果详见表 8-6 第（3）~（4）列。结果显示，无论是面板数据还是横截面数据，关税越高福利下降越多。这部分验证了本章理论部分的假设 3。为直观反映出关税与福利水平的关系，图 8-3、图 8-4 分别绘制了 1988 年~2007 年以及 2007 年的关税对福利影响的散点图，由图可知关税与福利水平呈负向关系。

---

　　[1]　关税的福利效应是指，当关税征收导致进口商品的国际（或国内）价格发生改变后，会影响到贸易国在生产、贸易和消费等方面的调整，进而引起收入的再分配，从而导致了关税对贸易国经济福利各方面的影响。

　　[2]　作者提供的 128 个国家的福利增长数据来自 http://www. stanford. edu/~ chadj/BeyondGDP500. xls。

表 8-6　关税对福利的影响分析

	(1)	(2)	(3)	(4)
	Welfare_ 1988_ 2007	GDP_ per_ 1988_ 2007	Welfare_ 2007	GDP_ per_ 2007
MFN	−0. 101 51 ***	−0. 079 47 ***	−0. 144 13 ***	−0. 100 26 ***
	(−13. 81)	(−12. 44)	(−3. 62)	(−2. 84)
Y	yes	yes	no	no
N	2207	2207	108	108
r2	0. 103 28	0. 082 37	0. 109 88	0. 070 83
r2_ a	0. 091 76	0. 070 57	0. 101 48	0. 062 07
F	8. 959 38	6. 981 90	13. 085 00	8. 080 87

注：上表中 Y 表示年份的固定效应。

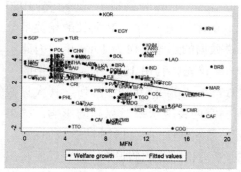
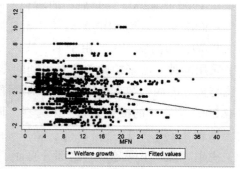

图 8-3　关税对福利的影响（1988 年~2007 年）　　图 8-4　关税对福利的影响（2007 年）

数据来源：TRAINS, http://www. stanford. edu/~chadj/Begond GDP500. xls。

第八节　结论与启示

本章旨在从微观视角探究关税对国际贸易的影响，并验证了出口产品替代性对关税影响的调节作用。与现有研究相比，本章的边际贡献主要体现在以下三个方面。

首先，本章构建了古诺竞争模型，考察了关税对贸易的负向影响，并将出口产品替代性纳入模型进行分析。与现有文献大多基于完全竞争市场的假设不同，本章从理论上丰富了关税与国际贸易问题的研究框架。通过阐述在贸易壁垒存在的情况下，关税上升如何对贸易产生负向影响，并考察出口产品替代性在这一过程中所起到的作用，本章对于深入理解国际贸易中关税和产品替代性的相互作用机制具有重要的理论价值。

其次，本章节的实证部分是基于全球 160 个国家 HS6 层级的产品数据进行的，以验证理论部分的假设，并进行了多个角度的稳健性检验，以保证回归结果的有效性。从国家和产品异质性的角度出发，我们验证了关税和产品替代性对贸易的影响机制，为研究关税和产品替代性对贸易的相互影响提供了初步的识别方法。我们的研究发现，当进口国的关税水平上升时，贸易成本会提高，从而降低出口国的贸易量，而当出口产品替代性提高时，会显著减缓关税对出口的负面影响。这一结论对于制定国际贸易政策具有一定的参考价值。

最后，基于本章理论与实证部分所得结论，我们提出了一些相关政策性思考。我们发现提高出口国产品相似度可缓解进口国对出口国实施高关税带来的成本效应，同时降低关税水平有助于提高进口国的福利水平。因此，我们建议出口国优化出口产品结构，提升产品竞争力是最优策略，而进口国则应适宜降低关税以使本国福利得到改善。本章研究的结论表明，出口产品替代性对缓解关税对贸易造成的成本效应至关重要，这对发展中国家理智应对贸易保护主义带来的负面影响发挥着决定性作用。因此，针对这一结论，本章提出以下政策启示。

其一，就宏观国家层面而言，发展中国家应该优化其产品结构，提升产品质量，充分发挥自身的比较优势，以减小与发达国家之间的出口产品替代性。这样一来，即使进口国实施高关税，由于需求的增加以及供应方产品结构的优化，也能够缓解高关税带来的成本效应。扩大开放和设置过高的贸易壁垒都会对本国福利造成负面影响，因此，各国应该尽力避免这种情况的发生。在面对新兴大国对现有大国的挑战时，应采取合作策略，而非对抗策略。中美之间的"贸易战"可以看作是一场大国博弈，由于信息不对称下的非合作博弈，常常导致"囚徒困境"的出现。而实际上，贸易战所获得的收益是小于双方合作所获得的收益的，特别是在全球价值链分工格局下，全球市场的相互依赖度越来越高，各国之间的经贸关系也变得越来越紧密，价值链中任何一方的利益变动都会牵扯到其他方的利益变动。因此，冲突的各方应该通过谈判和磋商来避免"贸易条件下的囚徒困境"，中美也需要建立一种在竞争与合作之间实现最佳平衡的大国关系。对于进口国而言，需要制定适当的关税。过高的关税不仅会降低其他国家的出口量，也会损害本国的福利。对于出口国，应该优化其出口产品结构，提高产品竞争力以缓解关税提高带来的"成本效应"。本章的研究结论为各国政策制定提供了一些有益的启示。优化产品结构和扩大开放是解决贸易保护主义负面影响的关键措施。同时，各国应该尽力避免升级贸易战，而应采取合作策略来实现共同发展。

其二，随着国际分工的不断深化，中间产品贸易已经成为各国加工生产的重要模式。然而，中间产品关税的变动会影响产品的贸易量，阻碍了一国比较优势的发挥。为满足其他国家下游企业对上游产品的需求，需要提高中间产品的出口竞争力，增加出口中间产品的相似度指数，以缓解关税上升带来的成本效应。此外，各国应该加大创新力度，提高产品的科技含量，培育各国在高质量产品领域内的竞争优势。政府可以设定相关的激励机制，例如鼓励研发补贴或减免税收等措施，以降低产品的研发成本。根据差异化分析结果，可以得出结论：中间产品的出口竞争性指标越高，关税上升对产品的影响就越小。因此，政府应该鼓励出口商增加产品的差异化，以提高产品的出口竞争性指标。

总的来说，在全球贸易摩擦频发的背景下，各国政府需要重视推动产业升级，优化出口产品结构，制定适宜的贸易政策以减缓贸易保护带来的成本效应。这需要各国政府共同努力，促进全球贸易的健康发展。

主要结论、政策建议与未来研究方向

本书从社会网络视角出发对"一带一路"区域贸易协定网络形成、发展及其贸易效应进行了全面和深入的剖析，得出了一些具有现实意义的结论，为"一带一路"共建各国，尤其是中国的决策机构提供了相关政策建议，同时还指明了未来研究的发展方向。

第一节 主要结论

一、轮轴–辐条结构促进了 RTA 的网络化发展

贸易网络存在着一种以中心国家为轴心，边缘国家为辐条的轮轴–辐条结构，这有助于促进区域贸易协定（RTA）网络的形成。研究表明，在形成RTA 过程中，签约国的轮轴度对 RTA 的促进作用存在一定的差异，不同签约国之间的差异可以从不同角度来考虑。首先，签约国的轮轴度提升将显著促进 RTA 的形成。其次，从签约国的轮轴–辐条地位、发展水平和是否跨越洲际的角度来分类，轮轴度对 RTA 的促进效应依次递减。此外，根据 RTA 协定的异质性分类，轮轴度对 FTA 协定、双边协定和服务型 RTA 协定的促进效应更强。这些研究结果对理解 RTA 的形成和网络化发展具有重要的理论和现实意义，也为中国加速推进 RTA 建设和构建以中国为中心的自贸区网络提供了丰富的政策含义。

研究发现，高网络中心度的国家和地区在 RTA 中更有可能发挥重要作用，获得更多的经济和政治利益。未来，随着区域贸易协定的发展和扩大，网络

中心度的重要性将进一步提升，不同类型的 RTA 将呈现出不同的网络结构和网络中心度。研究网络中心度对 RTA 形成和发展的影响，将有助于更好地理解 RTA 的演化过程，并为国际贸易的发展和改善提供更有针对性和有效性的政策建议。此外，本研究通过稳健性检验和内生性检验等方法进行了模型分析，同时还对地理距离、经济发展水平、文化近邻性等因素进行了差异化分析，从而更全面地解释了网络中心度对 RTA 的影响。预测分析显示，RTA 网络中点度中心度指标的预测分析能力最好，可能因为其衡量更加外生，且借助了社会网络分析方法能够更直接地展现出一国在 RTA 网络中的轮轴地位。综上所述，网络中心度对 RTA 的发展具有重要作用，未来应更加注重网络结构和网络中心度的优化，以实现更高效、更稳定和更有利的贸易体系。

就研究机制而言，本书还研究了"一带一路"倡议对贸易网络中轮轴度的影响。通过采用双重差分方法发现，"一带一路"倡议的实施对参与国的轮轴度有促进作用。进一步地，针对此作用机制本书进行了差异化分析，考虑了"一带一路"共建国家签订区域贸易协定以及贸易的特征条件。结果表明，当一国签订的区域贸易协定数量较多、中心国地位较为稳固、进口额较大时，"一带一路"倡议的实施会加速促进轮轴度的提升。这一研究对于更好地了解"一带一路"倡议对贸易网络的影响具有重要意义。未来，"一带一路"倡议将继续发挥重要作用，这一研究为我们提供了重要的理论和实践参考。为了进一步深入研究"一带一路"倡议对贸易网络的影响，我们需要进一步考虑更多的因素，如政治和文化因素等。

二、"一带一路"共建 RTA 网络的贸易效应

总体而言，首先，RTA 网络地位的提升可显著促进出口，特别是使用相对点度中心度度量的 RTA 网络地位的提升对出口的正面效应最强，经过多项稳健性检验后仍然成立。其次，RTA 网络地位的轮轴促进效应在不同的出口国、目的国和国家对特征条件下表现出异质性。例如，出口国的 RTA 网络地位异质性程度越高，其地位就越不稳固，更容易受到轮轴管理效应的影响。此外，相对于发展中国家，发达国家参与区域一体化进程的时间较早，掌握更多信息，轮轴促进效应具有自我强化的趋势。当出口国与目的国之间缔结了 RTA 时，政策连贯性的提升为出口国提供更多的优惠和保障，进而降低轮

轴国的轮轴管理效应。相对于非"一带一路"共建国家，"一带一路"共建国家受互联互通政策影响信息传递阻碍较小，因此轮轴促进效应更为显著。出口目的国距离越远，轮轴国对他国的管控能力随距离的增加而减弱，因此轮轴促进效应被削弱。最后，RTA 网络地位的提升对出口的影响机制可以从国家层面的"一带一路"价值链地位提升、行业层面的竞争力提高以及产品层面的广延边际这三个路径展开。

从纺织品贸易来看，首先，1996 年，欧洲、美洲和亚洲的中心国分别为德国、美国和印度。到 2020 年，这一格局已经发生了变化，欧洲、美洲和亚洲的中心国或地区分别为欧盟、美国和中国。同时，从"一带一路"共建国家的角度来看，1996 年，"一带一路"共建国家的中心国依次为印度、中国、韩国和土耳其，但 2020 年，中国已经超越印度成为"一带一路"共建国家的中心国。其次，从"一带一路"共建国家与全球各国之间的贸易网络关系来看，这些国家的出口纺织品的贸易额在逐年上升。这表明，"一带一路"共建国家之间的纺织品贸易关系越来越密切。此外，这些国家的主要出口目的地也逐渐明确，如中国、韩国和印度的主要出口目的地集中在亚洲，而土耳其的主要出口目的地集中在欧洲。再次，从"一带一路"共建国家板块化角度来看，四大板块包含的国家数量在不断扩大，而这些板块之间也存在国家的转型。外部板块的国家分布相对稳定，主要包括中国、印度和印度尼西亚等国。通过对中国出口纺织品竞争互补关系的分析，发现与中国是竞争关系的国家不固定，而与中国是互补关系的国家较为集中，如美国、新西兰、澳大利亚和蒙古国等。最后，QAP 回归分析的结果显示，FTA 网络密度的增加、两国经济发展水平的提高、人均经济发展水平的提高、人口数量的增加以及两国拥有文化近邻性都会促进纺织品贸易的增长。

从棉花贸易来看，影响棉花贸易网络的三个因素是区域贸易协定、政治距离和进口国棉花贸易网络地位，它们的影响力从大到小为：区域贸易协定、政治距离、进口国棉花网络地位。政治距离的缩短和进口国棉花贸易网络地位的下降会提高出口国的棉花技术创新水平、提高出口国的对外直接投资水平以及国际竞争力，进而间接提升出口国棉花贸易网络地位。同时，区域贸易协定降低关税成本，扩大贸易网络能够带来更多的信息资源，有助于出口国拓展棉花贸易。

上合组织国家与全球各国之间的棉花贸易网络在整体网络结构和中心性

方面都有明显提升，初步实现了"互联互通"的政策目标。然而，随着时间推移，除上合组织国家外，其他国家间的棉花贸易联系频率加快，导致上合组织和全球各国棉花贸易网络密度呈现出倒 U 型。在网络中心性方面，中国始终处于出口关系网络的第一位，印度和巴基斯坦紧随其后在棉花贸易网络中也占据重要地位。相比之下，吉尔吉斯斯坦和哈萨克斯坦在进口关系网络中处于核心地位。从贸易网络的块模型分析来看，各国在贸易网络中的地位以及竞争互补关系是动态演变的。中国从 2000 年的主要"出口商"演变为 2017 年的"中间商"再到 2020 年的"核心国"。俄罗斯始终是棉花的主要进口国。贸易协定关系、外国直接投资净流入和净流出、经济发展规模以及地理距离均会对国家间棉花贸易网络的形成产生显著影响。

三、RTA 深度之关税与贸易网络关系

本书在探讨 RTA 深度的关税网络与贸易网络关系时从理论和实证两方面探究了关税和产品替代性对国际贸易的影响，拓展了相关研究框架，并提出了一些政策性思考。理论部分构建了古诺竞争模型并考察了关税和产品替代性的相互作用机制，实证部分利用全球 160 个国家 HS6 层级的产品数据进行验证，并从国家和产品异质性角度出发进行了稳健性检验，得出了关税和产品替代性对贸易的影响结论。本书建议出口国提升产品竞争力，进口国降低关税以改善福利水平，并强调出口产品替代性对缓解关税对贸易造成的成本效应的重要性。这些结论对发展中国家理智应对贸易保护主义具有重要意义。

第二节　对策建议

本书分别考察：（1）贸易网络中轮轴度、RTA 网络中心性对"一带一路"共建国家 RTA 网络形成的影响；（2）总体 RTA 网络的出口效应、纺织品行业 RTA 网络的贸易效应以及棉花行业 RTA 网络的贸易效应；（3）RTA 深度的关税网络与贸易网络之间的关系。在不同的情景下，各种因素会产生差异化的结果，这对于"一带一路"共建国家以及中国政府今后如何构建自贸区网络，如何调整国家内部结构以实现贸易强国建设以及如何制定贸易政策具有一定的启示意义。

一、从国家外部环境角度

1. 提升中国在贸易网络中的轮轴度

中国需加快建立围绕自身的"轮轴-辐条"个体网体系，确立在"轮轴-辐条"体系中的轴心国家地位。扩大中国的总进口，同时增加进口来源多样性从而稀释某一特定进口来源国的牵制；在扩大出口的同时，避免出口目的地过于集中，均有助于提升中国相对其他国家的轮轴度。

2. 充分利用好"一带一路"共建国家的资源优势，形成优势互补，互利共赢的良好局面

中国需要与更多的"一带一路"共建国家缔结区域贸易协定，针对不同伙伴国的特征选择签订不同类型的 RTA 有助于降低签订协定成本，增加签约的可能性，从而使双方获益。因而，中国需要深入研究当前"一带一路"共建国家贸易协定网络的动态演变趋势，尤其关注主要竞争对手个体网络的演变，细致分析竞争对手的策略选择及对中国可能的潜在影响。同时，充分发挥中国制造业大国的产业竞争和创新优势，为其他伙伴国在产业转型升级上提供支持。充分发挥中国的基础设施投资与建设能力的优势，为贸易顺畅发展提供良好条件。加快与其他区域国家启动谈判的联合可行性研究计划，就谈判方式和次序选择进行探讨，积极谋求成为全球贸易网络中的关键节点，成为区域经济一体化合作中的主导力量。

3. 加强自贸区建设与其他国家和地方开放改革以及国内政策的协调

加快上海自贸区金融改革，在金融业的对外开放上做出更多努力。推动地区性自贸易区发展，例如，对于天津自贸易区的建设，可抓紧形成第一批制度创新清单，逐项分解任务，细化落实。重庆作为内陆型自贸区，应瞄准内陆开放，加速形成现代制造业、健康产业、现代物流产业集群。为构建以中国为核心的轮轴-辐条体系网络，中国需要与更多的国家缔结区域贸易协定，在区域的选择上也不应局限于区域内的合作，还要进行跨区域跨洲的合作。针对不同伙伴国的特征选择签订不同类型的 RTA 有助于降低签订协定成本，增加签约的可能性，从而使双方获益。因而，中国需要深入研究当前全球贸易协定网络的动态发展趋势，尤其关注主要竞争对手贸易网络的演变，细致分析竞争对手在伙伴国上的策略选择及其对中国可能的潜在影响。此外，

中国作为亚洲地区的轮轴国之一，无论是资源还是发展前景上均具备先天优势，其他国家愿意与中国相互开放市场，因此中国应抓住机会，积极与各国展开合作，利用轮轴国的优势抢先与辐条国互相开放市场，争取成为全球贸易网络中的关键节点，成为全球区域经济一体化合作中的主导力量。

二、从国家内部环境角度

（一）加强自贸区建设与地方开放改革以及国内政策的协调

本书在对中国缔结区域贸易协定的特征进行总结的过程中，发现中国参与全球经济一体化除了表现在缔结区域贸易协定之外，还与邻近国家建立了各种伙伴关系，最为典型的就是"一带一路"倡议的提出。因此，中国需要从产业结构重组和打开金融市场的角度推进自由贸易区建设和"一带一路"倡议、中国自由贸易试验区政策的实施与对接。中国在开放的过程中，也要利用好国内外的制度和政策。我国要继续利用好 WTO 多边贸易规则及其平台，争取参与制定国际贸易规则的话语权，构建中国特色区域贸易协定网络，扩大贸易开放的广度和深度。对外开放也需要国内相关政策的保障。比如，继续推进服务业的扩大开放，需要从国内服务业发展的产业政策角度，注重产业的优化升级，提高服务业的科技含量和创新水平。

（二）加强"一带一路"共建国家与中国合作规则规范化的平台建设，确保对外合作的安全性和有效性

目前，中国与"一带一路"共建国家制度环境与技术标准不兼容的问题仍然非常突出。应增加贸易协定的利用率，细致分析贸易协定文本，针对贸易协定文本的新议题展开充分的讨论与协商，维持与伙伴国政府和社会各界之间的良好合作关系，降低政策风险的不确定性。

三、从政府角度

（一）制定合理的关税政策

在国家层面上，发展中国家应该提高产品质量和优化产品结构，以发挥本国的比较优势，缩小与发达国家的产品替代性。此外，应该避免设置过高

的贸易壁垒，以免对本国福利造成负面影响。在处理新兴大国崛起与现存大国的挑战时，采取合作策略而非对抗策略更加明智。进口国需要制定适宜的关税，而出口国应该优化产品结构和提高产品竞争力以缓解关税提高带来的成本效应。此外，加大创新力度和提高产品的科技含量也是关键，政府可以设定相关的激励机制来降低产品的研发成本。各国政府应该共同努力，推动产业升级，优化出口产品结构，制定适宜的贸易政策，以促进全球贸易的健康发展。

（二）政府在谈判中应更加关注对于非关税壁垒的谈判

本书第六章结论表明伙伴国双方在贸易协商的过程中若积极地通过谈判的方式消除掉其他国家对我国的非关税措施，可以为我国企业营造出相对公平的外部环境，这进一步有利于中国一体化进程快速健康的发展，因此，从降低缔结贸易协定成本的角度出发，中国企业要不断提高本国产品竞争度，中国政府应与伙伴国针对非关税壁垒问题展开积极探讨与协商，这不仅有利于中国经济发展，更会大大降低各国之间贸易摩擦的发生。非关税壁垒具有灵活性高、隐蔽性强、效果更直接等特点，也已经成为近些年贸易保护主义措施中的重要手段，非关税壁垒设置过高会严重影响出口，进而影响福利水平，因此自缔结贸易协定之初，就应针对非关税壁垒进行协商谈判，避免非关税壁垒的使用成为各国实施歧视性保护政策的砝码。

第三节　未来研究方向

本书从贸易网络中轮轴−辐条结构、贸易结构、RTA 网络结构以及一国是否属于"一带一路"共建国家的角度阐述了"一带一路"RTA 网络化形成的机制，从整体行业、细分纺织品行业以及棉花行业细致分析了"一带一路"共建国家 RTA 网络化发展带来的贸易促进效应，从 RTA 深度——关税的角度分析了关税、产品替代性以及贸易之间的关系。但究竟哪些因素会影响"一带一路"RTA 网络化形成，RTA 网络其他结构对贸易的影响如何以及 RTA 深度与贸易关系的研究远非本研究所能囊括，比如，政治因素较难量化，各国之间缔结 RTA 可能会受到各国利益集团游说的影响，同时这些影响效应还会传递给其他国家。毫无疑问，影响"一带一路"区域贸易协定形成机制的因素有很多，虽然本书未将上述主题纳入研究框架，但它们都是值得我们去深入思考和研究的问题。鉴于此，我们分别从理论、实证和政策研究方面来指出关于"一带一路"RTA 网络化发展这一议题未来的研究方向。

理论研究方面：第一，经典的关税同盟理论需要进一步拓展。在实践中，政府制定的经济、政治制度以及货币因素仍未引入关税同盟理论中去，这很难圆满地解释关税同盟如何能发展到经济货币联盟和政治联盟等更高级的一体化形式上去。第二，对 RTA 形成的理论文献大都侧重于 RTA 的福利分析，而在现实中，我们更想要知道为什么 RTA 会呈现网络化发展，RTA 网络是如何形成的，从理论的角度，政治经济学给出了很好的回答，但这类分析较为复杂。所以未来的研究应更多从包含不同国家政治体系的政治经济模型角度出发，探讨 RTA 网络化发展的动因。第三，现实中 RTA 是通过讨价还价和谈判形成，为了更好地理解 RTA 网络化发展，需要我们的模型更接近现实，一种方法是采用博弈论方法来讨论如何达成全球自由贸易[1]（谢建国，2003），另一种方法是采用数值模拟方法讨论 RTA 网络形成的动态路径[2]。目前，这方面的理论研究还非常缺乏。此外，全球各国已普遍融入全球价值链体系中，如何基于全球价值链理论来考察全球 RTA 网络的形成，探寻各国通过区域合作加强垂直专业化分工的主要动机是未来研究的重点（盛斌和果婷，2014）。贸易自由化对 RTA 的影响机制可能会通过技术水平来进行传导，因此从技术发展角度来探寻贸易自由化对 RTA 形成的影响是未来研究的方向。本书的研究更多的是侧重于考察 RTA 的广度，如何继续深挖 RTA 深度，比如具体到每一个 RTA 中所涉及的条款，每一个合同文本所包含的章节有哪些，如何对文本进行文本分析并探讨这些文本的设定会给国际贸易带来何种影响是未来值得研究的问题。

实证研究方面：第一，以往对于实际形成的全球区域贸易协定网络的结构特征以及可能存在的自演化进程缺少相应的关注。从网络结构视角（复杂网络视角和贸易网络视角相结合）考察"一带一路"RTA 的网络化发展是今

---

〔1〕 Aghion 等（2007）研究在什么条件下会选择序贯谈判，在什么条件下会选择多边谈判，哪一种谈判方式更可能达成全球自由贸易，结果取决于两国之间形成 RTA 对第三国的外部性的大小。

〔2〕 Daisika 和 Furusawa（2011）对两种不同的 RTA 网络演化路径进行数值模拟：一是 RTA 随机形成模型；二是基于 Goyal and Joshi（2006）的模型。在第一种方案下，RTA 网络最终演化为全连通形式的可能性随着国家数量的增加而递减。而第二种方案实现 RTA 整体网络全连通的可能性会更大。

后的研究方向。这种实证研究对于解释当前 RTA 增长的新现象以及 RTA 网络化发展的路径选择具有重要的现实意义。第二，既有的实证研究文献，无论是关注贸易网络结构还是贸易自由化以及贸易保护政策对 RTA 形成的影响，基本上都只是侧重于某一个视角的分析。此种单一视角的分析方法难以揭示各因素之间可能产生的交互作用对 RTA 网络化形成的影响。未来的实证研究可以将关注点放在各因素的交互作用对 RTA 网络化发展的影响上，这有助于更加具体、全面地解释不同特征的 RTA 形成动因。第三，全球 RTA 网络化发展虽然是一个整体性现象，但从不同国家、不同地区角度看，RTA 增速变化是不同的。未来的研究应该将此种差异性放在统一的框架下进行分析解释，从而在宏观国家层面、中观的区域和产业层面以及微观的企业和产品层面进一步检验各影响因素的实际作用和大小，这可以帮助各国有针对性地调整 RTA 建设。第四，已有研究大多考察各种因素从总体上对区域贸易协定形成的影响，没有考虑到区域贸易协定具体内容上的差异，如削减关税幅度的大小、过渡期设置的长短（关税递减的过渡期限）和敏感性清单所设置范围的差异等，将区域贸易协定具体文本的差异纳入不同类型 RTA 网络化发展的分析框架将是未来进一步的研究方向。第五，区域贸易协定的内容比较丰富，考察推动服务和货物型区域贸易协定形成因素的异质性也是未来的研究方向。第六，关于贸易网络与 RTA 网络关系的研究需要进一步深入分析，本书从纺织品行业以及棉花行业进行了探讨，但"一带一路"共建国家中有较多是能源大国，"一带一路"共建国家能源贸易网络和 RTA 网络关系如何是未来的研究方向。

　　政策研究方面：结构性因素分析结果表明一旦构建围绕自身"轮轴-辐条"个体网络体系，轮轴国会产生自强化作用，吸引其他国家与之签订 RTA，从而获取更大的贸易和投资利益。中国自 2001 年加入 WTO 以来，轮轴地位日益上升。在全球 RTA 网络化发展的背景下，各国如何构建围绕自身的"轮轴-辐条"体系；结合美国以及欧盟的历史案例，详细解析潜在轮轴国在 RTA 网络中可能的发展路径（如何选取伙伴国）。当许多国家都热衷于构建以本国为轴心的"轮轴-辐条"体系时，会对辐条国产生优惠侵蚀和原产地规则的限制，从而降低贸易效率。因此，轮轴国的贸易效应与辐条国贸易效应的非对称性分析，以及各国如何优化贸易布局，降低引发冲突的风险也是未来重要而艰巨的研究课题。此外，如何从制度建设角度继续利用好 WTO 多边贸易规则及其平台,争取参与制定国际贸易规则的话语权也是一个值得关注的重要课题。如何从区域贸易协定开放的广度与深度的角度探讨 RTA 网络形成也是未来值得研究的方向(孙蕊和齐俊妍,2017)。

本书考察"一带一路"RTA 网络化发展的动因需要综合运用多种学科的方法进行研究和解决,这种研究也将促进各学科之间的交叉和融合。需要特别指出的是,由于当今一些发达国家在全球贸易自由化进程中利益受损,社会内部形成了紧张的政治矛盾,进而出现了贸易保护主义抬头的迹象,而像中国、智利等主要新兴经济体在全球贸易自由化进程中获益较大,加之发展中经济体贸易的迅速崛起,使得这些国家在全球网络格局中的轮轴地位日益凸显,提高了发展中国家的参与度和话语权,所以未来发展中国家在推进RTA 网络化发展上可能会赶超发达国家。这意味着在"一带一路"RTA 网络化发展的背景下,中国等发展中大国需要提高轮轴度和参与度,在推进 RTA网络化发展的过程中,维护自身的发展权利,争取成为全球 RTA 网络中的重要枢纽。现阶段,急需中国学者关注的问题很多。例如,如何选择适当的RTA 策略和潜在的谈判伙伴国,使得自身在全球 RTA 网络中的核心地位更加稳固(钱学锋和龚联梅,2017)。发达国家的逆全球化浪潮会对中国构筑以自身为核心的轮轴-辐条体系产生何种影响?中国应如何应对?中国如何充分利用好贸易自由化的契机以缩小国内收入不平等的差距?面对外国的反倾销,中国如何利用好保护工具既能保护本国产业又能促进贸易自由化的顺利进行?对这些问题的深入探索无疑将为"一带一路"共建国家乃至全球 RTA 网络化的健康持续发展提供重要的智力支持。

参考文献

1. 曹伟：《"一带一路"背景下人民币汇率变动的进口价格传递效应研究》，载《经济研究》2019 年第 6 期。

2. 陈雯、苗双有：《中间品贸易自由化与中国制造业企业生产技术选择》，载《经济研究》2016 年第 8 期。

3. 陈勇兵等：《贸易成本、企业出口动态与出口增长的二元边际——基于中国出口企业微观数据：2000-2005》，载《经济学（季刊）》2012 年第 4 期。

4. 陈紫若等：《全球贸易协定网络对国际创新活动的不对称影响——基于制度环境的视角》，载《中国工业经济》2022 年第 4 期.

5. 程大中等：《服务业对外开放与自由化：基本趋势，国际比较与中国对策》，载《学术月刊》2019 年第 11 期。

6. 程中海、冯梅：《基于动态复杂网络的世界棉花贸易时空分异特征与贸易格局分析》，载《国际经贸探索》2017 年第 10 期。

7. 从连：《中国服务贸易壁垒的测度与国际比较》，南开大学 2014 年博士学位论文。

8. 崔小年：《全球棉花供需格局调整与提升中国棉花产业竞争力研究》，载《区域经济评论》2018 年第 4 期。

9. 陈继勇等：《中国与欧洲双边纺织品贸易成本测度及其影响因素分析》，载《经济管理》2012 年第 12 期。

10. 程中海等：《中国与"一带一路"沿线国家制造业产业内贸易网络时空特征及影响因素研究》，载《世界地理研究》2022 年第 3 期。

11. 邓富华、霍伟东：《自由贸易协定、制度环境与跨境贸易人民币结算》，载《中国工业经济》2017 年第 5 期。

12. 邓慧慧、桑百川：《FTA 网络化发展中的"轮轴-辐条"模式：福利效应与中国的参与战略》，载《财贸经济》2012 年第 7 期。

13. 刁秀华、俞根梅：《制度因素与第三国效应对中国 OFDI 的影响——基于"一带一路"沿线国家的实证分析》，载《东北财经大学学报》2017 年第 5 期。

14. 东艳：《区域经济一体化新模式——"轮轴—辐条"双边主义的理论与实证分析》，载《财经研究》2006 年第 9 期。

15. 杜永红、高菲：《"一带一路"沿线国家 FDI 对汇率的影响》，载《合作经济与科技》2019 年第 13 期。

16. 冯梅：《世界棉花贸易网络演变特征及影响因素研究》，石河子大学 2017 年硕士学位论文。

17. 高疆、盛斌：《贸易协定质量会影响全球生产网络吗?》，载《世界经济研究》2018 年第 8 期。

18. 高妙诗：《"一带一路"倡议下中国服务贸易发展研究》，载《企业科技与发展》2020 年第 11 期。

19. 葛江华、蒋效宇：《金砖国家纺织品贸易竞争力比较分析》，载《毛纺科技》2018 年第 7 期。

20. 管靖等：《全球粮食贸易网络演变及其驱动因素解析》，载《地理科学进展》2022 年第 5 期。

21. 郭志芳等：《欧盟的大型区域贸易协定建设对中国对外贸易的影响》，载《数量经济技术经济研究》2018 年第 10 期。

22. 韩冬、李光泗：《中国与"一带一路"沿线国家粮食贸易格局演变与影响机制——基于社会网络学视角》，载《农业经济问题》2020 年第 8 期。

23. 何剑、孙玉红：《全球 FTA 网络化发展对不同地位国家的影响》，载《中国软科学》2008 年第 5 期。

24. 何暑子、卢亚娟：《汇率影响贸易竞争力的供给侧渠道效应研究》，载《经济与管理评论》2020 年第 2 期。

25. 贺胜兵等：《"一带一路"纺织品贸易网络的演化特征及驱动机制——基于 TERGM 模型的分析》，载《湖南科技大学学报（社会科学版）》2022 年第 2 期。

26. 贺胜兵等：《"一带一路"纺织品贸易网络拓扑结构及演化特征分析》，载《湖南财政经济学院学报》2022 年第 1 期。

27. 贺小刚等：《赶超压力与公司的败德行为——来自中国上市公司的数据分析》，载《管理世界》2015 年第 9 期。

28. 黄光灿、马莉莉：《制造业全球价值网络特征、区域格局与权力中心变迁》，载《亚太经济》2020 年第 5 期。

29. 姜文学、王妍：《"一带一路"电子产品贸易格局演变特征及影响因素研究——基于复杂网络分析方法》，载《国际商务研究》2020 年第 5 期。

30. 李兵、颜晓晨：《中国与"一带一路"沿线国家双边贸易的新比较优势——公共安全的视角》，载《经济研究》2018年第1期。

31. 李敬等：《"一带一路"沿线国家货物贸易的竞争互补关系及动态变化——基于网络分析法》，载《管理世界》2017年第4期。

32. 李敬等：《中国区域经济增长的空间关联及其解释——基于网络分析方法》，载《经济研究》2014年第11期。

33. 林僖、鲍晓华：《区域服务贸易协定如何影响服务贸易流量？——基于增加值贸易的研究视角》，载《经济研究》2018年第1期。

34. 林僖、鲍晓华：《区域服务贸易协定与服务出口二元边际——基于国际经验的实证分析》，载《经济学（季刊）》2019年第4期。

35. 刘春香、朱丽媛：《我国棉花进口贸易潜力分析》，载《农业经济问题》2015年第5期。

36. 刘德标、张秀娥：《区域贸易协定概论》，中国商务出版社2009年版。

37. 刘慧、綦建红：《FTA网络的企业创新效应：从被动嵌入到主动利用》，载《世界经济》2021年第3期。

38. 刘军：《整体网分析：UCINET软件实用指南》，上海人民出版社2019年版。

39. 刘敏等：《全球数字贸易中的竞争互补关系及其演化–基于社会网络分析方法》，载《国际经贸探索》2021年第10期。

40. 刘婷婷等：《社会网络视角下的全球棉花贸易格局分析》，载《世界农业》2022年第4期。

41. 刘秀玲、陈浩：《中国与"一带一路"沿线国家服务贸易影响因素探究》，载《国际商务研究》2020年第1期。

42. 刘文革等：《地缘政治风险与中国对外直接投资的空间分布——以"一带一路"沿线国家为例》，载《西部论坛》2019年第1期。

43. 吕诚伦、王学凯：《中国与"一带一路"沿线国家出口贸易研究——基于汇率变动、外贸依存度的视角》，载《财经理论与实践》2019年第3期。

44. 吕延方等：《全球数字服务贸易网络的拓扑结构特征及影响机制》，载《数量经济技术经济研究》2021年第10期。

45. 吕越等：《"一带一路"倡议的对外投资促进效应——基于2005—2016年中国企业绿地投资的双重差分检验》，载《经济研究》2019年第9期。

46. 毛其淋、盛斌：《贸易自由化与中国制造业企业出口行为："入世"是否促进了出口参与?》，载《经济学（季刊）》2014年第2期。

47. 潘慧等：《"一带一路"背景下人民币汇率变动对中国对外贸易的非对称影响研究》，载《山东大学学报（哲学社会科学版）》2019年第6期。

48. 彭羽等：《"一带一路"FTA网络国家地位测度及出口效应研究》，载《亚太经济》

2022 年第 1 期。

49. 钱静斐、李辉尚：《补贴政策调整、比较效益变化和农户棉花生产决策——基于主产区的省级动态面板数据》，载《湖南农业大学学报（社会科学版）》2020 年第 5 期。

50. 钱学锋、龚联梅：《贸易政策不确定性、区域贸易协定与中国制造业出口》，载《中国工业经济》2017 年第 10 期。

51. 钱学锋、熊平：《中国出口增长的二元边际及其因素决定》，载《经济研究》2010 年第 1 期。

52. 邱冬阳等：《"一带一路"倡议下人民币汇率波动与贸易差额关系分析》，载《重庆理工大学学报（社会科学版）》2018 年第 7 期。

53. 丘东晓：《自由贸易协定理论与实证研究综述》，载《经济研究》2011 年第 9 期。

54. 尚庆琛：《"一带一路"倡议下中国服务贸易发展策略研究》，载《国际贸易》2017 年第 9 期。

55. 沈国兵：《显性比较优势、产业内贸易与中美双边贸易平衡》，载《管理世界》2007 年第 2 期。

56. 盛斌：《区域贸易协定与多边贸易体制》，载《世界经济》1998 年第 9 期。

57. 施炳展、张夏：《中国贸易自由化的消费者福利分布效应》，载《经济学（季刊）》2017 年第 4 期。

58. 史智宇：《出口相似度与贸易竞争：中国与东盟的比较研究》，载《财贸经济》2003 年第 9 期。

59. 宋晓东：《"一带一路"背景下的中国国际服务贸易发展》，载《中国流通经济》2016 年第 12 期。

60. 苏珊珊、霍学喜：《全球苹果贸易网络结构特征及中国地位变迁分析》，载《农业经济问题》2020 年第 6 期。

61. 孙洁：《棉花价格波动对我国纺织品出口贸易的影响及其对策》，载《价格月刊》2015 年第 2 期。

62. 孙浦阳等：《产品替代性与生产率分布———基于中国制造业企业数据的实证》，载《经济研究》2013 年第 4 期。

63. 孙浦阳、刘伊黎：《企业客户贸易网络、议价能力与技术追赶——基于贸易网络视角的理论与实证检验》，载《经济研究》2020 年第 7 期。

64. 孙玉红：《跨区域双边自由贸易协定的政治经济动机分析》，载《世界经济与政治》2008 年第 7 期。

65. 孙玉红：《全球 FTAs 网络化与发展中国家一体化战略》，对外经济贸易大学出版社 2007 年版。

66. 孙玉红：《论全球 FTA 网络化》，中国社会科学出版社 2008 年版。

67. 汤洪宇：《"一带一路"背景下中印服务贸易合作研究》，载《广西科技师范学院学报》2016 年第 3 期。

68. 田巍、余淼杰：《企业出口强度与进口中间品贸易自由化：来自中国企业的实证研究》，载《管理世界》2013 年第 1 期。

69. 田银华、唐利如：《我国棉花产业的空间效应分析——基于移动趋势面理论的实证研究》，载《农业经济问题》2007 年第 6 期。

70. 铁瑛、蒙英华：《移民网络、国际贸易与区域贸易协定》，载《经济研究》2020 年第 2 期。

71. 王开、靳玉英：《全球 FTA 网络形成机制研究》，载《财贸经济》2013 年第 9 期。

72. 王力、黄斐逸：《中国与孟印缅纺织品贸易国际竞争力及其影响研究—基于"BCIM"框架》，载《价格月刊》2021 年第 12 期。

73. 王丽萍：《贸易保护事件对中国纺织品出口的影响研究》，载《华东经济管理》2012 年第 10 期。

74. 王利荣：《目标价格补贴政策对棉花生产效率的影响分析》，载《农业经济与管理》2021 年第 3 期。

75. 王鹏飞：《"一带一路"引领下中国-东盟贸易结构演进及发展策略》，载《商业经济研究》2019 年第 6 期。

76. 王勤：《东南亚服务贸易自由化的进展与趋势》，载《亚太经济》2005 年第 4 期。

77. 王涛生：《制度创新影响国际贸易成本竞争力的内在机理研究》，载《经济学动态》2010 年第 2 期。

78. 王文宇、贺灿飞：《关系经济地理学与贸易网络研究进展》，载《地理科学进展》2022 年第 3 期。

79. 王小玲：《"一带一路"背景下中国服务贸易的新特征及发展策略》，载《国际经济合作》2019 年第 3 期。

80. 王晓卓：《全球棉花贸易网络地位提升的影响因素分析》，载《世界农业》2022 年第 12 期。

81. 王晓卓：《"一带一路"沿线国家纺织品贸易的社会网络分析》，载《世界地理研究》2024 年第 5 期。

82. 王晓卓、杨光：《产品竞争力对关税与贸易的调节效应研究》，载《江苏科技信息》2020 年第 19 期。

83. 王晓卓、杨光：《全球区域贸易协定形成的动因探源：一个文献综述》，载《现代商贸工业》2021 年第 1 期。

84. 王彦芳等：《"一带一路"贸易网络对中国贸易效率的影响——兼论与 TPP、TTIP、RCEP 的比较》，载《亚太经济》2019 年第 1 期。

85. 卫丽萍：《中国与东南亚近几年服务贸易的发展》，载《财经界》2014 年第 20 期。

86. 魏素豪：《中国与"一带一路"国家农产品贸易：网络结构、关联特征与策略选择》，载《农业经济问题》2018 年第 11 期。

87. 吴爱芝等：《纺织服装产业空间布局演化研究回顾及其展望》，载《世界地理研究》2017 年第 1 期。

88. 吴群锋、杨汝岱：《网络与贸易：一个扩展引力模型研究框架》，载《经济研究》2019 年第 2 期。

89. 吴婉金、贺灿飞：《中国纺织业出口贸易网络扩张》，载《世界地理研究》2022 年第 1 期。

90. 席艳乐、汤恒运：《汇率波动与农产品出口——来自中国与"一带一路"沿线国贸易的证据》，载《广西财经学院学报》2019 年第 5 期。

91. 肖海峰、俞岩秀：《中国棉花生产布局变迁及其比较优势分析》，载《农业经济与管理》2018 年第 4 期。

92. 谢建国：《多边贸易自由化与区域贸易协定：一个博弈论分析框架》，载《世界经济》2003 年第 12 期。

93. 谢建国：《外部关税约束、自由贸易区规模与世界自由贸易》，载《经济学（季刊）》2004 年第 2 期。

94. 谢宇：《中国在全球服务贸易网络中位置演化特征分析》，北方工业大学 2019 年硕士学位论文。

95. 邢晓溪、徐野：《自由贸易协定对我国参与全球产业链竞争的影响及对策研究》，载《价格月刊》2020 年第 3 期。

96. 许和连等：《"一带一路"高端制造业贸易格局及影响因素研究——基于复杂网络的指数随机图分析》，载《财贸经济》2015 年第 12 期。

97. 姚梅芳、宫俊梅：《学习导向与资源调配的交互对双元创新的影响——基于政治网络调节作用的研究》，载《武汉大学学报（哲学社会科学版）》2022 年第 3 期。

98. 姚星等：《"一带一路"沿线国家服务中间投入的网络结构特征及其影响因素》，载《世界经济研究》2018 年第 1 期。

99. 杨馥蔚：《我国服务贸易发展现状及对策分析》，载《中国市场》2019 年第 23 期。

100. 杨广青、杜海鹏：《人民币汇率变动对我国出口贸易的影响—— 基于"一带一路"沿线 79 个国家和地区面板数据的研究》，载《经济学家》2015 年第 11 期。

101. 杨静、刘艺卓：《中国棉花贸易形势特点分析》，载《世界农业》2015 年第 12 期。

102. 杨丽梅、翟婧帆：《中国与"一带一路"沿线国家贸易网络分析》，载《商业经济研究》2019 年第 2 期。

103. 杨青龙：《基于制度要素的比较优势理论拓展——以交易成本经济学为视角》，载《财贸研究》2013 年第 4 期。

104. 杨青龙：《国际贸易的全成本论：一个概念性理论框架》，载《财贸经济》2010 年第 8 期。

105. 姚秋蕙等：《全球服装贸易网络演化研究》，载《经济地理》2018 年第 4 期。

106. 游文倩：《"一带一路"建设对人民币汇率的影响研究》，载《现代商贸工业》2018 年第 10 期。

107. 余淼杰：《国际贸易的政治经济学分析：理论模型与计量实证》，北京大学出版社 2009 年版。

108. 乐凯迪等：《中国纺织品贸易竞争力与互补性研究——基于对亚非七国及欧洲六国数据的分析》，载《价格理论与实践》2020 年第 9 期。

109. 翟雪玲、原瑞玲：《近 30 年全球棉花产业格局变迁及对中国棉花产业的影响》，载《世界农业》2019 年第 8 期。

110. 詹森华：《"一带一路"沿线国家农产品贸易的竞争性与互补性——基于社会网络分析方法》，载《农业经济问题》2018 年第 2 期。

111. 张兵：《关系、网络与知识流动》，中国社会科学出版社 2014 年版。

112. 张建平、樊子嫣：《"一带一路"国家贸易投资便利化状况及相关措施需求》，载《国家行政学院学报》2016 年第 1 期。

113. 张文雅、刘玮：《中国与欧盟的服务贸易竞争力研究》，载《企业科技与发展》2019 年第 3 期。

114. 张亚飞、张立杰：《技术贸易壁垒下中美纺织品贸易竞争力及影响因素研究》，载《价格月刊》2020 年第 5 期。

115. 张颖：《中国与"一带一路"沿线国家贸易现状及影响因素研究》，四川外国语大学 2019 年硕士学位论文。

116. 张昱等：《基于整体网分析法的中国服务贸易国际竞争力分析》，载《国际经贸探索》2020 年第 1 期。

117. 赵金龙、郭传道：《全球价值链视角下区域贸易协定对成员间贸易的促进效应》，载《国际贸易问题》2021 年第 1 期。

118. 郑甘澍、刘莉编著：《国际经济学》，上海财经大学出版社 2018 年版。

119. 种照辉、覃成林：《"一带一路"贸易网络结构及其影响因素——基于网络分析方法的研究》，载《国际经贸探索》2017 年第 5 期。

120. 周迪、李晓蕙：《"一带一路"贸易关联网络及其包容性增长效应研究》，载《国际商务研究》2020 年第 3 期。

121. 周念利：《缔结"区域贸易安排"能否有效促进发展中经济体的服务出口》，载《世界经济》2012 年第 11 期。

122. 周念利:《区域服务贸易安排"特惠实质"的政治经济分析》,载《财贸经济》2012年第 6 期。

123. 周文韬等:《世界服务贸易网络分析——基于二元/加权视角和 QAP 方法》,载《国际贸易问题》2020 年第 11 期。

124. 邹宗森等:《实际汇率变动、邻近效应与出口贸易—— 基于中国对"一带一路"沿线国家出口的实证研究》,载《青海社会科学》2019 年第 5 期。

125. Daron Acemoglu, et al., "Import Competition and the Great US Employment Sag of the 2000s", *Journal of Labor Economics*, Vol. 34, No. S1., 2016.

126. Philippe Aghion, et al., "Negotiating Free Trade", *Journal of International Economics*, Vol. 73, No. 1., 2007.

127. George Alessandria, Horay Choi, "Establishment Heterogeneity, Exporter Dynamics, and the Effects of Trade Liberalization", *Journal of International Economics*, Vol. 94, No. 2., 2014.

128. Anson, J., et al., "Rules of Origin in North-South Preferential Trading Arrangements with an Application to NAFTA", *Review of International Economics*, Vol. 13, No. 3., 2005.

129. James E. Anderson, Eric van Wincoop, "Gravity with Gravitas: A Solution to the Border Puzzle", *The American Economic Review*, Vol. 93, No. 1., 2003.

130. Kym Anderso, Glyn Wittwer, "Asia's Evolving Role in Global Wine Markets", *China Economic Review*, Vol. 35, 2015.

131. David Autor, et al., "The China Shock: Learning from Labor-Market Adjustment to Large Changes in Trade", *Annual Review of Econmics*, Vol. 8, No. 1., 2016.

132. David H. Autor, et al., "Trade Adjustment: Worker-Level Evidence", *The Quarterly Journal of Economics*, Vol. 129, No. 4., 2014.

133. David H. Autor, et al., "The China Syndrome: Local Labor Market Effects of Import Competition in the United States", *American Economic Review*, Vol. 103, No. 6., 2013.

134. Kylc Bagwell, Robcrt W. Staiger, "Multilateral Tariff Cooperation during the Formation of Free Trade Areas", *International Economic Review*, Vol. 38, No. 2., 1997.

135. Kylc Bagwell, Robcrt W. Staiger, "Multilateral Tariff Cooperation During the Formation of Customs Unions", *Journal of International Economics*, Vol. 42, No. 1., 1997.

136. Scott L. Baier, Jeffrey H. Bergstrand, "Economic Determinants of Free Trade Agreements", *Journal of International Economics*, Vol. 64, 2004.

137. Scott L. Baier, Jeffrey H. Bergstrand, "Do Free Trade Agreements Actually Increase Members' International Trade?", *Journal of International Economics*, Vol. 71, No. 1., 2007.

138. Scott L. Baier, et al., "Economic Integration Agreements and the Margins of International Trade", *Journal of International Economics*, Vol. 93, No. 2., 2014.

139. Scott L. Baier, et al., "Economic Determinants of Free Trade Agreements Revisited: Distinguishing Sources of Interdependence", *Review of International Economics*, Vol. 22, No. 1., 2014.

140. Scott L. Baier, et al., "Heterogeneous Effects of Economic Integration Agreements", *Journal of Development Economics*, Vol. 135, No. C., 2018.

141. Scott L. Baier, et al., "On the Widely Differing Effects of Free Trade Agreements: Lessons From Twenty Years of Trade Integration", *Journal of International Economics*, Vol. 116, No. 1., 2019.

142. Balassa, B., "Trade Liberalisation and Revealed Comparative Advantage", *The Manchester School*, Vol. 33, No. 2., 1965.

143. Baldwin, R., "Towards an Integrated Europe", *International Affairs*, Vol. 70, No. 4., 1994.

144. Richard E. Baldwin, "The Spoke Trap: Hub and Spoke Bilateralism in East Asia", *China, Asia, and the new world economy*, 2008.

145. Richard Baldwin, Dany Jaimovich, "Are Free Trade Agreements Contagious?", *Journal of International Economics*, Vol. 88, No. 1., 2010.

146. Xiaohua Bao, Xiaozhou Wang, "The Evolution and Reshaping of Globalization: A Perspective Based on the Development of Regional Trade Agreements", *China & world Economy*, Vol. 27, No. 1., 2019.

147. Albert-László Barabási, Réka Albert, "Emergence of Scaling in Random Networks", *Science*, Vol. 286, No. 5439., 1999.

148. René Belderbos, et al., "Antidumping Duties, Undertakings, and Foreign Direct Investment in the EU", *The European Economic Review*, Vol. 48, No. 2., 2004.

149. Luca De Benedictis, et al., "Hub-and-Spoke Or Else? Free Trade Agreements in the 'Enlarged' European Union", *The European Journal of Comparative Economics*, Vol. 2, No. 2., 2005.

150. Jeffrey H. Bergstrand, et al., "Economic Determinants of the Timing of Preferential Trade Agreement Formations and Enlargements", *Economic Inquiry*, Vol. 54, No. 1., 2016.

151. Andrew B. Bernard, et al., "Multiple-Product Firms and Product Switching", *American Economic Review*, Vol. 100, No. 1., 2010.

152. Andrew B. Bernard, J. Bradford Jensen, "Entry, Expansion and Intensity in the US Export Boom, 1987-1992", *Review of International Economics*, Vol. 12, No. 4., 2004.

153. Jagdish Bhagwati, *The Wind of the Hundred Days: How Washington Mismanaged Globalization*, MIT Press, 2002.

154. Chad P. Bown, Meredith A. Crowley, "Trade Deflection and Trade Depression", *Journal of*

International Economics, Vol. 72, No. 1. , 2006.

155. Chad P. Bown, Meredith A. Crowley, "Self–Enforcing Trade Agreements: Evidence from Time–Varying Trade Policy", *The American Economic Review*, Vol. 103, No. 2. , 2013.

156. Yann Bramoulle, et al. , "Strategic Interaction and Networks", *American Economic Review*, Vol. 104, No. 3. , 2014.

157. Ronald S. Burt, "Structural Holes and Good Ideas", *American journal of sociology*, Vol. 110, No. 2. , 2004.

158. A. Colin Cameron, Douglas L. Miller, "A Practitioner's Guide to Cluster–Robust Inference", *The Journal of Human Resources*, Vol. 50, No. 2. , 2015.

159. Thomas Chaney, "The Gravity Equation in International Trade: An Explanation", *Journal of Political Economy*, Vol. 126, No. 1. , 2018.

160. Maggiae Xiaoyang Chen, Sumit Joshi, "Third–Country Effects On the Formation of Free Trade Agreements ", *Journal of International Economics*, Vol. 82, No. 2. , 2010.

161. Le Mener L. , et al. , "Does Input Trade Liberalization Boost Downstream Firms' Exports? Theory and Firm–Level Evidence", *Journal of International Economics*, Vol. 90, No. 2, 2013.

162. Soo Yuen Chong, Juny Hur, "Small Hubs, Large Spokes and Overlapping Free Trade Agreements", *The World Economy*, Vol. 31, No. 12. , 2008.

163. Hiroshi Daisaka, Taiji Furusawa, "Dynamic Free Trade Networks: Some Numerical Results", *Review of International Economics*, Vol. 22, No. 3. , 2014.

164. Sanghamitra Das, et al. , "Market Entry Costs, Producer Heterogeneity, and Export Dynamics", *Econometrica*, Vol. 75, No. 3. , 2017.

165. Christina L. Davis, Sophie Meunier, "Business as Usual? Economic Responses to Political Tensions", *American Journal of Political Science*, Vol. 55, No. 3. , 2011.

166. Luca De Benedictis, et al. , "Network Analysis of World Trade Using the BACI–CEPII Dataset", *Global Economy Journal*, Vol. 14, No. 3/4. , 2014.

167. Alan V. Deardorff, "Local Comparative Advantage: Trade Costs and the Pattern of Trade", *International Journal of Economic Theory*, Vol. 10, No. 1. , 2014.

168. Luca De Benedictis, Massimo Tamberi, "A Note on the Balassa Index of Revealed Comparative Advantage", *Ssrn Electronic Journal*, Vol. 59, No. 158. , 2002.

169. Peter Debaere, Shalah Mostashari, "Do Tariffs Matter for the Extensive Margin of International Trade? An Empirical Analysis", *Journal of International Economics*, Vol. 81, No. 2. , 2010.

170. George Deltas, et al. , "Hub–and–Spoke Free Trade Areas: theory and evidence from Israel", *Canadian Journal of economics*, Vol. 45, No. 3. , 2012.

171. Hartmut Egger, et al. , "The Trade Structure Effects of Endogenous Regional Trade Agree-

ments", *Journal of International Economics*, Vol. 74, No. 2., 2008.

172. Peter Egger, Mario Larch, "Interdependent Preferential Trade Agreement Memberships: An Empirical Analysis ", *Journal of International Economics*, Vol. 76, No. 2., 2008.

173. Theo S. Eicher, Christian Henn, "In Search of WTO Trade Effects: Preferential Trade Agreements Promote Trade Strongly, But Unevenly", *Journal of International Economics*, Vol. 83, No. 2., 2011.

174. Giorgzo Fagiolo, et al., "The Evolution of the World Trade Web: a Weighted−network Analysis", *Journal of Evolutionary Economics*, Vol. 20, No. 4., 2010.

175. Gabriel J. Felbermayr, Wilhelm Kohler, "Exploring the Intensive and Extensive Margins of World Trade", *Review of world economics*, Vol. 142, No. 4., 2006.

176. Ling Feng, et al., "The Connection Between Imported Intermediate Inputs and Exports: Evidence from Chinese Firms", *Journal of International Economics*, Vol. 101, 2016.

177. Raquel Fernandez, Jondthan Portes, "Returns to Regionalism: An Analysis of Nontraditional Gains From Regional Trade Agreements", *The World Bank Economic Review*, Vol. 12, No. 2., 1998.

178. J. M. Finger, M. E. Kreinin, "A Measure of 'Export Similarity' and Its Possible Uses", *The Economic Journal*, Vol. 89, No. 356., 1979.

179. Lionel Fontagné, Gianluca Santoni, "Gvcs and The Endogenous Geography of Rtas", *European Economic Review*, Vol, 132, No. C., 2021.

180. Caroline Freund, "Different Paths to Free Trade: The Gains From Regionalism", *The Quarterly Journal of Economics*, Vol. 115, No. 4., 2000.

181. Scott French, "Revealed Comparative Advantage: What Is It Good For?", *Journal of International Economics*, Vol. 106, 2017.

182. Scott French, "The Composition of Trade Flows and the Aggregate Effects of Trade Barriers", *Journal of International Economics*, Vol. 98, 2014.

183. Taiji Furusawa, Hideo Konishi, "Free Trade Networks", *Journal of International Economics*, Vol. 72, No. 2., 2007.

184. Taiji Furusawa, Hideo Konishi, "Free Trade Networks with Transfers", *The Japanese Economic Review*, Vol. 56, No. 2., 2005.

185. Salvalor Gil‐Pareja, et al., "Do Nonreciprocal Preferential Trade Agreements Increase Beneficiaries' Exports?", *Journal of Development Economics*, Vol. 107, 2014.

186. Sonjeev Goyal, Sumit Joshi, "Bilateralism and Free Trade", *International Economic Review*, Vol. 47, No. 3., 2006.

187. Darid Haushalter, et al., "The Influence of Product Market Dynamics on a Firm's Cash Hold-

ings and Hedging Behavior", *Journal of Financial Economics*, Vol. 84, No. 3. , 2007.

188. Ricardo Hausmann, et al. , "What You Export Matters", *Journal of Economic Growth*, Vol. 12, No. 1. , 2007.

189. David Hummels, Peter Klenow, "The Variety and Quanlity of A Nation's Exports", *American Economic Review*, Vol. 95, No. 3. , 2005.

190. Juny Hur, et al. , "Effects of Hub-and-Spoke Free Trade Agreements on Trade: A Panel Data Analysis", *World Development*, Vol. 38, No. 8. , 2010.

191. Juny Hur, Larry D. Qiu, "Tariffs and Formation of FTA Networks", *World Economy*, Vol. 43, No. 1. , 2020.

192. P. Lelio Iapadre, Lucia Tajoli, "Emerging Countries and Trade Regionalization. A Network Analysis", *Journal of Policy Modeling*, Vol. 36, No. S1. , 2014.

193. Mattew O. Jackson, *Social and Economic Networks*, Princeton University Press, 2008.

194. Lindsay Jacobs, R. Rossem, "The BRIC Phantom: A Comparative Analysis of the BRICs as a Category of Rising Powers", *Journal of Policy Modeling*, Vol. 36, No. S1. , 2013.

195. Charles I. Jones, Peter J. Klenow, "Beyond GDP? Welfare across Countries and Time", *American Economic Review*, Vol. 106, No. 9. , 2016.

196. Timothy Kehoe, Kim Ruhl, "How Important IsThe New Goods Margin In International Trade?", *Journal of Political Economy*, Vol. 121, No. 2. , 2013.

197. Sangmoon Kim, Eui Hang Shin, "A Longitudinal Analysis of Globalization and Regionalization in International Trade: A Social Network Approach", *Social Forces*, Vol. 81, No. 2. , 2002.

198. Carsten Kowalczyk, Ronald J. Wonnacott, "Hubs and Spokes, and Free Trade in the Americas", Department of Economics Research Reports, 1992.

199. Pravin Krishna, "Regionalism and Multilateralism: A Political Economy Approach", *The Quarterly Journal of Economics*, Vol. 113, No. 1. , 1998.

200. Anne O. Krueger, "Free Trade Agreements Versus Customs Unions", *Journal of Development Economics*, Vol. 54, No. 1. , 1997.

201. Krugman, P. , "Is Bilateralism Bad?", NBER working paper, No. 2972. , 1989.

202. Krugman, P. , *New Dimensions in Regional Integration: Regionalism Versus Multilateralism: Analytical Notes*, Cambridge University Press, 1993.

203. James Lake, "Free Trade Agreements as Dynamic Farsighted Networks", *Economic Inquiry*, Vol. 55, No. 1. , 2017.

204. James Lake, et al. , "An Empirical Analysis of Trade-Related Redistribution and the Political Viability of Free Trade", *Journal of International Economics*, Vol. 99, 2016.

205. James Lake, Halis M. Yildiz, "On the Different Geographic Characteristics of Free Trade A-

greements and Customs Unions", *Journal of International Economics*, Vol. 103, No. 1. , 2016.

206. Jong-Wha Lee, et al. , "Proliferating Regional Trade Arrangements: Why and Whither?", *The World Economy*, Vol. 31, No. 12. , 2008.

207. Peter Lloyd, "New Bilateralism in the Asia-Pacific", *The World Economy*, Vol. 25, No. 9. , 2002.

208. Axel Maugelsdorf, et al. , "Food Standards and Exports: Evidence for China", *World Trade Review*, Vol. 11, No. 3. , 2012.

209. Paul Missios, et al. , "External Trade Diversion, Exclusion Incentives and the Nature of Preferential Trade Agreements", *Journal of International Economics*, Vol. 99, No. C. , 2016.

210. Hiroshi Mukunoki, "Multilateralism and Hub-and-Spoke Bilateralism", *Review of International Economics*, Vol. 14, No. 4. , 2006.

211. Marcella Nicolini, "On The Evolution of Institutional Comparative Advantage", *Structural Change and Economic Dynamics*, Vol. 22, No. 2. , 2011.

212. John R. Oneal, et al. , "Causes of Peace: Democracy, Interdependence, and International Organizations, 1885-1992", *International Studies Quarterly*, Vol. 47, No. 3. , 2003.

213. Brian M. Pollins, "Does Trade Still Follow the Flag?", *American Political Science Review*, Vol. 83, No. 2. , 1989.

214. Tomas J. Prusa, "On the Spread and Impact of Anti-dumping", *Canadian Journal of Economics*, Vol. 34, No. 3. , 2001.

215. Tomas J. Prusa, *The Trade Effects of US Antidumping Actions*, in Feenstra, R. C. (ed.), *The Effects of US Trade Protection and Promotion Policies*, University of Chicago Press, 1997.

216. John Romalis, "NAFTA's and CUSFTA's Impact on International Trade", *Review of Economics and Statistics*, Vol. 89, No. 3. , 2001.

217. Andrew K. Rose, "Do We Really Know That the WTO Increases Trade?", *American Economic Review*, Vol. 94, No. 1. , 2004.

218. Kamal Saggi, Halis Murat Yildiz, "Bilateral Trade Agreements and the Feasibility of Multilateral Free Trade", *Review of International Economics*, Vol. 19, No. 2. , 2011.

219. Silvia Sopranzetti, "Overlapping Free Trade Agreements and International Trade: A Network Approach", *The World Economy*, Vol. 41, No. 6. , 2018.

220. Arrind Subramanian, Shang-Jin Wei, "The WTO Promotes Trade, Strongly but Unevenly", *Journal of International Economics*, Vol. 72, No. 1. , 2007.

221. Chad Syrerson, "Product Substitutability and Productivity Dispersion", *The Review of Economics and Statistics*, Vol. 86, No. 2. , 2004.

222. Daniel Trefler, "The Long and Short of the Canada-U. S. Free Trade Agreement", *The Ameri-*

    can Economic Review, Vol. 94, No. 4., 2004.

223. Jacob Viner, *The Customs Union Issue*, Oxford University Press, 2014.

224. Duncan J. Watts, Steven H. Strogatz, "Collective Dynamics of 'Small World' Networks", *Nature*, Vol. 393, No. 6684., 1998.

225. Harrison C. White, et al., "Social Structure from Multiple Networks: I. Blockmodels of Roles and Positions", *American Journal of Sociology*, Vol. 81, No. 4., 1976.

226. Ronald J. Wonnacott, "Trade and Investment in a Hub‐and‐Spoke System Versus a Free Trade Area", *The World Economy*, Vol. 19, No. 3., 1996.

227. Jin Zhang, et al., "The Evolution of Free Trade Networks", *Journal of Economic Dynamics and Control*, Vol. 38, No. 1., 2014.

附　录

附表 A　经济、政治和结构性因素对 RTA 形成影响文献分析

此附表利用 Web of Science 数据库对英文文献 [1] 进行检索，选取了其中的社会科学引文索引（social sciences citation index，SSCI）数据库。SSCI 是影响较大的数据库索引，建立在一定科学研究基础之上，是学术评价的参考标准之一。检索范围是主题中含有 "RTA" 的文献，时间跨度选取 "从 1950 年至 2017 年"，共检索出有关 RTA 动因的文献是 77 篇。

从文献的时间分布来看（图 A.1 所示），在 2004 年之前文献数量较少，每年均少于 5 个。自 2004 年起，经济因素对 RTA 形成影响的实证文章被学者们普遍认可，文献数量增长逐渐加快，研究所呈现的蓬勃发展态势更为明显，并在 2008 年达到一个高峰。随后，由于 RTA 的形成是由点及面的，学者们更多地关注政治因素以及结构性因素对 RTA 形成的影响，加之数据库中文献可获取时间相对文献的实际刊发时间具有一定的滞后性，所以直到 2012 年文献数量处于一个缓慢下降的阶段，但这不影响 RTA 形成的总体研究发展趋势。

从文献的主要来源期刊来看，American Economic Review、Review of Economic Studies、The Quarterly Journal of Economics、Journal of International Economics、Canadian Journal of Economics、International Organization、Review of International Economics 和 World Economy 这 8 种国际顶尖的经济类期刊所发表的

---

　　〔1〕　由于国内研究 RTA 动因的文献相对较少，故 "研究文献基本情况分析" 部分为只针对英文文献中 RTA 动因文献的统计分析。

文献数量占 RTA 动因文献的 58.4%[1]，说明 RTA 形成的文献来源具有集中性。

从文献的研究内容主题分布来看（图 A.2 所示），研究经济因素、政治因素和结构性因素对 RTA 网络化发展影响的文章数量分别为 23、26 和 30 篇，呈逐渐上升趋势。划分文献研究内容主题的标准：若题目中含有"Economic"等字词则归为经济因素；若题目中含有"Lobby、political、surpport"等字词则归为政治因素；若题目中含有"Hub&spoke、structure、networks"等字词则归为结构性因素，值得注意的是，有些文章的题目既包含经济动因又包含政治动因，我们在计算相应类型的文献数量上均加一。由图 A.2 可知，研究 RTA 网络化发展的文献内容主题分布相对均匀，但结构性因素的研究较多，可见探讨全球 RTA 网络化发展的动因是国际贸易领域的研究热点，高度关注全球 RTA 网络化发展的动因对推动经济学发展具有重大意义。

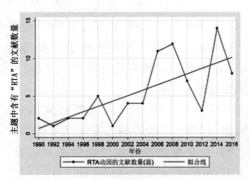

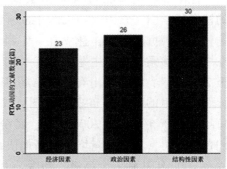

图 A.1　国外 RTA 动因研究的　　　图 A.2　国外 RTA 动因研究的
　　　　文献时间分布　　　　　　　　　　文献内容主题分布

资料来源：作者绘制

---

〔1〕　在 77 篇英文的 RTA 动因的文献中有 45 篇属于经济学顶级期刊。

附表 B　1958 年~2023 年全球缔结区域贸易协定一览表

RTA Name	Coverage	Type	Date of entry into force	Signatories
Colombia-Israel	Goods & Services	FTA & EIA	11-Aug-20	Colombia; Israel
Türkiye-Faeroe Islands	Goods	FTA	1-Oct-17	Faeroe Islands; Türkiye
EFTA-Gulf Cooperation Council（GCC）	Goods & Services	FTA & EIA	1-Jul-14	Iceland; Liechtenstein; Norway; Switzerland; Bahrain, Kingdom of; Kuwait, the State of; Oman; Qatar; Saudi Arabia, Kingdom of; United Arab Emirates
India-United Arab Emirates	Goods & Services	FTA & EIA	1-May-22	India; United Arab Emirates
EFTA-Indonesia	Goods & Services	FTA & EIA	1-Nov-21	Indonesia; Iceland; Liechtenstein; Norway; Switzerland
EFTA-Ecuador	Goods & Services	FTA & EIA	1-Nov-20	Ecuador; Iceland; Liechtenstein; Norway; Switzerland
EFTA-Türkiye	Goods & Services	FTA & EIA	1-Oct-21	Türkiye; Iceland; Liechtenstein; Norway; Switzerland
Türkiye-Kosovo	Goods	FTA	1-Sep-19	Türkiye; UNMIK/Kosovo
United Kingdom-Iceland, Liechtenstein and Norway	Goods & Services	FTA & EIA	1-Dec-21	Iceland; Liechtenstein; Norway; United Kingdom
Eurasian Economic Union（EAEU）-Serbia	Goods	FTA	10-Jul-21	Serbia; Armenia; Belarus; Kazakhstan; Kyrgyz Republic; Russian Federation
ASEAN Free Trade Area（AFTA）	Goods & Services	FTA & EIA	17-May-2010（G）/ 12-Aug-1998（S）	Brunei Darussalam; Myanmar; Cambodia; Indonesia; Lao People's Democratic Republic; Malaysia; Philippines; Singapore; Viet Nam; Thailand
United Kingdom-Mexico	Goods & Services	FTA & EIA	1-Jun-21	Mexico; United Kingdom
United Kingdom-Serbia	Goods & Services	FTA & EIA	20-May-21	United Kingdom; Serbia
United Kingdom-Albania	Goods & Services	FTA & EIA	3-May-21	Albania; United Kingdom
United Kingdom-Jordan	Goods	FTA	1-May-21	Jordan; United Kingdom
Korea, Republic of-Central America	Goods & Services	FTA & EIA	1-Oct-19	Costa Rica; El Salvador; Honduras; Korea, Republic of; Nicaragua; Panama
India-Mauritius	Goods & Services	FTA & EIA	1-Apr-21	India; Mauritius
Pacific Agreement on Closer Economic Relations Plus（PACER Plus）	Goods & Services	FTA & EIA	13-Dec-20	Australia; Solomon Islands; Cook Islands; Kiribati; Nauru; Vanuatu; New Zealand; Niue; Tonga; Tuvalu; Samoa
Namibia-Zimbabwe	Goods	FTA	30-Apr-93	Namibia; Zimbabwe
United Kingdom-Ghana	Goods	FTA	5-Mar-21	Ghana; United Kingdom

RTA Name	Coverage	Type	Date of entry into force	Signatories
ASEAN-Hong Kong, China	Goods & Services	FTA & EIA	11-Jun-19	Hong Kong, China; Brunei Darussalam; Myanmar; Cambodia; Indonesia; Lao People's Democratic Republic; Malaysia; Philippines; Singapore; Viet Nam; Thailand
EU-United Kingdom	Goods & Services	FTA & EIA	1-Jan-21	United Kingdom; Austria; Belgium; Bulgaria; Croatia; Cyprus; Czech Republic; Denmark; Estonia; Finland; France; Germany; Greece; Hungary; Ireland; Italy; Latvia; Lithuania; Luxembourg; Malta; Netherlands; Poland; Portugal; Romania; Slovak Republic; Slovenia; Spain; Sweden
Indonesia-Australia	Goods & Services	FTA & EIA	5-Jul-20	Australia; Indonesia
Ukraine-Israel	Goods	FTA	1-Jan-21	Israel; Ukraine
United Kingdom – SACU and Mozambique	Goods	FTA	1-Jan-21	Mozambique; United Kingdom; Botswana; Lesotho; Namibia; South Africa; Eswatini
China-Mauritius	Goods & Services	FTA & EIA	1-Jan-21	China; Mauritius
United Kingdom-Japan	Goods & Services	FTA & EIA	1-Jan-21	Japan; United Kingdom
United Kingdom-Colombia, Ecuador and Peru	Goods & Services	FTA & EIA	1-Jan-21	Colombia; Ecuador; Peru; United Kingdom
United Kingdom-CARIFORUM States	Goods & Services	FTA & EIA	1-Jan-21	Antigua and Barbuda; Bahamas; Barbados; Belize; Dominica; Dominican Republic; Grenada; Guyana; Haiti; Jamaica; Saint Kitts and Nevis; Saint Lucia; Saint Vincent and the Grenadines; Suriname; Trinidad and Tobago; United Kingdom
United Kingdom-Central America	Goods & Services	FTA & EIA	1-Jan-21	Costa Rica; El Salvador; Guatemala; Honduras; Nicaragua; Panama; United Kingdom
United Kingdom-Chile	Goods & Services	FTA & EIA	1-Jan-21	Chile; United Kingdom
United Kingdom-Côte d'Ivoire	Goods	FTA	1-Jan-21	Côte d'Ivoire; United Kingdom
United Kingdom-Eastern and Southern Africa States	Goods	FTA	1-Jan-21	Mauritius; Seychelles; Zimbabwe; United Kingdom
United Kingdom-Faroe Islands	Goods	FTA	1-Jan-21	Faeroe Islands; United Kingdom
United Kingdom – Georgia	Goods & Services	FTA & EIA	1-Jan-21	Georgia; United Kingdom
United Kingdom-Israel	Goods	FTA	1-Jan-21	Israel; United Kingdom
United Kingdom – Switzerland-Liechtenstein	Goods	FTA	1-Jan-21	Liechtenstein; Switzerland; United Kingdom

RTA Name	Coverage	Type	Date of entry into force	Signatories
United Kingdom−Tunisia	Goods	FTA	1−Jan−21	Tunisia; United Kingdom
United Kingdom−Ukraine	Goods & Services	FTA & EIA	1−Jan−21	Ukraine; United Kingdom
United Kingdom−Kosovo	Goods	FTA	1−Jan−21	United Kingdom; UNMIK/Kosovo
United Kingdom−Lebanon	Goods	FTA	1−Jan−21	Lebanese Republic; United Kingdom
United Kingdom−Morocco	Goods	FTA	1−Jan−21	Morocco; United Kingdom
United Kingdom−Pacific States	Goods	FTA	1−Jan−21	Solomon Islands; Fiji; Papua New Guinea; United Kingdom; Samoa
United Kingdom − Palestine	Goods	FTA	1−Jan−21	Palestine; United Kingdom
United Kingdom−Korea, Republic of	Goods & Services	FTA & EIA	1−Jan−21	Korea, Republic of; United Kingdom
United Kingdom − Cameroon	Goods	FTA	1−Jan−21	Cameroon; United Kingdom
United Kingdom−Egypt	Goods	FTA	1−Jan−21	Egypt; United Kingdom
United Kingdom − Singapore	Goods & Services	FTA & EIA	1−Jan−21	Singapore; United Kingdom
United Kingdom−Türkiye	Goods	FTA	1−Jan−21	Türkiye; United Kingdom
United Kingdom−Viet Nam	Goods & Services	FTA & EIA	1−Jan−21	Viet Nam; United Kingdom
United Kingdom−Canada	Goods & Services	FTA & EIA	01−Jan−2021（G）/ 01−Apr−2021（S）	Canada; United Kingdom
United Kingdom−Kenya	Goods	FTA	1−Jan−21	Kenya; United Kingdom
United Kingdom −Moldova, Republic of	Goods & Services	FTA & EIA	1−Jan−21	Moldova, Republic of; United Kingdom
United Kingdom−North Macedonia	Goods & Services	FTA & EIA	1−Jan−21	North Macedonia; United Kingdom
United States − Mexico − Canada Agreement（USMCA/CUSMA/T−MEC）	Goods & Services	FTA & EIA	1−Jul−20	Canada; Mexico; United States of America
EU−Viet Nam	Goods & Services	FTA & EIA	1−Aug−20	Viet Nam; Austria; Belgium; Bulgaria; Croatia; Cyprus; Czech Republic; Denmark; Estonia; Finland; France; Germany; Greece; Hungary; Ireland; Italy; Latvia; Lithuania; Luxembourg; Malta; Netherlands; Poland; Portugal; Romania; Slovak Republic; Slovenia; Spain; Sweden
Peru−Australia	Goods & Services	FTA & EIA	11−Feb−20	Australia; Peru
Chile−Indonesia	Goods	FTA	10−Aug−19	Chile; Indonesia

续表

RTA Name	Coverage	Type	Date of entry into force	Signatories
EU−Singapore	Goods & Services	FTA & EIA	21−Nov−19	Singapore; Austria; Belgium; Bulgaria; Croatia; Cyprus; Czech Republic; Denmark; Estonia; Finland; France; Germany; Greece; Hungary; Ireland; Italy; Latvia; Lithuania; Luxembourg; Malta; Netherlands; Poland; Portugal; Romania; Slovak Republic; Slovenia; Spain; Sweden
Eurasian Economic Union (EAEU) −Iran	Goods	FTA	27−Oct−19	Iran; Armenia; Belarus; Kazakhstan; Kyrgyz Republic; Russian Federation
Hong Kong, China−Australia	Goods & Services	FTA & EIA	17−Jan−20	Australia; Hong Kong, China
Indonesia−Pakistan	Goods	PSA	1−Sep−13	Indonesia; Pakistan
EU−Armenia	Services	EIA	1−Jun−18	Armenia; Austria; Belgium; Bulgaria; Croatia; Cyprus; Czech Republic; Denmark; Estonia; Finland; France; Germany; Greece; Hungary; Ireland; Italy; Latvia; Lithuania; Luxembourg; Malta; Netherlands; Poland; Portugal; Romania; Slovak Republic; Slovenia; Spain; Sweden
Mexico − Bolivia, Plurinational State of	Goods	PSA	7−Jun−10	Bolivia, Plurinational State of; Mexico
Ecuador−Mexico	Goods	PSA	1−May−83	Ecuador; Mexico
Mexico−Paraguay	Goods	PSA	1−Jan−84	Mexico; Paraguay
Mexico−Cuba	Goods	PSA	28−Feb−01	Cuba; Mexico
Argentina−Mexico	Goods	PSA	1−Jan−87	Argentina; Mexico
Brazil−Mexico	Goods	PSA	2−May−03	Brazil; Mexico
Morocco−United Arab Emirates	Goods	FTA	9−Jul−03	Morocco; United Arab Emirates
Southern Common Market (MERCOSUR) −Israel	Goods	FTA	23−Dec−09	Israel; Argentina; Brazil; Paraguay; Uruguay
Hong Kong, China−Georgia	Goods & Services	FTA & EIA	13−Feb−19	Georgia; Hong Kong, China
EU−Japan	Goods & Services	FTA & EIA	1−Feb−19	Japan; Austria; Belgium; Bulgaria; Croatia; Cyprus; Czech Republic; Denmark; Estonia; Finland; France; Germany; Greece; Hungary; Ireland; Italy; Latvia; Lithuania; Luxembourg; Malta; Netherlands; Poland; Portugal; Romania; Slovak Republic; Slovenia; Spain; Sweden
Comprehensive and Progressive Agreement for Trans−Pacific Partnership (CPTPP)	Goods & Services	FTA & EIA	30−Dec−18	Australia; Brunei Darussalam; Canada; Chile; Japan; Malaysia; Mexico; New Zealand; Peru; Singapore; Viet Nam

续表

RTA Name	Coverage	Type	Date of entry into force	Signatories
EFTA-Philippines	Goods & Services	FTA & EIA	1-Jun-18	Philippines; Iceland; Liechtenstein; Norway; Switzerland
Peru-Honduras	Goods & Services	FTA & EIA	1-Jan-17	Honduras; Peru
Türkiye-Singapore	Goods & Services	FTA & EIA	1-Oct-17	Singapore; Türkiye
China-Georgia	Goods & Services	FTA & EIA	1-Jan-18	China; Georgia
El Salvador-Ecuador	Goods	PSA	16-Nov-17	Ecuador; El Salvador
Southern Common Market (MERCOSUR) -Egypt	Goods	FTA	1-Sep-17	Egypt; Argentina; Brazil; Paraguay; Uruguay
Hong Kong, China-Macao, China	Goods & Services	FTA & EIA	27-Oct-17	Hong Kong, China; Macao, China
EU-Canada	Goods & Services	FTA & EIA	21-Sep-17	Canada; Austria; Belgium; Bulgaria; Croatia; Cyprus; Czech Republic; Denmark; Estonia; Finland; France; Germany; Greece; Hungary; Ireland; Italy; Latvia; Lithuania; Luxembourg; Malta; Netherlands; Poland; Portugal; Romania; Slovak Republic; Slovenia; Spain; Sweden
Canada-Ukraine	Goods	FTA	1-Aug-17	Canada; Ukraine
Chile-Thailand	Goods & Services	FTA & EIA	5-Nov-15	Chile; Thailand
EFTA-Georgia	Goods & Services	FTA & EIA	1-Sep-17	Georgia; Iceland; Liechtenstein; Norway; Switzerland
Southern Common Market (MERCOSUR) -Southern African Customs Union (SACU)	Goods	PSA	1-Apr-16	Argentina; Brazil; Paraguay; Uruguay; Botswana; Lesotho; Namibia; South Africa; Eswatini
India-Thailand	Goods	PSA	1-Sep-04	India; Thailand
Eurasian Economic Union (EAEU) -Viet Nam	Goods & Services	FTA & EIA	5-Oct-16	Viet Nam; Armenia; Belarus; Kazakhstan; Kyrgyz Republic; Russian Federation
EU-SADC	Goods	FTA	10-Oct-16	Botswana; Lesotho; Mozambique; Namibia; South Africa; Eswatini; Austria; Belgium; Bulgaria; Croatia; Cyprus; Czech Republic; Denmark; Estonia; Finland; France; Germany; Greece; Hungary; Ireland; Italy; Latvia; Lithuania; Luxembourg; Malta; Netherlands; Poland; Portugal; Romania; Slovak Republic; Slovenia; Spain; Sweden
EU-Ghana	Goods	FTA	15-Dec-16	Ghana; Austria; Belgium; Bulgaria; Croatia; Cyprus; Czech Republic; Denmark; Estonia; Finland; France; Germany; Greece; Hungary; Ireland; Italy; Latvia; Lithuania; Luxembourg; Malta; Netherlands; Poland; Portugal; Romania; Slovak Republic; Slovenia; Spain; Sweden

RTA Name	Coverage	Type	Date of entry into force	Signatories
GUAM	Goods & Services	FTA & EIA	10-Dec-03	Azerbaijan; Georgia; Moldova, Republic of; Ukraine
Türkiye-Malaysia	Goods	FTA	1-Aug-15	Malaysia; Türkiye
Türkiye - Moldova, Republic of	Goods	FTA	1-Nov-16	Moldova, Republic of; Türkiye
Pacific Alliance	Goods & Services	FTA & EIA	1-May-16	Chile; Colombia; Mexico; Peru
Costa Rica-Colombia	Goods & Services	FTA & EIA	1-Aug-16	Colombia; Costa Rica
Korea, Republic of-Colombia	Goods & Services	FTA & EIA	15-Jul-16	Colombia; Korea, Republic of
Mexico-Panama	Goods & Services	FTA & EIA	1-Jul-15	Mexico; Panama
Japan-Mongolia	Goods & Services	FTA & EIA	7-Jun-16	Japan; Mongolia
Panama-Dominican Republic	Goods	PSA	8-Jun-87	Dominican Republic; Panama
Korea, Republic of-Viet Nam	Goods & Services	FTA & EIA	20-Dec-15	Korea, Republic of; Viet Nam
China-Korea, Republic of	Goods & Services	FTA & EIA	20-Dec-15	China; Korea, Republic of
Agadir Agreement	Goods	FTA	27-Mar-07	Jordan; Morocco; Tunisia; Egypt
Australia-China	Goods & Services	FTA & EIA	20-Dec-15	Australia; China
Korea, Republic of-New Zealand	Goods & Services	FTA & EIA	20-Dec-15	Korea, Republic of; New Zealand
Mauritius-Pakistan	Goods	PSA	30-Nov-07	Mauritius; Pakistan
Gulf Cooperation Council (GCC) -Singapore	Goods & Services	FTA & EIA	1-Sep-13	Singapore; Bahrain, Kingdom of; Kuwait, the State of; Oman; Qatar; Saudi Arabia, Kingdom of; United Arab Emirates
Chile-Viet Nam	Goods	FTA	1-Jan-14	Chile; Viet Nam
Canada-Honduras	Goods & Services	FTA & EIA	1-Oct-14	Canada; Honduras
Canada-Korea, Republic of	Goods & Services	FTA & EIA	1-Jan-15	Canada; Korea, Republic of
Japan-Australia	Goods & Services	FTA & EIA	15-Jan-15	Australia; Japan
EFTA-Bosnia and Herzegovina	Goods	FTA	1-Jan-15	Bosnia and Herzegovina; Iceland; Liechtenstein; Norway; Switzerland
Korea, Republic of-Australia	Goods & Services	FTA & EIA	12-Dec-14	Australia; Korea, Republic of
Eurasian Economic Union (EAEU)	Goods & Services	CU & EIA	1-Jan-15	Armenia; Belarus; Kazakhstan; Kyrgyz Republic; Russian Federation

续表

RTA Name	Coverage	Type	Date of entry into force	Signatories
EFTA – Central America (Costa Rica and Panama)	Goods & Services	FTA & EIA	19−Aug−14	Costa Rica; Panama; Iceland; Liechtenstein; Norway; Switzerland
Hong Kong, China−Chile	Goods & Services	FTA & EIA	9−Oct−14	Chile; Hong Kong, China
Iceland−China	Goods & Services	FTA & EIA	1−Jul−14	China; Iceland
EU−Georgia	Goods & Services	FTA & EIA	1−Sep−14	Georgia; Austria; Belgium; Bulgaria; Croatia; Cyprus; Czech Republic; Denmark; Estonia; Finland; France; Germany; Greece; Hungary; Ireland; Italy; Latvia; Lithuania; Luxembourg; Malta; Netherlands; Poland; Portugal; Romania; Slovak Republic; Slovenia; Spain; Sweden
EU−Ukraine	Goods & Services	FTA & EIA	23−Apr−14	Ukraine; Austria; Belgium; Bulgaria; Croatia; Cyprus; Czech Republic; Denmark; Estonia; Finland; France; Germany; Greece; Hungary; Ireland; Italy; Latvia; Lithuania; Luxembourg; Malta; Netherlands; Poland; Portugal; Romania; Slovak Republic; Slovenia; Spain; Sweden
EU−Moldova, Republic of	Goods & Services	FTA & EIA	1−Sep−14	Moldova, Republic of; Austria; Belgium; Bulgaria; Croatia; Cyprus; Czech Republic; Denmark; Estonia; Finland; France; Germany; Greece; Hungary; Ireland; Italy; Latvia; Lithuania; Luxembourg; Malta; Netherlands; Poland; Portugal; Romania; Slovak Republic; Slovenia; Spain; Sweden
Switzerland−China	Goods & Services	FTA & EIA	1−Jul−14	China; Switzerland
Singapore−Chinese Taipei	Goods & Services	FTA & EIA	19−Apr−14	Chinese Taipei; Singapore
Mexico−Central America	Goods & Services	FTA & EIA	1−Sep−12	Costa Rica; El Salvador; Guatemala; Honduras; Mexico; Nicaragua
El Salvador−Cuba	Goods	PSA	1−Aug−12	Cuba; El Salvador
New Zealand−Chinese Taipei	Goods & Services	FTA & EIA	1−Dec−13	Chinese Taipei; New Zealand
Costa Rica−Singapore	Goods & Services	FTA & EIA	1−Jul−13	Costa Rica; Singapore
Mexico−Uruguay	Goods & Services	FTA & EIA	15−Jul−04	Mexico; Uruguay
Chile−Nicaragua (Chile−Central America)	Goods & Services	FTA & EIA	19−Oct−12	Chile; Nicaragua
Treaty on a Free Trade Area between members of the Commonwealth of Independent States (CIS)	Goods	FTA	20−Sep−12	Armenia; Belarus; Kazakhstan; Kyrgyz Republic; Moldova, Republic of; Russian Federation; Tajikistan; Ukraine

续表

RTA Name	Coverage	Type	Date of entry into force	Signatories
Costa Rica–Peru	Goods & Services	FTA & EIA	1–Jun–13	Costa Rica; Peru
Türkiye–Mauritius	Goods	FTA	1–Jun–13	Mauritius; Türkiye
Malaysia–Australia	Goods & Services	FTA & EIA	1–Jan–13	Australia; Malaysia
Korea, Republic of–Türkiye	Goods & Services	FTA & EIA	01–May–2013 (G) / 01–Aug–2018 (S)	Korea, Republic of; Türkiye
Ukraine–Montenegro	Goods & Services	FTA & EIA	1–Jan–13	Ukraine; Montenegro
Panama–Guatemala (Panama–Central America)	Goods & Services	FTA & EIA	20–Jun–09	Guatemala; Panama
Canada–Jordan	Goods	FTA	1–Oct–12	Canada; Jordan
Canada–Panama	Goods & Services	FTA & EIA	1–Apr–13	Canada; Panama
EU–Colombia, Ecuador and Peru	Goods & Services	FTA & EIA	1–Mar–13	Colombia; Ecuador; Peru; Austria; Belgium; Bulgaria; Croatia; Cyprus; Czech Republic; Denmark; Estonia; Finland; France; Germany; Greece; Hungary; Ireland; Italy; Latvia; Lithuania; Luxembourg; Malta; Netherlands; Poland; Portugal; Romania; Slovak Republic; Slovenia; Spain; Sweden
EU–Central America	Goods & Services	FTA & EIA	1–Aug–13	Austria; Belgium; Bulgaria; Croatia; Cyprus; Czech Republic; Denmark; Estonia; Finland; France; Germany; Greece; Hungary; Ireland; Italy; Latvia; Lithuania; Luxembourg; Malta; Netherlands; Poland; Portugal; Romania; Slovak Republic; Slovenia; Spain; Sweden; Costa Rica; El Salvador; Guatemala; Honduras; Nicaragua; Panama
Panama–Nicaragua (Panama–Central America)	Goods & Services	FTA & EIA	21–Nov–09	Nicaragua; Panama
Chile–Malaysia	Goods	FTA	25–Feb–12	Chile; Malaysia
Russian Federation – Uzbekistan	Goods	FTA	25–Mar–93	Russian Federation; Uzbekistan
Russian Federation–Turkmenistan	Goods	FTA	6–Apr–93	Russian Federation; Turkmenistan
Russian Federation – Belarus–Kazakhstan	Goods	CU	3–Dec–97	Belarus; Kazakhstan; Russian Federation
Russian Federation–Serbia	Goods	FTA	3–Jun–06	Russian Federation; Serbia
United States–Panama	Goods & Services	FTA & EIA	31–Oct–12	Panama; United States of America
EFTA–Montenegro	Goods	FTA	1–Sep–12	Montenegro; Iceland; Liechtenstein; Norway; Switzerland

RTA Name	Coverage	Type	Date of entry into force	Signatories
EFTA−Hong Kong, China	Goods & Services	FTA & EIA	1−Oct−12	Hong Kong, China; Iceland; Liechtenstein; Norway; Switzerland
Russian Federation− Azerbaijan	Goods	FTA	17−Feb−93	Azerbaijan; Russian Federation
Colombia − Northern Triangle (El Salvador, Guatemala, Honduras)	Goods & Services	FTA & EIA	12−Nov−09	Colombia; El Salvador; Guatemala; Honduras
EFTA−Ukraine	Goods & Services	FTA & EIA	1−Jun−12	Ukraine; Iceland; Liechtenstein; Norway; Switzerland
United States−Colombia	Goods & Services	FTA & EIA	15−May−12	Colombia; United States of America
Panama−Peru	Goods & Services	FTA & EIA	1−May−12	Panama; Peru
Chile−Guatemala (Chile − Central America)	Goods & Services	FTA & EIA	23−Mar−10	Chile; Guatemala
Korea, Republic of − United States	Goods & Services	FTA & EIA	15−Mar−12	Korea, Republic of; United States of America
China−Costa Rica	Goods & Services	FTA & EIA	1−Aug−11	China; Costa Rica
Japan−Peru	Goods & Services	FTA & EIA	1−Mar−12	Japan; Peru
Peru−Mexico	Goods & Services	FTA & EIA	1−Feb−12	Mexico; Peru
EU−Eastern and Southern Africa States	Goods	FTA	14−May−12	Comoros; Madagascar; Mauritius; Seychelles; Zimbabwe; Austria; Belgium; Bulgaria; Croatia; Cyprus; Czech Republic; Denmark; Estonia; Finland; France; Germany; Greece; Hungary; Ireland; Italy; Latvia; Lithuania; Luxembourg; Malta; Netherlands; Poland; Portugal; Romania; Slovak Republic; Slovenia; Spain; Sweden
New Zealand−Malaysia	Goods & Services	FTA & EIA	1−Aug−10	Malaysia; New Zealand
Dominican Republic−Central America	Goods & Services	FTA & EIA	4−Oct−01	Costa Rica; Dominican Republic; El Salvador; Guatemala; Honduras; Nicaragua
Peru−Chile	Goods & Services	FTA & EIA	1−Mar−09	Chile; Peru
Chile−Honduras (Chile− Central America)	Goods & Services	FTA & EIA	19−Jul−08	Chile; Honduras
EU−Pacific States	Goods	FTA	20−Dec−09	Solomon Islands; Fiji; Papua New Guinea; Samoa; Austria; Belgium; Bulgaria; Croatia; Cyprus; Czech Republic; Denmark; Estonia; Finland; France; Germany; Greece; Hungary; Ireland; Italy; Latvia; Lithuania; Luxembourg; Malta; Netherlands; Poland; Portugal; Romania; Slovak Republic; Slovenia; Spain; Sweden

RTA Name	Coverage	Type	Date of entry into force	Signatories
Canada–Colombia	Goods & Services	FTA & EIA	15–Aug–11	Canada; Colombia
EFTA–Colombia	Goods & Services	FTA & EIA	1–Jul–11	Colombia; Iceland; Liechtenstein; Norway; Switzerland
India–Japan	Goods & Services	FTA & EIA	1–Aug–11	India; Japan
India–Malaysia	Goods & Services	FTA & EIA	1–Jul–11	India; Malaysia
Peru–Korea, Republic of	Goods & Services	FTA & EIA	1–Aug–11	Korea, Republic of; Peru
Guatemala–Chinese Taipei	Goods & Services	FTA & EIA	1–Jul–06	Chinese Taipei; Guatemala
EU–Korea, Republic of	Goods & Services	FTA & EIA	1–Jul–11	Korea, Republic of; Austria; Belgium; Bulgaria; Croatia; Cyprus; Czech Republic; Denmark; Estonia; Finland; France; Germany; Greece; Hungary; Ireland; Italy; Latvia; Lithuania; Luxembourg; Malta; Netherlands; Poland; Portugal; Romania; Slovak Republic; Slovenia; Spain; Sweden
EFTA–Peru	Goods	FTA	1–Jul–11	Peru; Iceland; Liechtenstein; Norway; Switzerland
Türkiye–Chile	Goods	FTA	1–Mar–11	Chile; Türkiye
EFTA–Albania	Goods	FTA	1–Nov–10	Albania; Iceland; Liechtenstein; Norway; Switzerland
Hong Kong, China–New Zealand	Goods & Services	FTA & EIA	1–Jan–11	Hong Kong, China; New Zealand
EFTA–Serbia	Goods	FTA	1–Oct–10	Serbia; Iceland; Liechtenstein; Norway; Switzerland
Colombia–Mexico	Goods & Services	FTA & EIA	1–Jan–95	Colombia; Mexico
ASEAN–India	Goods & Services	FTA & EIA	01–Jan–2010 (G) / 01–Jul–2015 (S)	India; Brunei Darussalam; Myanmar; Cambodia; Indonesia; Lao People's Democratic Republic; Malaysia; Philippines; Singapore; Viet Nam; Thailand
Türkiye–Serbia	Goods & Services	FTA & EIA	01–Sep–2010 (G) / 01–Jun–2019 (S)	Türkiye; Serbia
India–Nepal	Goods	PSA	27–Oct–09	India; Nepal
ASEAN–Korea, Republic of	Goods & Services	FTA & EIA	01–Jan–2010 (G) / 01–May–2009 (S)	Korea, Republic of; Brunei Darussalam; Myanmar; Cambodia; Indonesia; Lao People's Democratic Republic; Malaysia; Philippines; Singapore; Viet Nam; Thailand

RTA Name	Coverage	Type	Date of entry into force	Signatories
Korea, Republic of – India	Goods & Services	FTA & EIA	1–Jan–10	India; Korea, Republic of
EU–Serbia	Goods & Services	FTA & EIA	01–Feb– 2010（G）/ 01–Sep– 2013（S）	Serbia; Austria; Belgium; Bulgaria; Croatia; Cyprus; Czech Republic; Denmark; Estonia; Finland; France; Germany; Greece; Hungary; Ireland; Italy; Latvia; Lithuania; Luxembo-urg; Malta; Netherlands; Poland; Portugal; Romania; Slovak Republic; Slovenia; Spain; Sweden
ASEAN–Australia–New Zealand	Goods & Services	FTA & EIA	1–Jan–10	Australia; New Zealand; Brunei Darussalam; Myanmar; Cambodia; Indonesia; Lao People's Democratic Republic; Malaysia; Philippines; Singapore; Viet Nam; Thailand
El Salvador– Honduras– Chinese Taipei	Goods & Services	FTA & EIA	1–Mar–08	Chinese Taipei; El Salvador; Honduras
Türkiye–Montenegro	Goods	FTA	1–Mar–10	Türkiye; Montenegro
India–Afghanistan	Goods	PSA	13–May–03	Afghanistan; India
Peru–China	Goods & Services	FTA & EIA	1–Mar–10	China; Peru
EU–San Marino	Goods	CU	1–Apr–02	San Marino; Austria; Belgium; Bulgaria; Cro-atia; Cyprus; Czech Republic; Denmark; Es-tonia; Finland; France; Germany; Greece; Hungary; Ireland; Italy; Latvia; Lithuania; Luxembourg; Malta; Netherlands; Poland; Portugal; Romania; Slovak Republic; Slovenia; Spain; Sweden
Southern Common Market （MERCOSUR）–India	Goods	PSA	1–Jun–09	India; Argentina; Brazil; Paraguay; Uruguay
Panama–Honduras（Pan-ama–Central America）	Goods & Services	FTA & EIA	9–Jan–09	Honduras; Panama
ASEAN–Japan	Goods & Services	FTA & EIA	01–Dec– 2008（G）/ 01–Aug– 2020（S）	Japan; Brunei Darussalam; Myanmar; Cambo-dia; Indonesia; Lao People's Democratic Re-public; Malaysia; Philippines; Singapore; Viet Nam; Thailand
Japan–Viet Nam	Goods & Services	FTA & EIA	1–Oct–09	Japan; Viet Nam
EU–Cameroon	Goods	FTA	4–Aug–14	Cameroon; Austria; Belgium; Bulgaria; Croa-tia; Cyprus; Czech Republic; Denmark; Esto-nia; Finland; France; Germany; Greece; Hungary; Ireland; Italy; Latvia; Lithuania; Luxembourg; Malta; Netherlands; Poland; Portugal; Romania; Slovak Republic; Slovenia; Spain; Sweden
Japan–Switzerland	Goods & Services	FTA & EIA	1–Sep–09	Japan; Switzerland

续表

RTA Name	Coverage	Type	Date of entry into force	Signatories
Chile-Colombia	Goods & Services	FTA & EIA	8-May-09	Chile; Colombia
EFTA-Canada	Goods	FTA	1-Jul-09	Canada; Iceland; Liechtenstein; Norway; Switzerland
Canada-Peru	Goods & Services	FTA & EIA	1-Aug-09	Canada; Peru
Peru-Singapore	Goods & Services	FTA & EIA	1-Aug-09	Peru; Singapore
Panama-Chinese Taipei	Goods & Services	FTA & EIA	1-Jan-04	Chinese Taipei; Panama
China-New Zealand	Goods & Services	FTA & EIA	1-Oct-08	China; New Zealand
Panama-Costa Rica (Panama-Central America)	Goods & Services	FTA & EIA	23-Nov-08	Costa Rica; Panama
Australia-Chile	Goods & Services	FTA & EIA	6-Mar-09	Australia; Chile
China-Singapore	Goods & Services	FTA & EIA	1-Jan-09	China; Singapore
Türkiye-Georgia	Goods	FTA	1-Nov-08	Georgia; Türkiye
United States-Peru	Goods & Services	FTA & EIA	1-Feb-09	Peru; United States of America
United States-Oman	Goods & Services	FTA & EIA	1-Jan-09	Oman; United States of America
Chile-India	Goods	PSA	17-Aug-07	Chile; India
Japan-Philippines	Goods & Services	FTA & EIA	11-Dec-08	Japan; Philippines
EU-Côte d'Ivoire	Goods	FTA	3-Sep-16	Côte d'Ivoire; Austria; Belgium; Bulgaria; Croatia; Cyprus; Czech Republic; Denmark; Estonia; Finland; France; Germany; Greece; Hungary; Ireland; Italy; Latvia; Lithuania; Luxembourg; Malta; Netherlands; Poland; Portugal; Romania; Slovak Republic; Slovenia; Spain; Sweden
EFTA-SACU	Goods	FTA	1-May-08	Iceland; Liechtenstein; Norway; Switzerland; Botswana; Lesotho; Namibia; South Africa; Eswatini
EU-CARIFORUM States	Goods & Services	FTA & EIA	29-Dec-08	Antigua and Barbuda; Bahamas; Barbados; Belize; Dominica; Dominican Republic; Grenada; Guyana; Jamaica; Saint Kitts and Nevis; Saint Lucia; Saint Vincent and the Grenadines; Suriname; Trinidad and Tobago; Austria; Belgium; Bulgaria; Croatia; Cyprus; Czech Republic; Denmark; Estonia; Finland; France; Germany; Greece; Hungary; Ireland; Italy; Latvia; Lithuania; Luxembourg; Malta; Netherlands; Poland; Portugal; Romania; Slovak Republic; Slovenia; Spain; Sweden
Pacific Island Countries Trade Agreement (PICTA)	Goods	FTA	13-Apr-03	Solomon Islands; Cook Islands; Fiji; Kiribati; Nauru; Vanuatu; Niue; Micronesia, Federated States of; Papua New Guinea; Tonga; Tuvalu; Samoa
Ukraine-Azerbaijan	Goods	FTA	2-Sep-96	Azerbaijan; Ukraine

续表

RTA Name	Coverage	Type	Date of entry into force	Signatories
Ukraine-Belarus	Goods	FTA	11-Nov-06	Belarus; Ukraine
Ukraine-Kazakhstan	Goods	FTA	19-Oct-98	Kazakhstan; Ukraine
Ukraine-North Macedonia	Goods	FTA	5-Jul-01	Ukraine; North Macedonia
Ukraine - Moldova, Republic of	Goods	FTA	19-May-05	Moldova, Republic of; Ukraine
Ukraine-Tajikistan	Goods	FTA	11-Jul-02	Tajikistan; Ukraine
Ukraine -Turkmenistan	Goods	FTA	4-Nov-95	Turkmenistan; Ukraine
Ukraine-Uzbekistan	Goods	FTA	1-Jan-96	Ukraine; Uzbekistan
Common Economic Zone (CEZ)	Goods	FTA	20-May-04	Belarus; Kazakhstan; Russian Federation; Ukraine
Brunei Darussalam-Japan	Goods & Services	FTA & EIA	31-Jul-08	Brunei Darussalam; Japan
EU - Bosnia and Herzegovina	Goods & Services	FTA & EIA	01-Jul-2008 (G) / 01-Jun-2015 (S)	Bosnia and Herzegovina; Austria; Belgium; Bulgaria; Croatia; Cyprus; Czech Republic; Denmark; Estonia; Finland; France; Germany; Greece; Hungary; Ireland; Italy; Latvia; Lithuania; Luxembourg; Malta; Netherlands; Poland; Portugal; Romania; Slovak Republic; Slovenia; Spain; Sweden
Iceland-Faroe Islands	Goods & Services	FTA & EIA	1-Nov-06	Faeroe Islands; Iceland
India-Bhutan	Goods	PSA	29-Jul-06	Bhutan; India
Japan-Indonesia	Goods & Services	FTA & EIA	1-Jul-08	Indonesia; Japan
Pakistan-Sri Lanka	Goods	FTA	12-Jun-05	Sri Lanka; Pakistan
Türkiye-Albania	Goods	FTA	1-May-08	Albania; Türkiye
South Asian Free Trade Agreement (SAFTA)	Goods	FTA	1-Jan-06	Afghanistan; Bangladesh; Bhutan; Sri Lanka; India; Maldives; Nepal; Pakistan
Panama-Chile	Goods & Services	FTA & EIA	7-Mar-08	Chile; Panama
Pakistan-Malaysia	Goods & Services	FTA & EIA	1-Jan-08	Malaysia; Pakistan
Pakistan-China	Goods & Services	FTA & EIA	01-Jul-2007 (G) / 10-Oct-2009 (S)	China; Pakistan
EU-Montenegro	Goods & Services	FTA & EIA	01-Jan-2008 (G) / 01-May-2010 (S)	Montenegro; Austria; Belgium; Bulgaria; Croatia; Cyprus; Czech Republic; Denmark; Estonia; Finland; France; Germany; Greece; Hungary; Ireland; Italy; Latvia; Lithuania; Luxembourg; Malta; Netherlands; Poland; Portugal; Romania; Slovak Republic; Slovenia; Spain; Sweden
Japan-Thailand	Goods & Services	FTA & EIA	1-Nov-07	Japan; Thailand
Egypt-Türkiye	Goods	FTA	1-Mar-07	Türkiye; Egypt

RTA Name	Coverage	Type	Date of entry into force	Signatories
Chile–Japan	Goods & Services	FTA & EIA	3–Sep–07	Chile; Japan
Central European Free Trade Agreement (CEFTA) 2006	Goods	FTA	1–May–07	Albania; Bosnia and Herzegovina; Moldova, Republic of; North Macedonia; UNMIK/Kosovo; Serbia; Montenegro
EFTA–Egypt	Goods	FTA	1–Aug–07	Egypt; Iceland; Liechtenstein; Norway; Switzerland
Southern African Customs Union (SACU)	Goods	CU	15–Jul–04	Botswana; Lesotho; Namibia; South Africa; Eswatini
Chile–China	Goods & Services	FTA & EIA	01–Oct–2006 (G) / 01–Aug–2010 (S)	Chile; China
Trans – Pacific Strategic Economic Partnership	Goods & Services	FTA & EIA	28–May–06	Brunei Darussalam; Chile; New Zealand; Singapore
India–Singapore	Goods & Services	FTA & EIA	1–Aug–05	India; Singapore
Panama–Singapore	Goods & Services	FTA & EIA	24–Jul–06	Panama; Singapore
EU–Albania	Goods & Services	FTA & EIA	01–Dec–2006 (G) / 01–Apr–2009 (S)	Albania; Austria; Belgium; Bulgaria; Croatia; Cyprus; Czech Republic; Denmark; Estonia; Finland; France; Germany; Greece; Hungary; Ireland; Italy; Latvia; Lithuania; Luxembourg; Malta; Netherlands; Poland; Portugal; Romania; Slovak Republic; Slovenia; Spain; Sweden
Türkiye–Syria	Goods	FTA	1–Jan–07	Syrian Arab Republic; Türkiye
EFTA–Lebanon	Goods	FTA	1–Jan–07	Lebanese Republic; Iceland; Liechtenstein; Norway; Switzerland
Pan – Arab Free Trade Area (PAFTA)	Goods	FTA	1–Jan–98	Bahrain, Kingdom of; Iraq; Jordan; Kuwait, the State of; Lebanese Republic; Libya; Morocco; Oman; Qatar; Saudi Arabia, Kingdom of; Sudan; Syrian Arab Republic; United Arab Emirates; Tunisia; Egypt; Yemen
Gulf Cooperation Council (GCC)	Goods	CU	1–Jan–03	Bahrain, Kingdom of; Kuwait, the State of; Oman; Qatar; Saudi Arabia, Kingdom of; United Arab Emirates
United States–Bahrain	Goods & Services	FTA & EIA	1–Aug–06	Bahrain, Kingdom of; United States of America
EFTA–Korea, Republic of	Goods & Services	FTA & EIA	1–Sep–06	Korea, Republic of; Iceland; Liechtenstein; Norway; Switzerland
EU–Algeria	Goods	FTA	1–Sep–05	Algeria; Austria; Belgium; Bulgaria; Croatia; Cyprus; Czech Republic; Denmark; Estonia; Finland; France; Germany; Greece; Hungary; Ireland; Italy; Latvia; Lithuania; Luxembourg;

RTA Name	Coverage	Type	Date of entry into force	Signatories
				Malta; Netherlands; Poland; Portugal; Romania; Slovak Republic; Slovenia; Spain; Sweden
Japan—Malaysia	Goods & Services	FTA & EIA	13—Jul—06	Japan; Malaysia
Jordan—Singapore	Goods & Services	FTA & EIA	22—Aug—05	Jordan; Singapore
Dominican Republic – Central America – United States Free Trade Agreement (CAFTA—DR)	Goods & Services	FTA & EIA	1—Mar—06	Costa Rica; Dominican Republic; El Salvador; Guatemala; Honduras; Nicaragua; United States of America
Korea, Republic of— Singapore	Goods & Services	FTA & EIA	2—Mar—06	Korea, Republic of; Singapore
Türkiye—Morocco	Goods	FTA	1—Jan—06	Morocco; Türkiye
United States—Morocco	Goods & Services	FTA & EIA	1—Jan—06	Morocco; United States of America
Thailand—New Zealand	Goods & Services	FTA & EIA	1—Jul—05	New Zealand; Thailand
ASEAN—China	Goods & Services	FTA & EIA	01—Jan—2005 (G) / 01—Jul—2007 (S)	China; Brunei Darussalam; Myanmar; Cambodia; Indonesia; Lao People's Democratic Republic; Malaysia; Philippines; Singapore; Viet Nam; Thailand
Türkiye—Palestine	Goods	FTA	1—Jun—05	Palestine; Türkiye
Türkiye—Tunisia	Goods	FTA	1—Jul—05	Tunisia; Türkiye
Economic Community of West African States (ECOWAS)	Goods	CU	23—Aug—95	Cabo Verde; Benin; The Gambia; Ghana; Guinea; Côte d'Ivoire; Liberia; Mali; Niger; Nigeria; Guinea–Bissau; Senegal; Sierra Leone; Togo; Burkina Faso
EFTA—Tunisia	Goods	FTA	1—Jun—05	Tunisia; Iceland; Liechtenstein; Norway; Switzerland
Japan—Mexico	Goods & Services	FTA & EIA	1—Apr—05	Japan; Mexico
Panama—El Salvador (Panama—Central America)	Goods & Services	FTA & EIA	11—Apr—03	El Salvador; Panama
Thailand—Australia	Goods & Services	FTA & EIA	1—Jan—05	Australia; Thailand
United States—Australia	Goods & Services	FTA & EIA	1—Jan—05	Australia; United States of America
EFTA—Chile	Goods & Services	FTA & EIA	1—Dec—04	Chile; Iceland; Liechtenstein; Norway; Switzerland
EU—Egypt	Goods	FTA	1—Jun—04	Egypt; Austria; Belgium; Bulgaria; Croatia; Cyprus; Czech Republic; Denmark; Estonia; Finland; France; Germany; Greece; Hungary; Ireland; Italy; Latvia; Lithuania; Luxembourg; Malta; Netherlands; Poland; Portugal; Romania; Slovak Republic; Slovenia; Spain; Sweden

续表

RTA Name	Coverage	Type	Date of entry into force	Signatories
Southern African Development Community (SADC)	Goods & Services	FTA & EIA	01-Sep-2000 (G) / 13-Jan-2022 (S)	Angola; Botswana; Comoros; Democratic Republic of the Congo; Lesotho; Madagascar; Malawi; Mauritius; Mozambique; Namibia; Seychelles; South Africa; Zimbabwe; Eswatini; Tanzania; Zambia
Armenia-Turkmenistan	Goods	FTA	7-Jul-96	Armenia; Turkmenistan
Armenia-Moldova, Republic of	Goods	FTA	21-Dec-95	Armenia; Moldova, Republic of
Armenia-Kazakhstan	Goods	FTA	25-Dec-01	Armenia; Kazakhstan
Armenia-Ukraine	Goods	FTA	18-Dec-96	Armenia; Ukraine
Korea, Republic of-Chile	Goods & Services	FTA & EIA	1-Apr-04	Chile; Korea, Republic of
EU-Chile	Goods & Services	FTA & EIA	01-Feb-2003 (G) / 01-Mar-2005 (S)	Chile; Austria; Belgium; Bulgaria; Croatia; Cyprus; Czech Republic; Denmark; Estonia; Finland; France; Germany; Greece; Hungary; Ireland; Italy; Latvia; Lithuania; Luxembourg; Malta; Netherlands; Poland; Portugal; Romania; Slovak Republic; Slovenia; Spain; Sweden
Chile-El Salvador (Chile-Central America)	Goods & Services	FTA & EIA	1-Jun-02	Chile; El Salvador
China-Macao, China	Goods & Services	FTA & EIA	17-Oct-03	China; Macao, China
China-Hong Kong, China	Goods & Services	FTA & EIA	29-Jun-03	China; Hong Kong, China
United States-Singapore	Goods & Services	FTA & EIA	1-Jan-04	Singapore; United States of America
United States-Chile	Goods & Services	FTA & EIA	1-Jan-04	Chile; United States of America
Singapore-Australia	Goods & Services	FTA & EIA	28-Jul-03	Australia; Singapore
Türkiye-Bosnia and Herzegovina	Goods	FTA	1-Jul-03	Bosnia and Herzegovina; Türkiye
EU-Lebanon	Goods	FTA	1-Mar-03	Lebanese Republic; Austria; Belgium; Bulgaria; Croatia; Cyprus; Czech Republic; Denmark; Estonia; Finland; France; Germany; Greece; Hungary; Ireland; Italy; Latvia; Lithuania; Luxembourg; Malta; Netherlands; Poland; Portugal; Romania; Slovak Republic; Slovenia; Spain; Sweden
EFTA-Singapore	Goods & Services	FTA & EIA	1-Jan-03	Singapore; Iceland; Liechtenstein; Norway; Switzerland
Canada-Costa Rica	Goods	FTA	1-Nov-02	Canada; Costa Rica
EU-Jordan	Goods	FTA	1-May-02	Jordan; Austria; Belgium; Bulgaria; Croatia; Cyprus; Czech Republic; Denmark; Estonia; Finland; France; Germany; Greece; Hungary; Ireland; Italy; Latvia; Lithuania; Luxembourg;

续表

RTA Name	Coverage	Type	Date of entry into force	Signatories
				Malta; Netherlands; Poland; Portugal; Romania; Slovak Republic; Slovenia; Spain; Sweden
Japan–Singapore	Goods & Services	FTA & EIA	30–Nov–02	Japan; Singapore
India–Sri Lanka	Goods	FTA	1–Mar–00	Sri Lanka; India
Chile–Costa Rica (Chile–Central America)	Goods & Services	FTA & EIA	15–Feb–02	Chile; Costa Rica
EFTA–Jordan	Goods	FTA	1–Sep–02	Jordan; Iceland; Liechtenstein; Norway; Switzerland
United States–Jordan	Goods & Services	FTA & EIA	17–Dec–01	Jordan; United States of America
EU–North Macedonia	Goods & Services	FTA & EIA	01–Jun–2001 (G) / 01–Apr–2004 (S)	North Macedonia; Austria; Belgium; Bulgaria; Croatia; Cyprus; Czech Republic; Denmark; Estonia; Finland; France; Germany; Greece; Hungary; Ireland; Italy; Latvia; Lithuania; Luxembourg; Malta; Netherlands; Poland; Portugal; Romania; Slovak Republic; Slovenia; Spain; Sweden
New Zealand–Singapore	Goods & Services	FTA & EIA	1–Jan–01	New Zealand; Singapore
EFTA–Mexico	Goods & Services	FTA & EIA	1–Jul–01	Mexico; Iceland; Liechtenstein; Norway; Switzerland
Chile–Mexico	Goods & Services	FTA & EIA	1–Aug–99	Chile; Mexico
Israel–Mexico	Goods	FTA	1–Jul–00	Israel; Mexico
Georgia–Armenia	Goods	FTA	11–Nov–98	Armenia; Georgia
Georgia–Azerbaijan	Goods	FTA	10–Jul–96	Azerbaijan; Georgia
Georgia–Kazakhstan	Goods	FTA	16–Jul–99	Georgia; Kazakhstan
Georgia–Russian Federation	Goods	FTA	10–May–94	Georgia; Russian Federation
Georgia–Turkmenistan	Goods	FTA	1–Jan–00	Georgia; Turkmenistan
Georgia–Ukraine	Goods	FTA	4–Jun–96	Georgia; Ukraine
Türkiye–North Macedonia	Goods	FTA	1–Sep–00	Türkiye; North Macedonia
Kyrgyz Republic–Armenia	Goods	FTA	27–Oct–95	Armenia; Kyrgyz Republic
EFTA–North Macedonia	Goods	FTA	1–May–02	North Macedonia; Iceland; Liechtenstein; Norway; Switzerland
EU–South Africa	Goods	FTA	1–Jan–00	South Africa; Austria; Belgium; Bulgaria; Croatia; Cyprus; Czech Republic; Denmark; Estonia; Finland; France; Germany; Greece; Hungary; Ireland; Italy; Latvia; Lithuania; Luxembourg; Malta; Netherlands; Poland; Portugal; Romania; Slovak Republic; Slovenia; Spain; Sweden

RTA Name	Coverage	Type	Date of entry into force	Signatories
EU-Morocco	Goods	FTA	1-Mar-00	Morocco; Austria; Belgium; Bulgaria; Croatia; Cyprus; Czech Republic; Denmark; Estonia; Finland; France; Germany; Greece; Hungary; Ireland; Italy; Latvia; Lithuania; Luxembourg; Malta; Netherlands; Poland; Portugal; Romania; Slovak Republic; Slovenia; Spain; Sweden
East African Community (EAC)	Goods & Services	CU & EIA	07-Jul-2000 (G) / 01-Jul-2010 (S)	Burundi; Kenya; Rwanda; Uganda; Tanzania
EU-Israel	Goods	FTA	1-Jun-00	Israel; Austria; Belgium; Bulgaria; Croatia; Cyprus; Czech Republic; Denmark; Estonia; Finland; France; Germany; Greece; Hungary; Ireland; Italy; Latvia; Lithuania; Luxembourg; Malta; Netherlands; Poland; Portugal; Romania; Slovak Republic; Slovenia; Spain; Sweden
EU-Mexico	Goods & Services	FTA & EIA	01-Jul-2000 (G) / 01-Oct-2000 (S)	Mexico; Austria; Belgium; Bulgaria; Croatia; Cyprus; Czech Republic; Denmark; Estonia; Finland; France; Germany; Greece; Hungary; Ireland; Italy; Latvia; Lithuania; Luxembourg; Malta; Netherlands; Poland; Portugal; Romania; Slovak Republic; Slovenia; Spain; Sweden
EFTA-Morocco	Goods	FTA	1-Dec-99	Morocco; Iceland; Liechtenstein; Norway; Switzerland
West African Economic and Monetary Union (WAEMU)	Goods	CU	1-Jan-00	Benin; Côte d'Ivoire; Mali; Niger; Senegal; Togo; Burkina Faso
Melanesian Spearhead Group (MSG)	Goods	PSA	1-Jan-94	Solomon Islands; Fiji; Vanuatu; Papua New Guinea
EFTA-Palestine	Goods	FTA	1-Jul-99	Palestine; Iceland; Liechtenstein; Norway; Switzerland
Economic and Monetary Community of Central Africa (CEMAC)	Goods	CU	24-Jun-99	Cameroon; Central African Republic; Chad; Congo; Equatorial Guinea; Gabon
Commonwealth of Independent States (CIS)	Goods	FTA	30-Dec-94	Azerbaijan; Georgia; Turkmenistan; Uzbekistan
Kyrgyz Republic-Kazakhstan	Goods	FTA	11-Nov-95	Kazakhstan; Kyrgyz Republic
Kyrgyz Republic-Moldova, Republic of	Goods	FTA	21-Nov-96	Kyrgyz Republic; Moldova, Republic of

RTA Name	Coverage	Type	Date of entry into force	Signatories
Kyrgyz Republic–Ukraine	Goods	FTA	19–Jan–98	Kyrgyz Republic; Ukraine
Kyrgyz Republic–Uzbekistan	Goods	FTA	20–Mar–98	Kyrgyz Republic; Uzbekistan
EU–Tunisia	Goods	FTA	1–Mar–98	Tunisia; Austria; Belgium; Bulgaria; Croatia; Cyprus; Czech Republic; Denmark; Estonia; Finland; France; Germany; Greece; Hungary; Ireland; Italy; Latvia; Lithuania; Luxembourg; Malta; Netherlands; Poland; Portugal; Romania; Slovak Republic; Slovenia; Spain; Sweden
Türkiye–Israel	Goods	FTA	1–May–97	Israel; Türkiye
EU–Andorra	Goods	CU	1–Jul–91	Andorra; Austria; Belgium; Bulgaria; Croatia; Cyprus; Czech Republic; Denmark; Estonia; Finland; France; Germany; Greece; Hungary; Ireland; Italy; Latvia; Lithuania; Luxembourg; Malta; Netherlands; Poland; Portugal; Romania; Slovak Republic; Slovenia; Spain; Sweden
Canada–Chile	Goods & Services	FTA & EIA	5–Jul–97	Canada; Chile
EU–Palestine	Goods	FTA	1–Jul–97	Palestine; Austria; Belgium; Bulgaria; Croatia; Cyprus; Czech Republic; Denmark; Estonia; Finland; France; Germany; Greece; Hungary; Ireland; Italy; Latvia; Lithuania; Luxembourg; Malta; Netherlands; Poland; Portugal; Romania; Slovak Republic; Slovenia; Spain; Sweden
South Asian Preferential Trade Arrangement (SAPTA)	Goods	PSA	7–Dec–95	Bangladesh; Bhutan; Sri Lanka; India; Maldives; Nepal; Pakistan
EU–Faroe Islands	Goods	FTA	1–Jan–97	Faeroe Islands; Austria; Belgium; Bulgaria; Croatia; Cyprus; Czech Republic; Denmark; Estonia; Finland; France; Germany; Greece; Hungary; Ireland; Italy; Latvia; Lithuania; Luxembourg; Malta; Netherlands; Poland; Portugal; Romania; Slovak Republic; Slovenia; Spain; Sweden
Canada–Israel	Goods	FTA	1–Jan–97	Canada; Israel
European Economic Area (EEA)	Services	EIA	1–Jan–94	Iceland; Liechtenstein; Norway; Austria; Belgium; Bulgaria; Croatia; Cyprus; Czech Republic; Denmark; Estonia; Finland; France; Germany; Greece; Hungary; Ireland; Italy; Latvia; Lithuania; Luxembourg; Malta; Netherlands; Poland; Portugal; Romania; Slovak Republic; Slovenia; Spain; Sweden

RTA Name	Coverage	Type	Date of entry into force	Signatories
Faroe Islands–Norway	Goods	FTA	1–Jul–93	Faeroe Islands; Norway
Faroe Islands – Switzerland	Goods	FTA	1–Mar–95	Faeroe Islands; Switzerland
EU–Türkiye	Goods	CU	1–Jan–96	Türkiye; Austria; Belgium; Bulgaria; Croatia; Cyprus; Czech Republic; Denmark; Estonia; Finland; France; Germany; Greece; Hungary; Ireland; Italy; Latvia; Lithuania; Luxembourg; Malta; Netherlands; Poland; Portugal; Romania; Slovak Republic; Slovenia; Spain; Sweden
Common Market for Eastern and Southern Africa (COMESA)	Goods	CU	8–Dec–94	Angola; Burundi; Comoros; Democratic Republic of the Congo; Ethiopia; Eritrea; Kenya; Lesotho; Malawi; Mauritius; Rwanda; Seychelles; Zimbabwe; Sudan; Eswatini; Uganda; Egypt; Tanzania; Zambia
EFTA–Israel	Goods	FTA	1–Jan–93	Israel; Iceland; Liechtenstein; Norway; Switzerland
Economic Cooperation Organization (ECO)	Goods	PSA	17–Feb–92	Iran; Pakistan; Türkiye
Southern Common Market (MERCOSUR)	Goods & Services	CU & EIA	29–Nov–1991 (G) / 07–Dec–2005 (S)	Argentina; Brazil; Paraguay; Uruguay
Lao People's Democratic Republic–Thailand	Goods	PSA	20–Jun–91	Lao People's Democratic Republic; Thailand
Andean Community (CAN)	Goods	CU	25–May–88	Bolivia, Plurinational State of; Colombia; Ecuador; Peru; Venezuela, Bolivarian Republic of
Global System of Trade Preferences among Developing Countries (GSTP)	Goods	PSA	19–Apr–89	Algeria; Argentina; Bangladesh; Bolivia, Plurinational State of; Brazil; Myanmar; Cameroon; Sri Lanka; Chile; Colombia; Cuba; Benin; Ecuador; Ghana; Guinea; Guyana; India; Indonesia; Iran; Iraq; Korea, Democratic People's Republic of; Korea, Republic of; Libya; Malaysia; Mexico; Morocco; Mozambique; Nicaragua; Nigeria; Pakistan; Peru; Philippines; Singapore; Viet Nam; Zimbabwe; Sudan; Thailand; Trinidad and Tobago; Tunisia; Egypt; Tanzania; Venezuela, Bolivarian Republic of
United States–Israel	Goods	FTA	19–Aug–85	Israel; United States of America

RTA Name	Coverage	Type	Date of entry into force	Signatories
Australia–New Zealand Closer Economic Relations Trade Agreement (ANZC-ERTA)	Goods & Services	FTA & EIA	01–Jan–1983 (G) / 01–Jan–1989 (S)	Australia; New Zealand
Latin American Integration Association (LAIA)	Goods	PSA	18–Mar–81	Argentina; Bolivia, Plurinational State of; Brazil; Chile; Colombia; Cuba; Ecuador; Mexico; Paraguay; Peru; Uruguay; Venezuela, Bolivarian Republic of
South Pacific Regional Trade and Economic Co-operation Agreement (SP-ARTECA)	Goods	PSA	1–Jan–81	Australia; Solomon Islands; Cook Islands; Fiji; Kiribati; Nauru; Vanuatu; New Zealand; Niue; Micronesia, Federated States of; Marshall Islands; Papua New Guinea; Tonga; Tuvalu; Samoa
EU–Syria	Goods	FTA	1–Jul–77	Syrian Arab Republic; Austria; Belgium; Bulgaria; Croatia; Cyprus; Czech Republic; Denmark; Estonia; Finland; France; Germany; Greece; Hungary; Ireland; Italy; Latvia; Lithuania; Luxembourg; Malta; Netherlands; Poland; Portugal; Romania; Slovak Republic; Slovenia; Spain; Sweden
Australia–Papua New Guinea (PATCRA)	Goods	FTA	1–Feb–77	Australia; Papua New Guinea
Asia Pacific Trade Agreement (APTA)	Goods & Services	PSA & EIA	17–Jun–1976 (G) / 17–Sep–2013 (S)	Bangladesh; Sri Lanka; China; India; Korea, Republic of; Lao People's Democratic Republic
Caribbean Community and Common Market (CARICOM)	Goods & Services	CU & EIA	01–Aug–1973 (G) / 04–Jul–2002 (S)	Antigua and Barbuda; Bahamas; Barbados; Belize; Dominica; Grenada; Guyana; Haiti; Jamaica; Montserrat; Saint Kitts and Nevis; Saint Lucia; Saint Vincent and the Grenadines; Suriname; Trinidad and Tobago
EU–Norway	Goods	FTA	1–Jul–73	Norway; Austria; Belgium; Bulgaria; Croatia; Cyprus; Czech Republic; Denmark; Estonia; Finland; France; Germany; Greece; Hungary; Ireland; Italy; Latvia; Lithuania; Luxembourg; Malta; Netherlands; Poland; Portugal; Romania; Slovak Republic; Slovenia; Spain; Sweden
EU–Iceland	Goods	FTA	1–Apr–73	Iceland; Austria; Belgium; Bulgaria; Croatia; Cyprus; Czech Republic; Denmark; Estonia; Finland; France; Germany; Greece; Hungary; Ireland; Italy; Latvia; Lithuania; Luxembourg; Malta; Netherlands; Poland; Portugal; Romania; Slovak Republic; Slovenia; Spain; Sweden

续表

RTA Name	Coverage	Type	Date of entry into force	Signatories
EU – Switzerland – Liechtenstein	Goods	FTA	1–Jan–73	Liechtenstein；Switzerland；Austria；Belgium；Bulgaria；Croatia；Cyprus；Czech Republic；Denmark；Estonia；Finland；France；Germany；Greece；Hungary；Ireland；Italy；Latvia；Lithuania；Luxembourg；Malta；Netherlands；Poland；Portugal；Romania；Slovak Republic；Slovenia；Spain；Sweden
Protocol on Trade Negotiations (PTN)	Goods	PSA	11–Feb–73	Bangladesh；Brazil；Chile；Israel；Korea, Republic of；Mexico；Pakistan；Paraguay；Peru；Philippines；Tunisia；Türkiye；Egypt；Uruguay；Serbia
EU – Overseas Countries and Territories (OCT)	Goods	FTA	1–Jan–71	Bermuda；British Indian Ocean Territory；Virgin Islands, British；Cayman Islands；Falkland Islands (Islas Malvinas)；South Georgia and the South Sandwich Islands；French Polynesia；French Southern Territories；Greenland；Montserrat；Netherlands Antilles；Aruba, the Netherlands with respect to；New Caledonia；Pitcairn；British Overseas Territory of Saint Helena, Ascension and Tristan da Cunha；Anguilla；Saint Pierre and Miquelon；Turks and Caicos Islands；Wallis and Futuna Islands；Austria；Belgium；Bulgaria；Croatia；Cyprus；Czech Republic；Denmark；Estonia；Finland；France；Germany；Greece；Hungary；Ireland；Italy；Latvia；Lithuania；Luxembourg；Malta；Netherlands；Poland；Portugal；Romania；Slovak Republic；Slovenia；Spain；Sweden
Central American Common Market (CACM)	Goods	CU	4–Jun–61	Costa Rica；El Salvador；Guatemala；Honduras；Nicaragua；Panama
European Free Trade Association (EFTA)	Goods & Services	FTA & EIA	03–May–1960 (G) / 01–Jun–2002 (S)	Iceland；Liechtenstein；Norway；Switzerland
EU Treaty	Goods & Services	CU & EIA	1–Jan–58	Austria；Belgium；Bulgaria；Croatia；Cyprus；Czech Republic；Denmark；Estonia；Finland；France；Germany；Greece；Hungary；Ireland；Italy；Latvia；Lithuania；Luxembourg；Malta；Netherlands；Poland；Portugal；Romania；Slovak Republic；Slovenia；Spain；Sweden

数据来源：WTO 官方网站（2023）；WTO RTA database："http://rtais.wto.org/UI/PublicMaintainRTAHo"